CONSTRUA
a VIDA
que você
QUER

A arte *e a* ciência *de* ser mais feliz

CONSTRUA
a VIDA
que você
QUER

ARTHUR C. BROOKS
OPRAH WINFREY

Tradução de Bruno Fiuza e Roberta Clapp

intrínseca

Copyright © 2023 by ABC Ideas, LLC and Harpo, Inc.

TÍTULO ORIGINAL
Build The Life You Want

PREPARAÇÃO
Ilana Goldfeld

REVISÃO
João Guilherme Rodrigues
Camilla Savoia

DESIGN DE CAPA ORIGINAL
Jennifer Heuer

ARTE DE CAPA
Lvqi Peng | iStock | Getty Images Plus

PROJETO GRÁFICO ORIGINAL
Meighan Cavanaugh

DIAGRAMAÇÃO
Ilustrarte Design

CIP-BRASIL. CATALOGAÇÃO NA PUBLICAÇÃO
SINDICATO NACIONAL DOS EDITORES DE LIVROS, RJ

B888c

    Brooks, Arthur C., 1964-
        Construa a vida que você quer : a arte e a ciência de ser mais feliz / Arthur C. Brooks, Oprah Winfrey ; tradução Bruno Fiuza, Roberta Clapp. - 1. ed. - Rio de Janeiro : Intrínseca, 2024.
        256 p. ; 21 cm.

        Tradução de: Build the life you want : the art and science of getting happier
        ISBN 978-85-510-0905-5

        1. Felicidade. 2. Mudança (Psicologia). 3. Autorrealização. 4. Técnicas de autoajuda. I. Winfrey, Oprah. II. Fiuza, Bruno. III. Clapp, Roberta. IV. Título.

23-87192   CDD: 152.42
                           CDU: 159.942

Meri Gleice Rodrigues de Souza - Bibliotecária - CRB-7/6439

[2024]
Todos os direitos desta edição reservados à
EDITORA INTRÍNSECA LTDA.
Av. das Américas, 500, bloco 12, sala 303
22640-904 – Barra da Tijuca
Rio de Janeiro – RJ
Tel./Fax: (21) 3206-7400
www.intrinseca.com.br

Dedicamos este livro a você, na jornada de sua vida.

Que você se torne mais feliz, ano após ano,

e traga mais felicidade para os outros.

Sumário

Uma nota da Oprah 9

Uma nota do Arthur 13

INTRODUÇÃO: O segredo de Albina 19

CAPÍTULO UM: A felicidade não é o objetivo e a infelicidade não é o inimigo 27

GERENCIE SUAS EMOÇÕES

Uma nota da Oprah 51

CAPÍTULO DOIS: O poder da metacognição 55

CAPÍTULO TRÊS: Escolha uma emoção melhor 73

CAPÍTULO QUATRO: Concentre-se menos em você mesmo 93

CONSTRUA O QUE IMPORTA

Uma nota da Oprah 117

CAPÍTULO CINCO: Construa sua família imperfeita 120

CAPÍTULO SEIS: Amizades profundamente verdadeiras   *144*

CAPÍTULO SETE: Trabalho que é amor tornado visível   *169*

CAPÍTULO OITO: Encontre sua "Amazing Grace"   *192*

Uma nota da Oprah   *210*

CONCLUSÃO: Agora, seja você o professor   *213*

Agradecimentos   *219*

Notas   *221*

Uma nota da Oprah

Uma das muitas coisas que ganhei fazendo *The Oprah Winfrey Show* durante vinte e cinco anos foi um lugar na primeira fila para a infelicidade. De todos os tipos, todos *mesmo*. Entre meus convidados, pessoas devastadas por tragédias, traições ou decepções profundas. Pessoas com raiva e pessoas que guardavam rancor. Pessoas cheias de arrependimento e culpa, vergonha e medo. Pessoas fazendo tudo ao seu alcance para entorpecer sua infelicidade, mas que, ainda assim, acordavam todos os dias infelizes.

Também testemunhei felicidade abundante. Pessoas que descobriram o amor e a amizade. Pessoas usando seus talentos e habilidades para fazer coisas boas. Pessoas que colheram os frutos do altruísmo e da generosidade, como um homem que doou um rim para um estranho que conhecera havia pouco tempo. Pessoas com um lado espiritual que trouxe um significado mais profundo para suas vidas. Pessoas a quem foi dada uma segunda chance.

No que diz respeito ao público, os convidados infelizes, em geral, provocam empatia; os felizes, admiração (e, talvez, uma pontada de inveja melancólica). Havia, então, uma terceira categoria de convidados com a qual o público não sabia *como* lidar, mas que genuinamente o inspirava: pessoas que tinham todos os motivos para serem infelizes, mas não eram. Os que veem o copo meio cheio, os que fazem do limão uma limonada, que conseguem enxergar o lado positivo das coisas. Os Mattie Stepaneks, como passei a chamá-los — Mattie Stepanek era um menino que tinha uma forma rara e fatal de distrofia muscular chamada miopatia mitocondrial disautonômica, mas que conseguia encontrar paz em todas as coisas e brincar depois de cada tempestade. Escrevia poesias lindas, possuía uma enorme sabedoria para sua idade e foi o primeiro convidado com quem fiz amizade fora do programa. Eu costumava chamá-lo de "meu anjo".

Como um menino como Mattie, com uma doença fatal, conseguia ser tão feliz? O mesmo se aplicava àquela mãe, que vivia repleta de paz, propósito e verdadeira alegria mesmo quando se preparava para morrer, gravando centenas de fitas com mensagens de áudio para sua filha de seis anos sobre como viver. E àquela mulher do Zimbábue, que se casou aos onze anos, apanhava diariamente, mas que, em vez de se desesperar, continuou com esperança, estabeleceu objetivos secretos e, por fim, os alcançou — concluindo, inclusive, um doutorado.

Como essas pessoas conseguiam se levantar da cama pela manhã, e ainda por cima serem tão inspiradoras? Como faziam isso? Será que nasceram assim? Havia algum segredo ou padrão de desenvolvimento que o resto do mundo deveria conhecer? Porque, acredite em mim, se existisse *de fato* algo desse tipo, o mundo com certeza iria gostar de saber.

Nos meus vinte e cinco anos fazendo o programa, se havia uma coisa que quase todos na plateia tinham em comum, era o desejo de ser feliz. Como já falei, depois de cada episódio, eu conversava com as pessoas da plateia e sempre perguntava o que elas mais queriam na vida. Ser feliz, diziam. Apenas ser feliz. Apenas felicidade.

Entretanto, como também já mencionei, quando perguntava o que era felicidade, as pessoas de repente não sabiam o que responder. Hesitavam e por fim diziam "perder um número X de quilos" ou "ter dinheiro suficiente para pagar minhas contas" ou "meus filhos — só quero que meus filhos sejam felizes". Ou seja, as pessoas tinham *objetivos*, tinham *desejos*, mas não conseguiam articular o que era felicidade. Era raro alguém ter uma resposta concreta.

Este livro tem a resposta, pois Arthur Brooks estudou, pesquisou e viveu a resposta.

Conheci Arthur por meio de sua coluna na revista *The Atlantic*, "How to Build a Life" [Como construir uma vida, em português]. Comecei a ler seus textos durante a pandemia e eles logo se tornaram algo pelo qual ansiava toda semana, porque Arthur falava sobre o tema que mais me preocupa: como viver uma vida com propósito e significado. Então li seu livro *From Strength to Strength*, um guia maravilhoso para se tornar mais feliz enquanto amadurecemos. Estávamos em sintonia.

Ficou evidente que eu precisava entrar em contato com ele. Quando isso aconteceu, percebi de imediato que, se ainda estivesse fazendo *The Oprah Winfrey Show*, ligaria para ele o tempo todo, uma vez que ele teria algo relevante e revelador com que contribuir em quase todos os tópicos que discutíamos. Arthur exala uma espécie de confiança, uma certeza sobre o significado da felicidade, que é, ao mesmo tempo, reconfortante e estimulante. Ele é capaz de abordar, tanto de forma abrangente quanto de modo muito específico, as mesmas coisas sobre as quais venho falando há anos: como crescer e se tornar a melhor versão de si mesmo, como se tornar um ser humano melhor. Então eu soube desde o início que de alguma forma acabaria trabalhando com ele. Esse "de alguma forma" é este livro.

Uma nota do Arthur

"Você deve ser uma pessoa muito naturalmente feliz."

Escuto isso o tempo todo. Afinal, faz sentido: dou cursos sobre felicidade na Universidade de Harvard. Escrevo uma coluna regular sobre o tema para *The Atlantic*. Falo sobre a ciência da felicidade no mundo inteiro. Então, ao menos é o que as pessoas presumem, devo ter um dom natural para ser feliz, da mesma forma que um jogador profissional de basquete é, em regra, um atleta naturalmente talentoso. Sorte a minha, certo?

Mas a felicidade não é como o basquete. Você não tem mais chances de se tornar um especialista em felicidade por ter sido abençoado com um bem-estar natural. Pelo contrário, as pessoas naturalmente felizes quase nunca estudam a felicidade, já que, para elas, não parece algo que se deva estudar, nem mesmo algo sobre o qual se deva pensar muito. Seria como estudar o ar.

A verdade é que ensino, escrevo e falo sobre felicidade exatamente por ser algo naturalmente difícil para mim e que gostaria de ter mais. Meu nível básico de bem-estar — o nível que seria o meu habitual se eu não estudasse o assunto e trabalhasse com isso todos os dias — é bem abaixo da média. Não é como se eu tivesse passado por um imenso trauma ou por um sofrimento fora do comum. Ninguém deveria sentir pena de mim. É algo de família: meu avô era melancólico; meu pai era ansioso; eu, abandonado à minha própria sorte, sou melancólico e ansioso. Basta perguntar à minha esposa, Ester, com quem vivo há trinta e dois anos. (Ela está balançando a cabeça *confirmando* enquanto lê isso.) Portanto, meu trabalho enquanto cientista social não é bem uma pesquisa, e sim uma busca focada no meu "eu".

Se você está lendo este livro porque não é tão feliz quanto gostaria — seja porque está sofrendo por conta de algo em particular ou porque tem uma vida boa "na teoria", mas sempre se vê com algum tipo de dificuldade —, você é o tipo de pessoa com quem mais me identifico. Somos almas gêmeas.

Quando comecei a estudar a felicidade, vinte e cinco anos atrás, como estudante de doutorado, não sabia se o conhecimento acadêmico ajudaria nessa questão. Temia que a felicidade não fosse algo possível de mudar de maneira significativa. Talvez fosse como astronomia, pensava. Você pode aprender sobre as estrelas, mas não pode mudá-las. E de fato, por muito tempo, meu conhecimento não me ajudou muito. Eu sabia muita coisa, mas, na prática, aquilo não me servia de nada. Eram apenas observações sobre quem eram as pessoas mais felizes — e as mais infelizes.

Há uma década, durante um período particularmente sombrio e turbulento da minha vida, Ester fez uma pergunta que mudou minha forma de pensar: "Por que você não usa toda essa pesquisa complicada para ver se há maneiras de mudar seus próprios hábitos?" Bastante óbvio, certo? Por alguma razão, não era nada óbvio para mim, mas estava disposto a tentar. Comecei a passar mais tempo observando meus níveis de bem-estar para identificar padrões. Estudei a natureza do meu sofrimento e os benefícios que talvez obtivesse a partir dela. Estabeleci uma série de experimentos com base em dados, tentando recursos como fazer uma lista de coisas pelo que ser grato, orar mais e buscar o comportamento oposto àquele ao qual estava inclinado quando estava triste e com raiva (o que acontecia com bastante frequência).

E vi resultados. Na verdade, funcionou tão bem que, nas horas vagas de meu trabalho em uma grande organização sem fins lucrativos, comecei a escrever sobre felicidade e compartilhar com as pessoas formas de aplicá-la na vida real no *New York Times*. As pessoas começaram a entrar em contato para dizer que a ciência da felicidade — traduzida em conselhos práticos — também estava funcionando para elas. E descobri que ensinar ideias dessa maneira solidificava o conhecimento em minha mente e me deixava ainda mais feliz.

É óbvio que eu queria mais. Então mudei de carreira. Aos cinquenta e cinco anos, deixei meu cargo de diretor-executivo com um plano para escrever, falar e ensinar sobre a ciência da felicidade. Comecei criando uma declaração simples de missão pessoal para mim mesmo.

> Dedico meu trabalho a impulsionar as pessoas e a uni-las, em laços de amor e felicidade, usando ciência e ideias.

Aceitei uma vaga de professor na Universidade de Harvard e criei um curso sobre a ciência da felicidade, que logo ficou lotado. Então comecei a escrever uma coluna sobre o assunto na revista *The Atlantic*, alcançando centenas de milhares de leitores. Toda semana, eu analisava um novo tópico sobre a felicidade, usando minha experiência como pesquisador quantitativo para discutir artigos de ponta sobre psicologia, neurociência, economia e filosofia. Então transformei o aprendizado em experimentos da vida real comigo mesmo. Quando funcionava, ensinava aos meus alunos o que havia aprendido e divulgava para um grande público por meio da coluna.

Com o passar dos anos, fui observando mais e mais progresso na minha vida. Observei como meu cérebro processava as emoções negativas e aprendi a administrá-las sem tentar me livrar delas. Passei a enxergar os relacionamentos como uma interação entre corações e cérebros, e não como um mistério inescrutável. Adotei os hábitos das pessoas mais felizes que encontrei nos dados e que havia conhecido na vida real (incluindo alguém muito especial, que você conhecerá na Introdução que vem a seguir). Ao mesmo tempo, comecei a ouvir de pessoas do mundo inteiro — algumas das quais eu nunca tinha ouvido falar, outras muito famosas — como estavam aprendendo comigo, descobrindo ser capazes de elevar os próprios níveis de felicidade, caso se esforçassem para aprender e aplicar esses conhecimentos.

Desde que fiz essa mudança de vida, meu bem-estar aumentou *muito*. As pessoas percebem e comentam que sorrio mais e pareço me divertir mais no meu trabalho. Meus relacionamentos estão melhores do que antes. Tenho observado melhorias semelhantes na vida de estudantes, gestores de empresas e pessoas de todos os tipos que aprendem os fundamentos. Muitos deles experimentaram dores e perdas muito mais graves do que qualquer coisa que já enfrentei e encontraram alegria em meio à dor.

Ainda tenho muitos dias ruins, além de um longo caminho pela frente, mas hoje estou confortável com eles e sei como continuar crescendo apesar deles. Sei que tempos difíceis virão, mas isso já não me assusta mais. Estou confiante na minha evolução pessoal.

Às vezes, penso em mim mesmo aos trinta e cinco ou quarenta e cinco anos, quando raramente me sentia alegre e olhava para o futuro com um sentimento de resignação. Se meu eu de cinquenta e nove anos pudesse voltar no tempo e me dissesse "Você vai aprender a ser mais feliz e ensinar os segredos para os outros", é bem provável que lhe dissesse que meu eu do futuro tinha enlouquecido. Mas é verdade (a parte de me tornar mais feliz, não a de enlouquecer).

E agora tenho o privilégio de trabalhar em equipe com alguém que admiro desde jovem — uma pessoa que, ela própria, impulsionou milhões de pessoas do mundo inteiro a criar laços de amor e a encontrar a felicidade: Oprah Winfrey. Quando nos conhecemos, percebemos de imediato que compartilhávamos uma missão, embora buscássemos atendê-la de maneiras diferentes: eu no ambiente acadêmico, Oprah, em um veículo de comunicação de massa.

Nossa missão neste livro é unir as duas vertentes do nosso trabalho para levar a incrível ciência da felicidade a pessoas em todas as esferas de suas vidas, que poderão usá-la para viver melhor e impulsionar as outras. Em uma linguagem mais simples, procuramos ajudá-lo a perceber que você não está desamparado em meio às marés da vida, mas que, com mais compreensão de como sua mente e seu cérebro funcionam, você é capaz de construir a vida que deseja, começando de dentro, com suas emoções, e, em seguida, voltando-se para sua família, suas amizades, seu trabalho e sua vida espiritual.

Funcionou para nós e pode funcionar para você também.

Introdução
O segredo de Albina

De Arthur: Albina Quevedo, minha sogra, a quem eu amava como se fosse minha mãe, estava deitada em sua cama no pequeno apartamento em Barcelona que ocupava havia setenta anos. A decoração austera do quarto jamais havia mudado: em uma parede, uma foto das Ilhas Canárias, de onde vinha; um crucifixo simples em outra. Isso era o que ela via quase vinte e quatro horas por dia, desde que uma queda dois anos antes a deixara com dores e incapaz de se levantar ou andar sozinha. Aos noventa e três anos, ela sabia que vivia seus últimos meses.

O corpo estava fraco, mas a mente ainda estava lúcida, e as memórias, vívidas. Falava sobre décadas passadas, quando era jovem, saudável, recém-casada e começando sua amada família. Relembrava festas e dias na praia com amigos próximos, mortos havia muito tempo. Ria ao se lembrar daquela diversão.

"Tão diferente da minha vida agora", disse ela. Ela virou a cabeça sobre o travesseiro e olhou pela janela por um longo tempo, perdida em pensamentos. Ao virar o rosto de volta, ela comentou: "Sou muito mais feliz do que naquela época."

Ela olhou para minha expressão surpresa e explicou. "Sei que parece estranho, porque minha vida agora parece ser desoladora, mas é verdade", disse ela, com um sorriso. "À medida que envelheci, aprendi o segredo para ser mais feliz."

Naquele momento, eu era todo ouvidos.

Sentei-me ao lado dela na cama, e Albina relatou as provações de sua vida. Quando menina, na década de 1930, experienciou a brutal

Guerra Civil Espanhola, às vezes escondida, outras passando fome e vendo apenas morte e sofrimento ao redor. O pai foi preso e passou anos na cadeia por servir no lado perdedor do conflito como cirurgião no campo de batalha. Apesar disso, ela sempre enxergou a infância como uma época feliz, pois seus pais a amavam e se amavam, e aquele amor era a lembrança que perdurava de forma mais nítida. E, por falar em amor, o preso que estava na cela ao lado da de seu pai a apresentou ao homem que viria a ser seu marido.

Até então, tudo bem. Mas foi aí que começaram os problemas na vida de Albina. Depois de alguns bons anos e do nascimento de três filhos, o marido revelou-se uma pessoa não tão boa assim, abandonando-a sem pensão alimentícia e mergulhando-os na pobreza. A tristeza por ter sido abandonada foi agravada pela pressão de criar os filhos sozinha, sem saber se conseguiria pagar as contas.

Por vários anos, ela se sentiu presa e miserável, concluindo que uma vida mais feliz não estaria disponível enquanto o mundo estivesse contra ela. Quase todos os dias, ela olhava pela janela da frente de seu pequeno apartamento e chorava.

Quem poderia julgá-la? A pobreza e a solidão, que a tornavam miserável, não eram culpa de Albina — lhe haviam sido impostas, e Albina não conseguia ver como mudar a situação. Enquanto as circunstâncias não mudassem, sua infelicidade persistiria e uma vida melhor parecia impossível.

Um dia, quando Albina tinha quarenta e cinco anos, algo mudou para ela. Por motivos que não eram óbvios para seus amigos e familiares, a visão que aquela mulher tinha da vida se modificou. Não é que de repente ela tenha ficado menos solitária, ou que misteriosamente tenha ganhado muito dinheiro, mas, por algum motivo, ela parou de esperar que o mundo mudasse e assumiu o controle da própria vida.

A transformação mais evidente que ela fez foi se matricular na faculdade para se tornar professora. Não foi fácil. Estudar dia e noite ao lado de alunos com metade de sua idade, enquanto criava uma família, era exaustivo, mas foi uma conquista que mudou sua vida. Ao final de três anos, Albina concluiu a faculdade como a primeira da turma.

INTRODUÇÃO: O SEGREDO DE ALBINA

Naquele momento, ela embarcou em uma nova carreira que amava, lecionando em um bairro economicamente marginalizado, onde atendia crianças e famílias em situação de pobreza. Ela se tornou uma pessoa de fato independente, conseguia sustentar os filhos com o próprio dinheiro e fez amigos que estimaria e que estariam ao seu lado até seus últimos dias... e que chorariam muito em seu velório.

Mais de uma década depois, o marido genioso de Albina quis voltar; eles não haviam se divorciado formalmente. Ela pensou a respeito e o aceitou de volta — não porque precisava dele, mas porque quis. O marido encontrou Albina completamente mudada depois de quatorze anos longe: ela estava mais forte e, bem, mais feliz. Eles nunca mais se separaram e, em seus últimos anos, ele também era uma pessoa diferente, cuidando dela com amor. Ele havia morrido três anos antes.

"Fomos casados e felizes por cinquenta e quatro anos", disse ela. Depois, explicou com um sorriso: "Tecnicamente, foram sessenta e oito anos de casados, tirando os quatorze em que fomos infelizes."

Naquela altura, aos noventa e três anos, as circunstâncias mais uma vez a limitavam, mas sua alegria não havia diminuído — e talvez estivesse até mesmo aumentando. Eu não fui o único que notou; todos ficavam maravilhados com a maneira como sua felicidade crescia à medida que ela envelhecia.

Qual era o segredo dela? O que havia feito com que, aos quarenta e cinco anos, ela virasse a página rumo a uma vida melhor e se tornasse ainda mais feliz ao longo de quase cinco décadas depois?

O SEGREDO

Algumas pessoas talvez não deem importância à história de Albina, dizendo que ela era uma raridade, uma pessoa com um dom natural para pegar os limões e fazer uma limonada. Mas a perspectiva que ela tinha da vida não era inata, foi algo que ela aprendeu e cultivou. Albina não era uma mulher "naturalmente feliz".

Pelo contrário: segundo ela mesma, foi infeliz por muito tempo antes de sua grande mudança.

As pessoas podem dizer também que ela era muito boa em "fazer vista grossa", ignorando as coisas ruins da vida. Mas isso também não é verdade. Ela nunca negou que coisas ruins tivessem acontecido, nem fingiu que não estava sofrendo. Sabia muito bem que envelhecer seria difícil, que perder amigos e entes queridos seria triste, que ficar doente seria assustador e doloroso. Não foi bloquear essas realidades o que a tornou mais feliz.

Algo aconteceu que mudou Albina e a libertou. Três coisas, na verdade.

A primeira delas foi que, aos seus quarenta e poucos anos, em um belo dia um simples pensamento lhe ocorreu. Ela sempre acreditara que se tornar uma pessoa mais feliz exigia mudanças do mundo exterior. Afinal, seus problemas vinham de fora, do azar e do comportamento alheio. Isso era confortável de certa forma, mas a deixava em uma espécie de torpor.

Talvez, pensou ela, mesmo que não conseguisse mudar as circunstâncias, pudesse mudar sua *reação* a elas. Não havia como escolher de que maneira o mundo a trataria, mas talvez tivesse alguma influência em relação a como se sentiria. Talvez não precisasse esperar que as dificuldades ou seu sofrimento diminuíssem para começar a seguir em frente.

Ela passou a buscar decisões em sua vida onde antes só havia imposições. O desespero causado pela falta de esperança que havia em se sentir à mercê do ex-marido, da economia, das necessidades dos filhos, diminuiu. As circunstâncias não controlavam como ela se sentia em relação à vida; ela, sim.

Até aquele momento, disse Albina, ela se sentia como se estivesse presa em um emprego ruim, em uma empresa terrível. Naquele momento, ela acordara e percebera que, na verdade, sempre havia sido a CEO. Isso não significava que ela poderia apenas estalar os dedos e de repente tudo se tornaria perfeito — CEOs também sofrem em tempos difíceis —, mas que tinha muito poder sobre a própria vida, e isso poderia levá-la a todo tipo de coisas boas no futuro.

Foi a partir dessa nova perspectiva que Albina se pôs em ação. Ela deixou de desejar que os outros fossem diferentes e passou a trabalhar na única pessoa que podia controlar: ela mesma. Como todo mundo, Albina tinha sentimentos negativos, mas começou a fazer escolhas mais conscientes sobre como reagir a eles. As decisões que ela tomou — não suas emoções primárias — a levaram a tentar transformar sentimentos menos produtivos em sentimentos positivos, como gratidão, esperança, compaixão e alegria. Ela também se esforçou para se concentrar mais no mundo ao seu redor e menos nos próprios problemas. Nada disso era fácil, mas Albina foi melhorando com a prática, e aquilo foi lhe parecendo cada vez mais natural com o passar do tempo.

Por fim, gerenciar a própria vida a libertou para se concentrar nos pilares sobre os quais poderia construir uma existência muito melhor: a família, as amizades, o trabalho e a fé. Gerenciando-se de maneira bem-sucedida, Albina não se distraía mais com as constantes crises da vida. Como não era mais dominada por seus sentimentos, escolheu ter um relacionamento com o marido que não negava o passado, mas funcionava no presente. Construiu um vínculo amoroso com os filhos. Passou a cultivar amizades profundas. Encontrou uma carreira que lhe deu um senso de serviço e sucesso. Trilhou sua própria jornada espiritual. E ensinou aos outros como viver dessa maneira.

Com esses três passos, Albina construiu a vida que desejava.

A ESTRADA À FRENTE

Se você se identifica com as adversidades de Albina, ou sente necessidade de melhorar sua felicidade por outros motivos, saiba que não está sozinho. Há uma crise da felicidade em curso nos Estados Unidos. Só na última década, a porcentagem de norte-americanos que afirmam estar "não tão felizes" aumentou de 10% para 24%.[1] A porcentagem de norte-americanos que sofrem de depressão vem aumentando drasticamente, em especial entre os jovens adultos.[2] Enquanto isso, a porcentagem de pessoas que dizem estar "muito felizes" caiu de 36% para 19%.[3] Esses padrões também são observados no restante do mundo, e a tendência existia antes mesmo do início da pandemia de covid-19.[4] As pessoas discordam quanto ao motivo dessa queda em uma escala tão acentuada (culpam a tecnologia, a polarização da sociedade, mudanças nos costumes, a economia ou mesmo a política), mas todos nós sabemos que isso está acontecendo.

A maioria de nós não tem a ambição de tirar o mundo inteiro do desânimo, ficaríamos contentes em ajudar apenas a nós mesmos. Mas como, quando nossos problemas vêm de fora? Se estamos com raiva, tristes ou solitários, precisamos que as pessoas nos tratem melhor; precisamos que nossa vida financeira melhore; precisamos que a nossa sorte mude. Até lá, esperamos, infelizes, e tudo o que podemos fazer é nos distrair do desconforto.

Este livro mostra como romper com esse padrão, como Albina fez. Em vez de um mero observador, você também pode tomar as rédeas da própria vida. Pode aprender a escolher como reagir às circunstâncias negativas e selecionar as emoções que o deixam mais feliz, mesmo quando as coisas não estão indo bem. Pode concentrar sua energia não em distrações triviais, mas nos pilares básicos da felicidade que trazem satisfação e significado duradouros.

Você aprenderá como administrar sua vida de novas maneiras. No entanto, ao contrário de outros livros que talvez tenha lido (nós também os lemos), este aqui não vai exortá-lo a se esforçar. Este não é um livro sobre força de vontade, é sobre conhecimento e como usá-lo. Se você não conseguisse entender algo a respeito do seu carro, não seria capaz de resolver o problema apenas contando com uma força de vontade extrema, mas consultaria o manual do usuário. Da mesma forma, quando algo não vai bem em relação à sua felicidade, você precisa de informações claras e

INTRODUÇÃO: O SEGREDO DE ALBINA

baseadas na ciência sobre como sua felicidade funciona antes de qualquer outra coisa e, em seguida, de instruções sobre como usar esse aprendizado em sua vida. É disso que trataremos aqui.

Este também não é mais um guia sobre como minimizar ou eliminar a dor, seja a sua ou a de qualquer outra pessoa. A vida pode ser difícil, muito mais difícil para algumas pessoas do que para outras, embora não seja culpa delas. Se você está sofrendo, este livro não lhe dirá para esperar que a dor passe ou para encontrar meios de acabar com ela. Em vez disso, mostrará como você pode lidar e aprender com sua presença, além de como crescer por meio dela também.

Por fim, nossa ideia não era bolar uma espécie de solução rápida para a vida das pessoas. Para Albina, ser mais feliz exigiu esforço e paciência, e com você será o mesmo. Esta leitura é apenas o começo. Praticar as habilidades requer prática. Algum progresso será imediato e, quem sabe, as pessoas ao seu redor perceberão mudanças positivas (e lhe pedirão conselhos). Outras lições levarão meses ou anos para serem internalizadas e se tornarem automáticas. Isso não é uma má notícia, porque o processo de gerenciar a si mesmo e progredir é uma aventura divertida. Ser mais feliz acaba se tornando um novo estilo de vida.

Construir a vida que você deseja exige tempo e esforço. Postergar esse processo significa esperar sem motivo, desperdiçar um tempo durante o qual você poderia ser mais feliz e fazer os outros mais felizes também. Albina não estava disposta a fazer isso, não estava disposta a deixar escapar a vida que desejava ter enquanto ficava à espera de que o universo mudasse.

Se você também se cansou de esperar, chegou a hora de começar.

Um

A felicidade não é o objetivo e a infelicidade não é o inimigo

O professor sorria de orelha a orelha ao falar para o auditório lotado da Carnegie Mellon University, em Pittsburgh, em uma noite de setembro de 2007. Era sua última aula na instituição, e ele estava radiante de alegria ao relembrar sua trajetória profissional e uma vida inteira de paixão, durante a qual descobriu coisas boas sobre as pessoas com quem conviveu e superou obstáculos. Ele estava tão cheio de energia e vigor que mal conseguia se conter. A certa altura, foi para o chão e executou uma série de flexões com um braço só.[1]

O professor era Randy Pausch, um conhecido cientista da computação, amado por seus alunos e colegas da Carnegie Mellon. Seria de se imaginar que sua alegria durante a última aula decorria do fato de ele estar se aposentando e se mudando para o Caribe, ou talvez, mais provavelmente (ele tinha apenas quarenta e sete anos), indo ocupar uma vaga melhor em outra universidade. No entanto, nenhuma dessas hipóteses estava correta.

Aquela era a última aula do professor Pausch porque ele tinha câncer pancreático em fase terminal e só lhe restavam alguns meses de vida.

O público foi até lá ouvi-lo sem saber o que esperar. Seria uma trágica reflexão sobre a brevidade da vida? Uma lista de experiências obrigatórias? Sem dúvida, houve muitas lágrimas no auditório naquela noite, mas não de Randy. "Se não pareço tão deprimido ou taciturno quanto deveria", brincou ele, "desculpe desapontá-los". Seu discurso foi uma celebração à vida, cheio de amor e alegria, compartilhado com amigos, colegas de trabalho, sua esposa e seus três filhos pequenos.

A verdade era simples: não havia como negar que Randy era um homem que desfrutava de muita felicidade. Nem mesmo seu diagnóstico sombrio conseguiu esconder esse fato tão evidente naquela noite de setembro. Nos meses seguintes, de acordo com o que sua saúde permitia, ele aproveitou a vida ao máximo, inspirando outras pessoas por meio da imprensa nacional (incluindo o programa da Oprah) e postando em seu site pessoal os detalhes de sua saúde e de seus tratamentos, bem como momentos importantes em família e vários outros de alegria individual.

Em 25 de julho de 2008, Randy Pausch morreu, cercado por familiares e amigos.

Em seus últimos meses, ele fez algo que a maioria de nós consideraria impensável: passou o que naturalmente seria a parte mais difícil e sombria de sua vida se tornando uma pessoa mais feliz. Como ele fez isso?

DOIS MITOS SOBRE A FELICIDADE

Não há nada de estranho em querer ser feliz. "Não há ninguém que não deseje ser feliz",[2] declarou categoricamente o teólogo e filósofo Agostinho em 426 EC, sem que qualquer evidência fosse necessária naquela época ou agora. Encontre-nos alguém que diga "Não me importo em ser feliz" e lhe mostraremos alguém que está delirando ou que não está dizendo a verdade.

O que as pessoas querem dizer quando falam que "querem ser felizes"? Em geral, duas coisas: primeiro, que desejam alcançar (e manter) certos sentimentos (alegria, satisfação ou algo semelhante). Em segundo lugar, que há algum obstáculo para atingir essas emoções. "Eu quero ser feliz" quase sempre é seguido por "mas...".

Levemos em consideração Claudia, gerente de um escritório em Nova York. Ela tem trinta e cinco anos e mora com o namorado há cinco. Os dois se amam, mas ele não está pronto para assumir um compromisso permanente. Claudia acha que não está em posição de planejar o futuro: onde vai morar, se terá filhos, para onde sua carreira irá. Isso a frustra e faz com que ela se sinta sem rumo, deixando-a triste e com raiva. Ela quer ser feliz, mas não acha capaz de sê-lo até que o namorado tome uma decisão.

Ou vamos pensar em Ryan. Ele achava que, quando estivesse na faculdade, faria amigos para toda a vida e determinaria quais seriam seus objetivos profissionais. Em vez disso, saiu da universidade mais confuso em relação à vida do que quando entrou. Agora, aos vinte e cinco anos, tem milhares de dólares em dívidas, pula de um emprego para outro e se sente sem rumo. Ele espera ser feliz quando a oportunidade certa aparecer e deixar seu futuro mais claro.

Margaret tem cinquenta anos. Dez anos atrás, achava que a vida estava nos trilhos: seus filhos estavam no ensino médio, ela trabalhava meio período e era ativa em sua comunidade. Mas, desde que os filhos saíram de casa, tem se sentido inquieta e insatisfeita com tudo. Fica procurando casas na internet, acreditando que morar em outro lugar talvez ajudasse. Acha que uma grande mudança lhe trará felicidade, mas não sabe ao certo qual mudança seria essa.

Por fim, temos Ted. Depois que se aposentou, nunca teve amigos de verdade. Perdeu o contato com todos do trabalho. Está divorciado há anos e seus filhos, já adultos, estão focados nas próprias famílias. Na maior parte do tempo, ele se ocupa assistindo televisão, embora às vezes também leia. Ele acha que seria feliz se houvesse mais pessoas em sua vida, mas, pelo visto, não sabe como encontrá-las.

Claudia, Ryan, Margaret e Ted são pessoas comuns com problemas comuns — nada de estranho nem escandaloso. (Na verdade, são um resumo de pessoas que conhecemos e com quem trabalhamos muitas vezes.) Cada um está lidando com dificuldades banais que qualquer um de nós poderia enfrentar na vida, mesmo sem cometer grandes erros ou correr riscos tolos. E suas crenças em relação à felicidade e à vida são comuns — mas equivocadas.

Claudia, Ryan, Margaret e Ted estão todos vivendo em um estado de "Eu quero ser feliz, mas…". Se você analisar a frase, verá que ela se baseia em duas crenças:

1. Eu posso ser feliz…
2. … mas as circunstâncias me mantêm preso(a) na infelicidade.

A verdade é que ambas as crenças, por mais persuasivas que pareçam, são falsas. Você não pode ser feliz — embora possa, *sim*, ser mais feliz. E as circunstâncias da sua vida e a fonte da sua infelicidade *não* precisam ser empecilhos para você.

Eis o que queremos dizer quando afirmamos que você não pode ser feliz. Buscar a felicidade é como buscar por El Dorado, a lendária cidade de ouro na América do Sul que ninguém jamais encontrou. Quando procuramos a felicidade, talvez tenhamos vislumbres de como ela pode ser, mas não é algo duradouro. As pessoas falam sobre a felicidade, e algumas afirmam ser felizes, mas aquelas que a sociedade diz que deveriam ser absolutamente felizes (os ricos, os bonitos, os famosos, os poderosos) muitas vezes acabam indo parar nos noticiários por conta de falências, escândalos pessoais e problemas familiares. Algumas pessoas são mais felizes do que outras, mas ninguém consegue dominar a felicidade de maneira consistente.

Se o segredo para a felicidade plena existisse, já o teríamos descoberto. Seria um grande negócio, vendido na internet, ensinado em todas as escolas e talvez até fornecido pelo governo. Mas não é. Isso é um pouco estranho, certo? A única coisa que todos desejamos, desde o surgimento do *Homo sapiens* há trezentos mil anos na África, continuou sendo algo incerto para quase todo mundo. Descobrimos como fazer o fogo, a roda, módulos lunares e vídeos no TikTok, mas, mesmo com toda a engenhosidade humana, não dominamos a arte e a ciência de obter e manter a única coisa que realmente *queremos*.

Isso porque a felicidade não é um destino. A felicidade é uma *direção*. Jamais atingiremos a felicidade plena neste plano, mas, não importa em que ponto cada um de nós esteja na vida, todos podemos ser *mais felizes*. Depois mais felizes, e então mais felizes ainda.

O fato de que atingir a felicidade plena nesta vida é impossível pode parecer uma notícia decepcionante, mas não é. É a melhor de todas, na verdade, porque significa que todos podemos parar de vez de procurar por uma cidade perdida que não existe. Podemos parar de nos perguntar o que há de errado conosco porque não conseguimos encontrá-la ou fazê-la perdurar.

Também podemos parar de acreditar que nossos problemas individuais são os motivos pelos quais não alcançamos a felicidade. Nenhuma circunstância positiva é capaz de nos dar o estado de alegria que buscamos. Mas nenhuma circunstância negativa é capaz de impedir que você seja mais feliz. O fato é que você pode se tornar mais feliz, mesmo tendo problemas. Em alguns casos, você pode até se tornar mais feliz *porque* tem problemas.

São essas duas crenças errôneas, e não os contratempos da vida, a verdadeira razão pela qual tantas pessoas se sentem empacadas e infelizes. Elas querem algo que não existe e acham impossível fazer qualquer avanço até que todos os obstáculos sejam eliminados. E esses erros começam com a resposta incorreta a uma pergunta que parece muito inocente: *o que é felicidade?*

O QUE É FELICIDADE?

Imagine que você pediu a alguém para definir o que é um carro. A pessoa pensa na sua pergunta e responde: "Um carro é... bem, é a sensação que tenho quando estou em uma cadeira, mas uma cadeira em que me sento quando quero ir fazer compras no supermercado." Você presumiria que, no fundo, ela não sabe o que é um carro. E você certamente não vai emprestar a ela as chaves do *seu*.

Então, você pede a ela para definir o que é um barco. Ela pensa por um minuto e diz: "Não é um carro."

Este é um cenário absurdo. Ainda assim, por mais estranho que pareça, esses são os tipos de definição que, em geral, obtemos quando pedimos a alguém para definir felicidade e infelicidade. Tente você mesmo. Chegará a algo como: "Felicidade é... bem, acho que é um sentimento... como quando estou com pessoas que amo ou fazendo algo que gosto." E a infelicidade? "É a ausência de felicidade."

O maior motivo pelo qual as pessoas não se sentem mais felizes é porque elas nem sabem o que estão tentando aumentar. E o motivo pelo qual elas se sentem presas em sua infelicidade é porque não conseguem definir do que se trata. Se este é o seu caso, não se sinta tão mal. A maioria de nós tem dificuldades com essas definições. As pessoas falam sobre sentimentos ou usam metáforas brandas, como "há luz do sol em minha alma", a definição de felicidade segundo um antigo hino presbiteriano.[3]

Mesmo os antigos filósofos lutaram para chegar a um acordo sobre a definição de felicidade. Observe, por exemplo, a batalha entre Epicuro e Epiteto.

Epicuro (341-270 a.C.) liderou uma escola de pensamento com seu nome — Epicurismo — que argumentava que uma vida feliz requer duas coisas: ataraxia (ausência de inquietações da mente) e aponia (ausência de dores físicas). Sua filosofia pode ser caracterizada como: "Se for assustador ou doloroso, evite." Os epicuristas tinham o hábito de enxergar o desconforto como algo negativo e, assim, viam a eliminação de ameaças e problemas como a chave para uma vida mais feliz. Não que fossem preguiçosos nem desmotivados. Eles não enxergavam a sensação de medo ou dor como algo inerentemente necessário ou benéfico e, em vez disso, concentravam-se em aproveitar a vida.

Epiteto viveu cerca de trezentos anos depois de Epicuro e foi um dos mais proeminentes filósofos estoicos. Ele acreditava que a felicidade vem de descobrir nosso propósito de vida, aceitar o próprio destino e seguir a moral (não importando o que isso no custasse enquanto indivíduos). Ou seja, não dava muito mérito às crenças de bem-estar de Epicuro. Sua filosofia pode ser resumida como: "Tome coragem e faça o que tem de fazer." As pessoas que seguiam um estilo de vida estoico viam a felicidade como algo conquistado com muito sacrifício. Não é de surpreender que os estoicos fossem trabalhadores esforçados que viviam para o futuro e estavam dispostos a incorrer em custos pessoais substanciais para cumprir (o que acreditavam ser seu propósito de vida) sem reclamar muito. Para eles, a chave para a felicidade estava em aceitar a dor e o medo, e não em evitá-los de maneira ativa.

Hoje, as pessoas ainda seguem as linhas epicuristas e estoicas — buscam a felicidade através de se sentir bem ou de cumprir seu dever. E as definições só se multiplicam a partir daí, sobretudo ao redor do mundo. Veja, por exemplo, as diferenças encontradas por estudiosos entre as culturas ocidental e oriental.[4] No Ocidente, a felicidade é, em geral, definida em termos de entusiasmo e conquistas. Enquanto isso, na Ásia, a felicidade é mais frequentemente definida em termos de calma e contentamento.

As definições de felicidade chegam a depender da palavra atribuída por cada idioma para esse sentimento. Nas línguas germânicas, *felicidade* tem raiz em palavras relacionadas à fortuna ou a um destino favorável.[5] Na verdade, a palavra *happiness*, *felicidade* em inglês, vem do nórdico antigo *happ*, que significa "sorte".[6] Enquanto isso, em línguas de origem latina, o termo vem de *felicitas*, que na Roma antiga se referia não apenas à boa sorte, mas também ao crescimento, à fertilidade e à prosperidade.[7] Outros idiomas têm palavras especiais apenas para o assunto. Os dinamarqueses, em geral, descrevem a felicidade em termos de *hygge*, que é algo como aconchego e convívio confortável.[8]

Se a felicidade fosse de fato tão subjetiva — ou pior, uma questão de sentimentos em um determinado momento —, não haveria como estudá-la. Seria como tentar pregar gelatina na parede. Este livro teria duas palavras: *boa sorte* (ou, talvez, boa *happ*).

Ainda bem que podemos fazer muito melhor do que isso hoje em dia. É verdade que diferentes culturas a definem de forma um pouco distinta entre si, e é por isso que as comparações de felicidade entre países que você sempre vê nas notícias não são muito úteis ou convincentes. Também é verdade que os sentimentos estão associados à felicidade. Suas emoções afetam o quanto você é feliz, e o quanto você é feliz afeta todas as suas emoções. Mas isso não significa que não existam constantes em todas as pessoas ou que a felicidade *seja* um sentimento.

Uma boa maneira de definir a felicidade é a partir das partes que compõem o todo. Se você tivesse que definir seu jantar de Ação de Graças, poderia fazer uma lista dos pratos: peru, recheio, batata-doce e assim por diante. Ou, quem sabe, listar os ingredientes, se for um bom cozinheiro. Ou ainda, se for um fã de nutrição, dizer que o jantar — na verdade, qualquer comida — é composto de três macronutrientes: carboidratos, proteínas e gorduras. Para fazer um jantar bom e saudável, você precisa de todos os três em equilíbrio.

O jantar também teria um cheiro delicioso que invade a casa. No entanto, você não diria que esse cheiro é o jantar. Em vez disso, o cheiro é *evidência* do jantar. E, da mesma forma, sentimentos felizes não são felicidade, são evidências de felicidade. A felicidade em si é o fenômeno de verdade e, assim como o jantar, pode ser definida como uma combinação de três "macronutrientes" que você precisa ter em equilíbrio e abundância na vida.

Os macronutrientes da felicidade são deleite, satisfação e propósito.

O primeiro é o *deleite*. "Sentir-se bem" pode soar como deleite, mas não é verdade. O prazer é animal; o deleite, 100% humano. O prazer emana de partes do cérebro dedicadas a nos recompensar por certas atividades, como comer e fazer sexo, que no passado ajudaram a nos manter vivos e a transmitir nossos genes. (Hoje, as coisas que trazem prazer, desde substâncias a comportamentos, são muitas vezes mal adaptadas e usadas da forma incorreta, levando a vários tipos de problema.)

O deleite nos provoca uma ânsia por prazer, além de duas coisas importantes: comunhão e consciência. Por exemplo, o jantar de Ação de Graças pode proporcionar prazer quando é gostoso e enche sua barriga, mas o deleite vem quando você come ao lado de entes queridos e cria uma lembrança calorosa de todos juntos, empregando as partes mais conscientes de seu cérebro. O prazer é mais fácil do que o deleite, mas é um erro contentar-se com ele, pois é passageiro e solitário. Todos os vícios envolvem prazer, mas não deleite.

Para ser mais feliz, você nunca deve se contentar com o prazer, e sim transformá-lo em deleite. Lógico, há certo custo envolvido nisso. O deleite requer um investimento de tempo e esforço. Significa renunciar a uma alegria fácil e sem esforço. Muitas vezes significa rejeitar desejos e tentações. Atingi-lo é difícil.

O segundo macronutriente da felicidade é a *satisfação*. É aquela animação de alcançar um objetivo pelo qual você trabalhou. É a sensação que você tem quando tira um dez na escola ou é promovido no trabalho; quando enfim compra um apartamento ou se casa. É como você se sente quando faz algo difícil, talvez até doloroso, que atende ao propósito de sua vida como você o vê.

A satisfação é maravilhosa, mas não vem sem trabalho e sacrifício. Se você não sofre por algo — pelo menos um pouco —, não há satisfação. Se estudar a semana toda para uma prova e tirar uma boa nota, isso lhe dará muita satisfação. Mas se colar para obter a mesma nota, além de fazer a coisa errada, é provável que não obtenha satisfação alguma. Esse é um dos motivos pelos quais pegar atalhos na vida é uma estratégia tão ruim: isso arruína sua capacidade de se sentir satisfeito.

Embora a satisfação possa trazer muita alegria, também é algo extremamente evasivo: você acha que atingir um objetivo lhe trará uma satisfação permanente, mas é óbvio que se trata de uma emoção temporária. Todos nós conhecemos o megahit dos Rolling Stones de 1965 "(I Can't Get No) Satisfaction". Na verdade, eles não estão certos: você *pode* obter satisfação; você apenas não consegue *mantê-la*. É incrivelmente frustrante, até doloroso, que nos esforcemos como loucos e, assim que conseguimos atingir aquela explosão de alegria, ela se esvai. É por isso que, como Mick Jagger canta, tentamos, tentamos e tentamos preservá-la. Trata-se de um comportamento que os psicólogos chamam de esteira hedônica, segundo o qual logo nos adaptamos às coisas boas e temos que correr mais e mais para continuar sentindo satisfação.[9] Isso se dá, em especial, com coisas mundanas como dinheiro, poder, prazer e prestígio (ou fama).

O terceiro macronutriente é o mais importante: *propósito*. Podemos passar algum tempo sem deleite, até sem muita satisfação. Sem propósito, no entanto, estamos totalmente perdidos, porque nos sentimos incapazes de lidar com os inevitáveis quebra-cabeças e dilemas da vida. Quando temos um senso de significado e propósito, conseguimos enfrentar a vida com esperança e paz interior.

E, no entanto, as pessoas que têm um forte senso de significado, em geral, o encontram no sofrimento. Esse é o argumento do psiquiatra e sobrevivente do Holocausto Viktor Frankl, que conheceremos no próximo capítulo. Em seu clássico livro de memórias, *Em busca de sentido*, ele afirma: "A maneira por meio da qual um homem aceita seu destino e todo o sofrimento que ele acarreta, a maneira como ele carrega sua cruz, oferece-lhe uma ampla oportunidade — mesmo sob as mais difíceis circunstâncias — de acrescentar um significado mais profundo à sua vida."[10] A estratégia comum de tentar eliminar o sofrimento da vida para ser mais feliz é fútil e equivocada. Devemos, pelo contrário, buscar o porquê da vida para fazer da dor uma oportunidade de crescimento.

O PAPEL DA INFELICIDADE

Como dito, felicidade é uma combinação de deleite, satisfação e propósito. Tornar-se mais feliz é obter mais desses elementos, de forma equilibrada, e não muito de um e nada de outro. Mas, se você estivesse lendo com atenção, notaria uma coisa engraçada sobre os três conceitos: *todos eles têm alguma infelicidade intrínseca*. O deleite exige trabalho e renúncia aos prazeres; a satisfação exige sacrifício e não é duradoura; o propósito quase sempre implica sofrimento. Tornar-se mais feliz, em outras palavras, exige que também aceitemos a infelicidade em nossas vidas e a compreensão de que isso não é um obstáculo para nossa felicidade.

Se você sente que essa ideia parece contraintuitiva, você não está sozinho. Até o século XX, a infelicidade era, em geral, vista como a ausência da felicidade, assim como a relação entre luz e a escuridão. As emoções positivas e negativas eram vistas pelos psicólogos como algo que existia em um *continuum*. Por exemplo, se você se sentia "menos mal" com o passar do tempo após uma perda ou trauma, isso também significava apenas que você se sentia "mais bem".[11]

Se você quisesse ser mais feliz, teria de se tornar menos infeliz. Se sua felicidade estava diminuindo, então sua infelicidade estava aumentando.

A verdade, entretanto, é que sentimentos associados à felicidade e à infelicidade podem coexistir. As pesquisas modernas na psicologia têm mostrado que emoções positivas e negativas são de fato separáveis, permitindo-nos concluir que a felicidade *não é* a ausência de infelicidade.[12] (Lembre-se, felicidade e sentimentos não são a mesma coisa, mas andam juntos como o jantar e o cheiro de jantar.) Emoções positivas e negativas podem ser sentidas na ausência da outra, simultaneamente ou em rápida sucessão. Alguns neurocientistas acreditam que sentimentos de felicidade e infelicidade correspondem em grande parte à atividade em diferentes hemisférios do cérebro, observando que as emoções negativas estão alinhadas à atividade no lado esquerdo do rosto, e as positivas, no direito.[13]

Em geral, as pessoas avaliam seus sentimentos enquanto uma combinação. "Eu me sinto bem" significa felicidade > infelicidade. No entanto, quando instruídas a separar emoções positivas das negativas, são capazes de fazer isso com bastante precisão. Por exemplo, durante um experimento, pesquisadores descobriram que as pessoas conseguiam identificar suas emoções em cerca de 90% das situações.[14] Classificaram seus sentimentos como puramente positivos em cerca de 41% das vezes e puramente negativos em cerca de 16% das vezes. O restante (33%) era um misto de positivos e negativos. Ou seja, as pessoas percebem alguns sentimentos negativos, em média, cerca de metade do tempo, e sentimentos positivos, cerca de três quartos do tempo.

Em um experimento, foi pedido às pessoas que passassem dias inteiros pensando quantos "afetos" positivos ou negativos — isto é, sentimentos — derivavam de cada atividade, em vez de misturar as duas emoções.[15] Em geral, as pessoas tinham mais sentimentos positivos do que negativos, mas isso dependia muito da atividade. Algumas atividades (como a socialização) proporcionavam muitos sentimentos positivos e poucos negativos. Outras (como cuidar de crianças ou trabalhar) eram mais uma combinação dos dois. As atividades mais negativas e menos positivas foram o deslocamento de ida e volta do trabalho e a convivência com os chefes. (Fica evidente, portanto, que com certeza é melhor não ir e voltar do trabalho com seu chefe.)

Isso significa que pode haver muita felicidade *e* muita infelicidade na sua vida ao mesmo tempo. Uma não depende da outra.

Estes detalhes podem até parecer desnecessários, mas na verdade trata-se de um ponto crucial. Se você acredita que precisa erradicar sentimentos de infelicidade antes de começar a ser mais feliz, ficará desnecessariamente retido pelos sentimentos negativos normais da vida cotidiana e deixará passar a compreensão daquilo que o torna quem *você é*.

SEU MISTO PARTICULAR DE FELICIDADE E INFELICIDADE

Todos nós temos nossa própria mistura natural de felicidade e infelicidade, dependendo das particularidades e circunstâncias de nossas vidas, e nosso trabalho é usar essa combinação que nos é dada para obter o melhor efeito possível. A primeira tarefa, ao fazermos isso, é aprender em que ponto estamos de fato.

Uma forma de obter evidências de seu misto natural de felicidade e infelicidade é medir seus níveis de afetos positivos e negativos — humor — e como eles se comparam aos dos outros, usando a Escala de Afetos Positivos e Negativos (ou PANAS, do inglês, *Positive and Negative Affect Schedule*). A PANAS mede a intensidade e a frequência dos afetos positivos e negativos, e foi inventada por três psicólogos da Southern Methodist University e da University of Minnesota, em 1988.[16] A PANAS indica se a pessoa tende a experimentar estados emocionais positivos e negativos mais altos ou mais baixos do que a média. Para fazer o teste, encontre um momento em que se sinta relativamente neutro em relação à vida... Logo após o almoço, por exemplo. Não escolha um momento em que esteja estressado ou mais feliz do que o normal. O teste questionará o quanto você sente profundamente uma série de emoções. Busque dar uma resposta geral ou pensando em uma média, em vez de apenas considerar o momento presente.

Você tem cinco respostas possíveis para cada emoção:

1 = muito levemente ou nada
2 = pouco
3 = moderadamente
4 = um pouco
5 = extremamente

Atribua essas pontuações às vinte emoções seguintes:

1. Interessado
2. Angustiado
3. Animado
4. Chateado
5. Forte
6. Culpado
7. Assustado
8. Hostil
9. Entusiasmado
10. Orgulhoso
11. Irritável
12. Alerta
13. Envergonhado
14. Inspirado
15. Nervoso
16. Determinado
17. Atento
18. Inquieto
19. Ativo
20. Amedrontado

Agora, calcule os afetos positivos somando os pontos atribuídos às questões 1, 3, 5, 9, 10, 12, 14, 16, 17 e 19. Calcule os afetos negativos somando os pontos atribuídos às questões 2, 4, 6, 7, 8, 11, 13, 15, 18 e 20.

A FELICIDADE NÃO É O OBJETIVO E A INFELICIDADE NÃO É O INIMIGO

A menos que você seja uma pessoa altamente fora do comum, que está na média tanto nos afetos positivos (cerca de 35 pontos), quanto nos negativos (cerca de 18 pontos), você cairá em um dos quatro quadrantes, conforme ilustrado na Figura 1.[17] Se você tem tanto os afetos positivos quanto os negativos acima da média, você é um dos "cientistas malucos", que estão sempre preocupados com alguma coisa. Se você tem tanto afetos positivos quanto negativos abaixo da média, você é um "juiz", sério e tranquilo. Os "líderes de torcida" têm afetos positivos acima da média e negativos abaixo da média, celebram o que há de bom em qualquer coisa e não se debruçam sobre o que é ruim. Os "poetas", que registram afetos positivos abaixo da média e negativos acima da média, têm dificuldade em apreciar as coisas boas e sempre sabem quando há uma ameaça à espreita.

	Líder de torcida	Cientista maluco
Afetos positivos		
	Juiz	Poeta

Afetos negativos

FIGURA 1: Os quatro tipos de pessoa, com base nos afetos positivos e negativos

Sim, sim, a gente sabe: você adoraria estar no quadrante dos líderes de torcida. Mas não podemos ser todos líderes de torcida, e o mundo também precisa dos outros perfis. Em um momento de reflexão, você talvez perceba que seria um pesadelo se todos vissem apenas o lado bom de tudo, porque continuaríamos cometendo os mesmos erros repetidas vezes. Os poetas são valiosos por sua perspectiva e criatividade. (E todo mundo fica bem de gola alta preta.) A vida é mais interessante com cientistas malucos no meio. E os juízes previnem que voemos todos pelos ares por conta de nossas ideias impulsivas.

Você tem um papel único a desempenhar na vida. Seu perfil é um presente. Mas, não importa qual seja, você tem espaço para aumentar a felicidade em sua vida. Para fazer isso, é necessário entender sua combinação natural de felicidade, administrar a si mesmo e, em seguida, tirar proveito de seus pontos fortes. Por exemplo, digamos que você seja um cientista maluco. É propenso a reagir de forma intensa, bem e mal, às coisas em sua vida. Isso pode fazer de você a alma da festa, mas pode exaurir seus entes queridos e colegas de trabalho. Você precisa saber disso e se esforçar para gerenciar suas fortes emoções e reações.

Talvez você seja um juiz. Você é tranquilíssimo e perfeito para carreiras como cirurgião ou espião (ou qualquer coisa em que manter a calma seja uma vantagem... como criar adolescentes). Mas, com amigos e entes queridos, talvez você pareça um pouco sem entusiasmo às vezes. Saber disso pode ser útil para que se empenhe a fim de demonstrar um pouco mais de paixão do que lhe vem naturalmente, pelo bem dos outros.

Ou talvez você seja um poeta. Quando todos dizem que está tudo ótimo, você diz: "Vamos com calma." Isso é importante porque esse tipo de percepção pode, literal ou figurativamente, salvar vidas, uma vez que os poetas enxergam os problemas antes dos demais. Mas pode torná-lo uma pessoa pessimista e difícil de conviver às vezes, e você pode tender à melancolia. É preciso aprender a criar ânimo diante das avaliações que você faz e não pensar sempre no pior.

Mesmo um líder de torcida precisa de autogestão emocional. Todo mundo adora ser um líder de torcida, mas se lembre de que você provavelmente vai evitar más notícias e terá dificuldade em transmiti-las. Isso nem sempre é bom! Você terá que lidar com isso para poder oferecer a verdade às pessoas, enxergar as coisas com precisão e não dizer que tudo vai ficar bem quando isso não for verdade.

Saber qual é o seu perfil na PANAS — sua combinação natural de sentimentos felizes e infelizes — pode ajudá-lo a se tornar mais feliz porque a escala lhe indica como administrar suas tendências, e, ao separar os dois lados, aponta também que sua felicidade com certeza não depende de sua *infelicidade*. O teste da escala PANAS é positivamente transformador porque, ao usá-lo, muitas pessoas se entendem pela primeira vez e veem que não há nada de estranho nem de errado com elas. Por exemplo, algumas pessoas passam muitos anos pensando que estão erradas porque experimentam mais sentimentos negativos do que outras ao seu redor e têm dificuldade em reunir tanto entusiasmo quanto outras. Com o teste, elas aprendem que são simplesmente poetas. *E o mundo precisa de poetas.*

VALORIZANDO OS SENTIMENTOS RUINS

Como você deve pensar a respeito da sua infelicidade? Em primeiro lugar, seja grato por ela. O cérebro humano reserva espaço especificamente para processar emoções negativas.[18] Ainda bem: as emoções negativas não apenas nos ajudam a alcançar deleite, satisfação e propósito, mas também nos mantêm vivos. É mais provável que as ameaças nos prejudiquem do que as guloseimas nos ajudem, e é por isso que você talvez não aceitasse participar de um simples cara ou coroa para arriscar entre dobrar suas economias ou ir à falência. Na verdade, se você tem algum tipo de pé de meia pelo qual trabalhou, é provável que não aceite participar de uma aposta como essa nem se as possibilidades de ganhar fossem altas, porque mesmo 10% de chance de perder tudo é uma perspectiva terrível demais para se encarar.

Assim, somos melhores em processar sentimentos infelizes do que felizes, pois precisamos nos manter seguros e alertas ao perigo. Isso é chamado de viés de negatividade.[19] As emoções negativas também nos ajudam a aprender lições valiosas para que não cometamos erros de maneira repetida. Foi o que demonstrou a falecida psicoterapeuta Emmy Gut em sua pesquisa: os sentimentos negativos podem ser uma resposta útil aos problemas do ambiente, levando-nos a prestar a devida atenção e a encontrar soluções.[20] Em outras palavras, quando estamos tristes ou chateados com alguma coisa, é mais provável que a consertemos. E isso, óbvio, nos leva a sermos mais felizes a longo prazo.

Por exemplo, vamos pensar no *arrependimento*. Ninguém gosta de seus arrependimentos. Alguns dizem que jamais terão arrependimentos ao longo da vida (até mesmo a ponto de tatuar SEM ARREPENDIMENTOS em seus corpos), para que possam ser mais felizes. É verdade que, quando não é analisado nem gerenciado, o arrependimento pode ser um veneno para o bem-estar. Quando obsessivo, relaciona-se à depressão e à ansiedade, ainda mais entre os ruminantes, que são as pessoas que revivem seus arrependimentos o tempo todo, criando marcas profundas em sua vida diária.[21] Arrependimento em excesso pode até afetar seus hormônios e o sistema imunológico.[22]

Mas ir para o outro extremo é ainda pior. Eliminar seus arrependimentos não coloca o indivíduo no caminho da liberdade, apenas o leva a cometer os mesmos erros repetidas vezes. A verdadeira liberdade exige colocar o arrependimento em seu devido lugar e aprender com ele sem deixar que nos oprima.

Por mais desconfortável que seja, o arrependimento é um feito cognitivo incrível. Requer que você volte a um cenário passado, imagine que agiu de maneira diferente para mudá-lo e, com essa nova situação em mente, chegue a um presente diferente — e então compare esse presente fictício com o que você está vivenciando na realidade. Por exemplo, se o relacionamento com seu parceiro azedou, seu arrependimento pode levá-lo mentalmente de volta ao ano passado. Você se lembraria de sua própria mesquinhez e de sua irritabilidade, e então se imaginaria mostrando mais paciência e sendo gentil, em vez de ofensivo, em momentos-chave. Em seguida, você avançaria para hoje e veria um relacionamento que está florescendo em vez de definhando.

Esse processo é o motivo pelo qual o arrependimento, embora desconfortável, leva ao aprendizado. Como Daniel Pink, autor de um livro inteiro sobre arrependimento, diz: "Se lidarmos com nossos arrependimentos de maneira adequada, eles podem aguçar nossas decisões e melhorar nosso desempenho."[23] Em vez de permitir que o espectro do seu relacionamento fracassado o deixe infeliz ao apenas desejar que tudo tivesse acontecido de forma diferente, você pode ser honesto consigo mesmo a respeito do que deu errado e usar esse conhecimento para desfrutar de relacionamentos melhores no futuro.

Outra área da vida em que a infelicidade nos ajuda é a criatividade. Os artistas são conhecidos por serem um pouco desanimados e por encontrarem sua inspiração na escuridão... Existe um motivo pelo qual o perfil com afetos positivos baixos e negativos altos é chamado de poeta. Não é surpresa que tenha sido um poeta famoso, John Keats, quem escreveu: "Vocês não veem como um mundo de dores e problemas é necessário para educar uma inteligência e torná-la uma alma?"[24]

Cientistas descobriram que Keats tinha razão. Um estudo, inclusive, mediu o efeito da infelicidade na produtividade dos artistas, observando (entre outros) o compositor Ludwig van Beethoven, que foi mais produtivo após problemas de saúde (ele perdeu a audição de forma progressiva) e contratempos na família (ele era o guardião de seu sobrinho Karl, com quem tinha um relacionamento terrível).[25] A pesquisa descobriu que, entre grandes compositores como Beethoven, um aumento de 37% na tristeza levava, em média, a uma grande composição.

Isso acontece porque, quando as pessoas estão tristes, acabam se concentrando nos aspectos desagradáveis de suas vidas. Esse fenômeno tende a estimular uma parte do cérebro chamada córtex pré-frontal ventrolateral, que nos permite focar intensamente em outros problemas complexos (como escrever um plano de negócios, um livro ou uma sinfonia) ou descobrir uma solução para um problema complicado da vida.[26]

Alguns psicólogos acreditam que devemos ter como objetivo uma quantidade de infelicidade suficiente que nos permita fazer parte de um grupo que podemos chamar de "segundo mais feliz". Em 2007, um grupo de pesquisadores pediu a estudantes universitários que avaliassem seu bem-estar "líquido" em uma escala de "infeliz" a "muito feliz".[27] Como muitos testes de bem-estar, este pretendia medir algo como o resultado da equação "felicidade menos infelicidade". Eles compararam os resultados com certos indicadores acadêmicos dos participantes (coeficiente de rendimento, aulas perdidas) e sociais (quantidade de amigos próximos, tempo gasto em relacionamentos amorosos). Embora os participantes "muito felizes" tivessem vidas sociais melhores, seu desempenho escolar era pior do que aqueles que eram apenas "felizes".

Os pesquisadores, então, examinaram dados de outro estudo que avaliava a "alegria" dos calouros universitários e acompanhava sua renda quase duas décadas depois. Eles descobriram que os mais alegres em 1976 não eram os que tinham maiores salários em 1995; essa distinção mais uma vez ficou com o segundo grupo de maior pontuação, que classificou sua alegria como "acima da média", mas não entre os 10% mais altos.

Tudo bem, você pode estar dizendo, as pessoas mais felizes não ganhavam mais — você pode aceitar essa troca. Mas outras pesquisas sugerem que isso se deve à falta de cautela; como as emoções negativas podem nos ajudar a avaliar as ameaças, é lógico que sentimentos bons em excesso podem nos levar a desconsiderar tais ameaças. E, de fato, os níveis mais altos de emoção puramente positiva têm sido associados ao envolvimento em comportamentos perigosos, como o uso de álcool e drogas e a compulsão alimentar.[28] Sentimentos bons agora, sentimentos ruins depois.

Em suma: sem a infelicidade, você não sobreviveria, aprenderia nem teria boas ideias. Ainda que *pudesse* se livrar de sua infelicidade, isso seria um grande erro. O segredo para uma vida melhor é *aceitar* sua infelicidade (para que você seja capaz de aprender e crescer) e administrar os sentimentos resultantes.

SEJA GRATO PELAS ABELHAS, NÃO APENAS PELO MEL

Para que possamos encarar nossa vida com nitidez, nos libertarmos de nossas dificuldades e vermos as oportunidades no futuro, precisamos enxergar a felicidade e a infelicidade de maneira diferente da maioria das pessoas: a felicidade não é o objetivo e a infelicidade não é o inimigo. (É óbvio que não estamos nos referindo aqui a problemas de saúde, como ansiedade e depressão, doenças reais que requerem cuidados e tratamento. Estamos falando de sofrimentos e empecilhos que todos enfrentam.)

Nada disso quer dizer que devemos evitar os bons sentimentos ou que somos tolos por querermos ser menos infelizes. Pelo contrário, o desejo de sentir mais alegria e menos tristeza é natural e normal. No entanto, fazer da busca por sentimentos positivos — e da luta para exterminar os negativos — seu maior ou único objetivo é uma estratégia cara e contraproducente para lidar com a vida. A felicidade absoluta é impossível de alcançar (neste plano, pelo menos), e correr atrás dela pode ser perigoso e prejudicial para nosso sucesso. Mais importante ainda, isso sacrifica muitos dos elementos que caracterizam uma boa vida.

Talvez esteja se perguntando se estamos sugerindo que você *busque* o sofrimento. Não há necessidade; o sofrimento encontrará você — e todo mundo. A questão é que cada um de nós pode almejar uma vida abundante, na qual não apenas desfrutemos de um delicioso mel, mas também possamos apreciar as abelhas responsáveis por ele. Isso é mais do que uma mudança de mentalidade. É um novo estilo de vida, repleto de oportunidades que você jamais viu. Ao abraçar sua vida sem medo, você é capaz de controlar suas emoções. E, depois de fazer isso, estará livre para construir sobre os pilares que o colocarão no caminho que o levará a ser mais feliz pelo resto de sua vida.

Compreender a felicidade e a infelicidade é necessário, e o motivo pelo qual começamos com este tópico. Mas se trata apenas do primeiro passo na construção de uma existência melhor. O segundo passo é administrar nossas emoções positivas e negativas, para que nos tornemos mais fortes e inteligentes e gastemos menos tempo nos distraindo das partes da vida de que não gostamos. Trataremos disso nos próximos três capítulos.

Gerencie suas emoções

Uma nota da Oprah

Passei alguns dos meus momentos mais felizes sentada sob uma árvore lendo um bom livro. Ou cochilando na frente de uma lareira crepitante, aconchegada com meus cachorros. Ou me ocupando na minha cozinha quente em um dia frio e chuvoso, reunindo ingredientes para preparar um ensopado caprichado. Parte do que constitui essa sensação boa é um sentimento profundo e poderoso de ter tudo de que preciso bem ali. E essa é a grande lição deste livro. Se você quer se tornar mais feliz, já tem tudo o que precisa para isso, dentro de você, a qualquer momento, *neste* instante, hoje.

Essa última frase incorpora duas lições que já aprendemos: primeiro, que se trata de ser *mais* feliz — uma condição relativa, contextualizada e mutável, não um ideal fixo e perfeito de um nirvana a ser atingido. E segundo, que ser mais feliz não tem a ver com ser, mas com fazer — não é algo pelo que você espera e torce, mas uma mudança alcançável em prol da qual você se empenha ativamente.

Essa é uma das coisas que admiro em Arthur como professor: ele faz um ótimo trabalho definindo seus conceitos. Tenho certeza de que um dos motivos pelos quais você achará este livro de extrema utilidade é porque ele oferece uma linguagem para que possamos falar — e, ainda mais importante, pensar — a respeito da felicidade. A existência de uma linguagem transforma o que para a maioria de nós é uma noção vaga e abstrata em algo muito mais concreto — algo que podemos entender, observar de diferentes ângulos, e com o qual podemos experimentar e brincar. Você aprenderá alguns termos científicos (olá, *sistema de inibição comportamental*). Também vai reaprender, no contexto específico da felicidade, algumas palavras muito familiares (*otimismo* versus *esperança*, *empatia* versus *compaixão*). Será apresentado a vários Arthurismos — conceitos de extrema utilidade porque de fato grudam, como *cafeína emocional* e *amigos inúteis*.

Mas as duas coisas mais valiosas que você aprenderá — as palavras que deve colar na geladeira ou colocar em uma moldura e pendurar na parede em algum lugar onde as veja cinco ou dez vezes por dia — são as seguintes: "Suas emoções são sinais enviados ao seu cérebro consciente de que está acontecendo algo que requer atenção e ação, apenas isso. E seu cérebro consciente, se optar por usá-lo, decidirá como você responderá a elas." Mais uma vez, só para garantir: *Suas emoções são apenas sinais. E você decide como vai responder a elas.* A emoção é o tapinha no ombro, o cutucão na barriga. O que você faz em relação a ela cabe apenas a você.

Dá para perceber o que isso significa, certo? Todas as vezes em que você se sentiu sobrecarregado por seus sentimentos, em que se sentiu um prisioneiro deles, em que teve a sensação de que os sentimentos estavam no comando e o máximo que você podia fazer era segurar as pontas — você não precisa mais viver dessa maneira. Há estratégias que pode adotar para reassumir o controle. Como Arthur explicará, isso não significa que você nunca mais terá que lidar com a raiva, o medo, o ciúme, a tristeza ou a decepção, mas é este o ponto: você *pode lidar* com eles. O sentimento vem e você assume o leme. *Você decide como vai responder.*

Um dos momentos mais difíceis da minha vida foi em 1998, quando fui literalmente julgada. Talvez você tenha ouvido esta história: fui processada por produtores de carne bovina do Texas por dizer algo a respeito de seus hambúrgueres. Bem, para falar a verdade, minha vida não estava em jogo. Se o veredito não tivesse sido favorável, eu não teria que ir para a cadeia. Ainda assim, estar sujeita a um julgamento é uma experiência desafiadora e exaustiva. Foi difícil e estressante, e nunca é bom ser acusada injustamente.

No entanto, olhando para trás, diria que, durante as seis semanas que passei em Amarillo, tive motivos para estar feliz. Refiro-me à *minha* versão de feliz, que significa sentir certo nível de contentamento. De acordo com o teste de personalidade que Arthur compartilhou no capítulo anterior, eu sou uma juíza — em geral, não tenho altos superaltos nem baixos superbaixos.

(A propósito, caso esteja se perguntando, Arthur é um cientista maluco. Acontece que essa combinação forma uma ótima equipe, porque juízes e cientistas malucos se complementam.)

É maravilhoso ser capaz de ficar contente diante de circunstâncias difíceis. É como se você tivesse um livro-mestre: sim, pode ser que na coluna negativa haja algo difícil, ruim ou desagradável, mas também há uma coluna positiva. Em Amarillo, minha coluna positiva tinha pessoas gentis que me desejavam boa sorte todas as manhãs na entrada do tribunal. E uma pousada que eu adorava. Era limpa. Eu tinha uma cama confortável. Dava para tomar um banho quente de banheira todas as noites. Havia torta na geladeira. (Para mim, torta é algo muito importante. Não estou brincando.) Consegui ficar lá com meus amados cocker spaniels, Sophie e Solomon. E pude continuar trabalhando, gravando o programa todos os dias depois das cinco da tarde, quando a sessão do julgamento terminava.

> Apesar das circunstâncias, naquela pousada eu tinha tudo de que precisava, inclusive aquilo de que talvez mais precisasse: gratidão. É um sentimento que recomendo muito para qualquer pessoa que esteja passando por uma provação — qualquer provação que a vida possa ter reservado a você — e é sobre ela que Arthur falará na próxima seção. Enquanto você lê, ofereço-lhe humildemente dois Oprahismos para que mantenha em mente: *sinta a emoção, assuma a direção*. E *happierness*, a habilidade de se fazer *mais feliz*.

Dois
O poder da metacognição

Viktor Frankl, que conhecemos no capítulo anterior, passou por problemas que a maioria de nós nem sequer consegue imaginar. Psiquiatra judeu da Áustria, foi preso com seus entes queridos e deportado pelos alemães para campos de concentração nazistas, onde passou quase quatro anos, até o fim da guerra.[1] Dos capturados, ele foi o único sobrevivente de sua família; seu pai, sua mãe, sua esposa e seu irmão faleceram. Ele mesmo escapou por pouco da morte muitas vezes, e sofreu brutalidades extremas.

Após a vitória dos Aliados e a libertação de Frankl, ele voltou para casa em Viena. Refletindo a respeito de sua experiência, em 1946 ele publicou suas memórias sobre a vida no campo de concentração. Tornou-se um best-seller no mundo inteiro e é uma crônica sobre esperança em meio ao sofrimento. Inspirou gerações de pessoas em todo o mundo, com a mensagem simples de que a vida pode ser encarada com beleza mesmo nas piores circunstâncias.

A mensagem de Frankl, entretanto, não era a de que a vida será automaticamente boa, o que, é óbvio, não é verdade. Tampouco de que podemos escapar da dor com algum truque misterioso da mente. Ele reconhece que toda vida tem sofrimento, algumas muito mais do que outras. Além disso, enquanto psiquiatra, ele sabia que reagimos à dor com emoções negativas, o que é natural. Mas uma vida ruim não é nosso destino, pois podemos escolher como responder às nossas emoções. Nas palavras de Frankl: "Tudo pode ser tirado de um homem, menos uma coisa: a última das liberdades humanas — a escolha de qual atitude ter diante de qualquer conjunto de circunstâncias, a escolha do próprio caminho."

Em outras palavras, você não pode escolher seus sentimentos, mas pode escolher a reação que tem a eles. O que ele queria dizer é que, se alguém o abandonar, você *sentirá* tristeza e raiva, mas poderá *escolher* se, por conta disso, se tornará uma pessoa amarga, o que afeta a rapidez com que vai se recuperar. Se alguém que você ama ficar doente, você *sentir*á medo, mas poderá *escolher* como expressar essa emoção e como isso afetará sua vida.

Os sentimentos, no projeto da sua vida, são como as condições do tempo para uma construtora. Se chover, nevar ou fizer calor fora de época, isso afeta a capacidade de avançar com o trabalho. Mas a resposta certa não é tentar mudar o tempo (o que seria impossível) ou desejar que ele fosse diferente (o que não ajuda). É ter um plano B para o mau tempo, estar preparado e gerir a obra de acordo com as condições do dia.

O processo de gerenciamento desse clima é chamado de metacognição. A metacognição (que tecnicamente significa "pensar sobre o pensamento") é o ato de experienciar suas emoções de maneira consciente, separando-as de seu comportamento e recusando-se a ser controlado por elas.[2]

A metacognição começa com a compreensão do que são as emoções e como elas funcionam. A partir daí, é possível aprender algumas estratégias básicas para reenquadrar emoções relacionadas ao seu presente e ao seu passado. Com alguma prática, você será capaz de parar de deixar que seus sentimentos conduzam seu comportamento. Ou seja, a *versão consciente de você* pode ser o adulto no comando.

ENTORPECIDO POR SENTIMENTOS

No capítulo anterior, explicamos que felicidade e infelicidade não são a mesma coisa que sentimentos positivos e negativos. No entanto, sentimentos estão *associados* à felicidade e à infelicidade e são algo que experimentamos de forma intensa e direta todos os dias. Deixados sem controle, eles podem ficar desgovernados, fazendo com que se tornar mais feliz seja algo difícil ou impossível. Pense nisso usando mais uma vez a metáfora da comida versus o *cheiro* da comida. A comida em si é o mais importante, mas se o cheiro estiver ruim, a refeição vai por água abaixo. Portanto, como já falamos sobre as emoções e você já mediu seus níveis de afetos usando a PANAS, nesse ponto precisamos nos aprofundar mais na ciência das emoções.

A compreensão mais básica acerca dos sentimentos começa com o que o neurocientista Paul D. MacLean chamou, na década de 1970, de cérebro trino.[3] Se você já ouviu falar disso, é provável que tenha sido graças ao renomado astrofísico Carl Sagan, que tornou o conceito famoso em seus livros e na famosa série de TV, *Cosmos*, na década de 1980. Trata-se de uma teoria de que os cérebros humanos, ao longo de milhões de anos, evoluíram passando por três estágios distintos.

De acordo com MacLean, a parte mais antiga é o tronco cerebral, às vezes chamado de cérebro reptiliano porque faz coisas que até os lagartos são capazes de fazer, como regular comportamentos instintivos e funções motoras. O segundo corresponde ao sistema límbico, ou cérebro paleomamífero, que evoluiu mais recentemente e traduz estímulos básicos nas emoções que sentimos, sinalizando para nós o que está acontecendo ao nosso redor e, portanto, como devemos reagir. Por fim, há o neocórtex, que MacLean sugeriu ser a parte mais nova — o cérebro mais humano, ou neomamífero. Essa é a parte que governa a tomada de decisões, a percepção, o julgamento e a linguagem.

Muitas pesquisas mais recentes argumentam que esse modelo de três partes é impreciso, uma vez que não evidencia quando cada parte evoluiu e que as funções não são tão bem definidas.[4] Por exemplo, embora o sistema límbico seja o principal responsável pelas emoções que acreditamos "acontecerem conosco", o neocórtex não é apenas analítico e participa das respostas emocionais ao ambiente de maneira complexa.

Sem entrar em controvérsias técnico-científicas sobre evolução e funções específicas do cérebro, ainda assim é útil pensar que seu cérebro está envolvido em uma série de três funções a fim de mantê-lo vivo e progredindo.

1. ***Detecção.*** Algo acontece no ambiente ao seu redor. Por exemplo, um carro — o equivalente moderno de um enorme predador — está vindo em sua direção enquanto você atravessa a pé um cruzamento. Antes que você tenha consciência de tudo isso, a imagem é processada pelas retinas dos olhos (uma parte do cérebro fora do crânio!), enviando a informação para o córtex visual do cérebro, localizado no lobo occipital, bem lá embaixo da parte de trás de sua cabeça.[5]
2. ***Reação.*** Sua amígdala — uma parte do sistema límbico dentro do seu cérebro — recebe o sinal de que há uma ameaça à sua segurança, que é traduzida na emoção primária *medo*. Isso demora cerca de 0,074 segundo.[6] A amígdala envia então um sinal pelo hipotálamo (também parte do sistema límbico) para a glândula pituitária, um órgão em forma de ervilha na parte inferior central do cérebro, que ordena às glândulas suprarrenais abaixo dos rins que excretem hormônios do estresse para fazer seu coração bater mais forte e fazer com que você reaja com rapidez e saia do caminho. Sua substância cinzenta periaquedutal, que também recebe uma mensagem da amígdala, diz ao seu corpo para se mexer.[7]
3. ***Decisão.*** Enquanto isso, seu córtex pré-frontal — a grande massa de tecido logo atrás de sua testa — está recebendo um sinal informando-o dos acontecimentos. Seu tronco encefálico e seu sistema límbico já salvaram sua vida, mas agora você tem que decidir de forma consciente como reagir. Deixar para lá? Agitar as mãos, irritado? Você deci-

de, usando o córtex pré-frontal. Reconhecer as sensações causadas pelos hormônios do estresse em seu corpo pode alterar essa decisão.

Nesse caso, o sentimento de medo ajudou a salvar sua vida. Lembre-se de que a infelicidade é importante porque nos ajuda a aprender e melhorar. Da mesma forma, as emoções negativas são cruciais porque nos dizem como reagir ao mundo de uma forma que nos ajuda a sobreviver e progredir. As emoções negativas nos protegem de ameaças, como predadores; as positivas nos recompensam por coisas de que precisamos, como boa comida. Quando os neurocientistas olham para o personagem Spock, em *Star Trek* (um vulcano que tem a aparência de um ser humano, mas não expressa emoções nem reage a elas), eles zombam, afirmando que ele estaria morto em uma semana.

Este é o motivo mais básico para ser grato por sentimentos ruins. Da próxima vez que você se arrepender de sentimentos negativos e desejar não os ter, pense nisso. Eles não são divertidos, mas a ideia é essa. Chamar sua atenção e incitá-lo a agir é a forma como eles o protegem.

EMOÇÕES PRIMÁRIAS E EMOÇÕES COMPLEXAS

Você tem dois tipos de emoção: primárias (às vezes chamadas de básicas) e complexas. As primeiras podem ser sentidas isoladamente, ou em combinações que compõem as segundas. Os neurocientistas discordam quanto à classificação exata das emoções positivas primárias (a neurociência é um campo relativamente novo e os neurocientistas ainda discordam em muitas coisas). Mas existe um amplo consenso de que as emoções negativas primárias são tristeza, raiva, nojo e medo.[8] Nenhuma delas é divertida, mas todas são protetoras. O medo e a raiva nos ajudam a responder às ameaças com reações de luta ou fuga. O nojo nos alerta para patógenos, fazendo-nos evitar o contato com alguma coisa. A tristeza nos faz querer evitar perder as coisas e as pessoas de que precisamos (o que explica o luto, sofrimento psicológico de não conseguir localizar um ente querido).

É óbvio que essas emoções podem ser inadequadas. Por exemplo, embora o medo de rejeição seja uma característica que evoluiu de uma época em que isso significava ser expulso de uma tribo, vagar pela tundra congelada e morrer sozinho, hoje você pode sentir isso se alguém lhe criticar no Twitter. Embora a repulsa seja uma característica que o ajuda a saber que a comida está podre pelo cheiro antes de ingeri-la, hoje um candidato político pode encorajá-lo a sentir isso por alguém que discorda de você politicamente. É por isso que precisamos aprender a *gerenciar* nossas emoções para levar uma vida melhor.

Em geral, as emoções positivas incluem a alegria, que os psicólogos definem como "um sentimento de extremo contentamento, deleite ou exultação [...] decorrente de uma sensação de bem-estar ou satisfação."[9] É altamente prazeroso, mas passageiro. Isso o torna bastante diferente da forma como muitos pensadores religiosos definem a alegria, que é mais um comprazimento interior duradouro decorrente do relacionamento da pessoa com Deus. Os cristãos a definem como um "fruto do espírito", um bem-estar que transcende nossas circunstâncias terrenas.

Para neurocientistas e psicólogos, a alegria é uma recompensa por atingir um objetivo ou conseguir algo que deseja e, portanto, faz com que você continue lutando pelas coisas da vida que o mantêm vivo e lhe trazem maiores chances de encontrar parceiros com quem se reproduzir. Como você pode ver, essa emoção positiva é semelhante às negativas, mas age nos atraindo para as coisas, em vez de nos afastar delas.

Outra emoção primária positiva que alguns pesquisadores incluem na lista é o interesse. O interesse é prazeroso. Os humanos *odeiam* coisas chatas e *amam* coisas interessantes. Os gostos diferem, é lógico. Algumas pessoas acham futebol interessante e beisebol chato. Algumas adoram documentários sobre ciência e outras são fascinadas por programas de culinária. Apesar das preferências individuais, o motivo para essa emoção, de maneira geral, é o fato de que os seres humanos progridem e prosperam quando aprendem coisas novas. Assim, a evolução favorece as pessoas que amam aprender e as recompensa com prazer.

As emoções complexas incluem vergonha, culpa e desprezo, que são coquetéis das emoções primárias. Por exemplo, o desprezo é a convicção de que alguém ou algo é totalmente inútil. Na verdade, é um misto de raiva e nojo. Dá para entender como esse sentimento pode ajudá-lo a evitar algo na sociedade que é terrível para você, mas também é possível imaginar como tratar os outros com desprezo, digamos, por conta da religião deles, pode ser uma péssima ideia — e algo com o qual você precisa lidar.

METACOGNIÇÃO: GERENCIANDO SUAS EMOÇÕES

Suas emoções são sinais enviados a seu cérebro consciente de que algo está acontecendo e requer atenção e ação. São apenas isso. Seu cérebro consciente, se você optar por usá-lo, decide como você responderá a elas. Pense na metacognição como o ato de mexer a experiência de uma emoção do sistema límbico do cérebro para o córtex pré-frontal. É possível compará-lo ao processo de levar o petróleo do poço (seu sistema límbico) para uma refinaria (o córtex pré-frontal), onde pode ser transformado em algo que você pode usar de forma útil.

Todos nós sabemos como é explodir quando estamos com raiva e depois nos arrependermos, ou de gritar de medo de algo sem pensar e depois se sentir constrangido. Podemos caracterizar isso como agir de forma "autêntica", mas também significa fracassar em agir de forma metacognitiva. Quando você diz ao seu filho pequeno, que está em meio a um ataque de raiva, "me fala o que você está sentindo!", você está pedindo que a criança seja metacognitiva: use seu córtex pré-frontal em vez de apenas o sistema límbico. Da mesma forma, a metacognição é o que você aprendeu a fazer quando está com raiva: antes de falar qualquer coisa, conte até dez. Isso permite, acima de tudo, que o córtex pré-frontal tenha tempo para alcançar o sistema límbico a fim de que ele possa decidir como vai reagir. Cientistas sociais se referem a pessoas que reagem automaticamente, sem pensar, como "límbicas", e agora você sabe por quê.

Inclusive, podemos até aprimorar o conselho de contar até dez. Certa vez, Thomas Jefferson escreveu: "Quando sentir raiva, conte até dez, antes de falar; se sentir muita raiva, então até cem."[10] Em outras palavras, aumente a contagem de acordo com o seu nível de raiva, ou de acordo com o seu nível geral de autocontrole. Uma boa regra elaborada por psicólogos é aguardar trinta segundos, enquanto imagina as consequências de compartilhar o que está pensando.[11] Digamos que você receba um e-mail ofensivo de um cliente no trabalho e queira escrever de volta de forma indignada. Não responda ainda. Em vez disso, conte devagar até trinta, imagine sua chefe lendo sua mensagem (o que ela talvez faça) e então visualize encontrar a pessoa cara a cara depois que ela ler o que você escreveu. Sua resposta será muito melhor depois disso, pois seu córtex pré-frontal, não seu sistema límbico, ficou responsável pelo e-mail.

Metacognição não significa que você pode evitar sentimentos negativos. Pelo contrário, significa que pode entendê-los, aprender com eles e garantir que não levem a atitudes prejudiciais, que é a forma como, em regra, eles se tornam uma fonte de infelicidade em sua vida. Um momento de medo não é necessariamente grande coisa; pode até ser um dado interessante — lembre-se, sentimentos ruins são normais e razoáveis. O medo se torna um problema quando o faz se comportar com hostilidade ou timidez, o que machuca você e os demais sem uma boa justificativa.

Vamos agora ver algumas maneiras de aplicar essas ideias em nossas vidas.

SE NÃO PODE MUDAR O MUNDO, MUDE SUA FORMA DE ENCARÁ-LO

Todo mundo, mesmo os mais privilegiados entre nós, gostaria de mudar algumas condições de vida. Como disse Boécio, um filósofo romano do início do século VI: "Um indivíduo é extremamente rico, mas se sente constrangido por ter uma origem ignóbil. Outro é notável por sua nobreza, mas devido aos constrangimentos causados pela pobreza preferiria ser desconhecido. Um terceiro, abundantemente dotado de ambas as coisas, lamenta a solidão da vida de solteiro."[12]

Às vezes é possível mudar suas circunstâncias. Se você odeia seu trabalho, em geral, pode procurar um novo. Se está em um relacionamento ruim, pode tentar melhorá-lo ou deixá-lo. Mas às vezes não é prático nem mesmo possível. Talvez você odeie o clima do local onde mora, mas tem família lá e um bom emprego, então sair dali não faria sentido. Talvez você tenha sido diagnosticado com uma doença crônica para a qual não há opções de tratamento promissoras. Talvez seu parceiro romântico o tenha deixado contra sua vontade e não possa ser persuadido a voltar. Talvez haja algo que você não goste em seu corpo e que não seja possível mudar. Talvez você esteja na prisão.

Aqui, a metacognição vem para nos socorrer. Entre as condições ao seu redor e sua resposta a elas, existe um espaço para pensar e tomar decisões. Neste espaço, você tem liberdade. Pode optar por tentar remodelar o mundo ou pode começar mudando sua *reação* a ele.

Mudar a forma de encarar suas emoções negativas pode ser muito mais fácil do que mudar sua realidade concreta, mesmo que pareça algo não natural. Suas emoções podem parecer fora de seu controle na melhor das hipóteses, e ainda mais durante uma crise — que é exatamente o momento em que as administrar lhe traria o maior benefício. Isso pode ser atribuído em parte à biologia. Como você leu há pouco, emoções negativas como raiva e medo ativam a amígdala, o que aumenta a vigilância em relação a ameaças e melhora sua capacidade de detectar e evitar o perigo. Em outras palavras, o estresse faz você lutar, fugir ou paralisar — não pensar: "Qual seria uma reação prudente neste momento? Vamos considerar as opções." Isso faz sentido sob uma perspectiva evolutiva: meio milhão de anos atrás, reservar um tempo para controlar suas emoções resultaria em você virando o almoço de um tigre.

No mundo moderno, entretanto, o estresse e a ansiedade são, em geral, crônicos, não episódicos.[13] É provável que você não precise mais de sua amígdala para fugir do tigre sem pedir permissão ao seu cérebro consciente. Em vez disso, você a utiliza para lidar com os problemas não letais que o incomodam o dia todo. Seu trabalho o está estressando, por exemplo, ou você não está se dando bem com seu cônjuge. Mesmo que não haja tigres dos quais fugir, você não pode relaxar em sua caverna, porque essas coisas do dia a dia o estão incomodando.

Não é surpresa, portanto, que o estresse crônico muitas vezes leve a mecanismos de enfrentamento desadaptativos na vida moderna.[14] Isso inclui o uso indevido de drogas e álcool, horas ruminando sobre as fontes do estresse, automutilação e autoculpabilização. Essas reações não são apenas incapazes de fornecer alívio a longo prazo, elas podem agravar ainda mais seus problemas por meio do vício, da depressão e do aumento da ansiedade. O que esses mecanismos de enfrentamento fazem é tentar mudar o mundo exterior — pelo menos, da maneira que você o percebe. É comum que as pessoas que abusam do álcool digam que alguns drinques fazem as ansiedades do dia desaparecerem como se tivessem sido apagadas por um interruptor; os problemas se tornam (temporariamente) menos ameaçadores.

A metacognição oferece uma solução muito melhor, mais saudável e mais permanente. Leve em consideração as emoções que suas circunstâncias estão estimulando em você. Observe-as como se estivessem acontecendo com outra pessoa e aceite-as. Anote-as para ter certeza de que são completamente conscientes. Em seguida, reflita sobre como você pode escolher reações não com base em suas emoções negativas, mas com base nos resultados que prefere em sua vida.

Por exemplo, vamos imaginar que você tem um trabalho que o está deixando muito desanimado. Digamos que você esteja entediado e estressado, e que seu chefe não seja competente. Você chega em casa todos os dias cansado e frustrado, e acaba bebendo demais e assistindo a várias coisas idiotas na televisão para distrair sua mente. Amanhã, tente uma nova tática. Durante o dia, reserve alguns minutos a cada hora e se pergunte: "Como estou me sentindo?" Anote. Depois do expediente, registre suas experiências e sentimentos ao longo do dia. Anote também como reagiu a essas emoções e quais respostas foram mais e menos construtivas. Faça isso por duas semanas e você vai descobrir que está se sentindo mais no controle e agindo de maneira mais produtiva. Também começará a ver como pode gerenciar melhor seu ambiente externo, talvez fazendo um cronograma para atualizar seu currículo e pedir a algumas pessoas conselhos sobre o mercado de trabalho, e aí você poderá de fato começar a procurar algo novo. (Vamos oferecer mais algumas lições como esta no final do capítulo.)

Acontece que o filósofo romano Boécio era um mestre nisso, e em circunstâncias muito piores do que as suas ou as minhas. As dele eram mais ou menos como as de Viktor Frankl, na verdade. Ele escreveu as palavras citadas anteriormente de uma cela de prisão enquanto aguardava sua execução em 524 EC, depois de ser acusado de conspirar contra o rei ostrogodo Teodorico — um crime do qual era bem provável que ele não fosse culpado, mas pelo qual acabou sendo executado.[15] Boécio não tinha como mudar as circunstâncias injustas de sua vida. No entanto, ele podia e mudou sua atitude em relação a elas. "Fato é que nada é deplorável, mas pensar dessa maneira faz com que o seja", escreveu ele, "e, inversamente, tudo é fonte de felicidade se for encarado com serenidade."[16] Levar essa lição a sério e agir de acordo com ela é um dos maiores segredos para aumento do bem-estar, mas não precisa ser um segredo. Se Boécio pôde ser metacognitivo, nós também podemos.

SE NÃO GOSTA DO SEU PASSADO, REESCREVA-O

Você pode administrar sentimentos ruins e decidir como reagir ao lidar com circunstâncias ruins. Mas e as *lembranças ruins*? Não podemos mudá-las, certo? Errado: a metacognição nos dá esse poder.

"Em casa, eu sonho que em Nápoles [...] posso me intoxicar com a beleza e deixar de lado minha tristeza", escreveu o filósofo americano Ralph Waldo Emerson em seu ensaio "Self-Reliance" em 1841.[17] "Arrumo a mala, abraço meus amigos, entro em um navio e, por fim, acordo em Nápoles." Parece maravilhoso! Mas então ele continua: "E, ali ao meu lado, está a dura realidade, o eu triste, implacável, idêntico, do qual fugi." Você não pode escapar do seu passado, porque ele viaja com você para o futuro, dentro da sua cabeça. Suas memórias são a primeira coisa que saem da sua mala quando desembarca em Nápoles.

Não há como alterar a história. Você pode, no entanto, mudar a *percepção* que tem dela. A segunda melhor coisa depois de uma máquina do tempo é reescrever a história de suas lembranças usando a metacognição, fazendo com que o peso da bagagem do passado em seus ombros se torne um pouco mais leve enquanto você viaja entre o presente e o futuro.

Os seres humanos são viajantes do tempo por natureza; na verdade, os cientistas descobriram que podemos reter memórias do passado justamente para que possamos imaginar e prever o futuro.[18] Imagine uma praia na Espanha que você gostaria de visitar, mas nunca o fez; a imagem em sua cabeça pode parecer, de forma suspeita, uma praia da Flórida onde você esteve no ano anterior. Essa façanha explica por que somos tão bem-sucedidos como espécie: os eventos passados nos dão uma bola de cristal, que podemos usar para decidir o que fazer e o que evitar.

A neurociência moderna mostra que a memória é mais sobre reconstrução do que recuperação. Cada vez que evocamos o passado, diversas partes do cérebro (incluindo o giro angular e o hipocampo) reúnem várias informações armazenadas para formar uma memória.[19] Esse processo é uma maravilha biológica, mas tende a mudar com o tempo, conforme pesquisadores têm mostrado de várias maneiras ao longo das últimas décadas. Por exemplo, logo após a explosão do ônibus espacial *Challenger* em 1986, dois psicólogos pediram a estudantes universitários que contassem em detalhes como haviam recebido a notícia.[20] Trinta meses depois, eles fizeram a mesma pergunta aos mesmos alunos. Em 93% dos casos, os relatos foram inconsistentes, apesar de os entrevistados se lembrarem dos detalhes de maneira vívida e confiarem em suas memórias. Você pode ter passado por algo semelhante se, digamos, você e sua irmã tiverem lembranças diferentes de um Dia de Ação de Graças com muitos desentendimentos familiares.

A razão pela qual suas memórias mudam é o fato de que você constrói histórias para acontecimentos do passado a partir de fragmentos de memórias que estejam de acordo com suas autonarrativas atuais.[21] Ou seja, olha para o que passou com o intuito de descobrir quem você é e por que está fazendo o que está fazendo naquele momento. Para que as informações do passado se ajustem a suas circunstâncias, amigos e projetos atuais, você inconscientemente parafraseia sua história.

Suas memórias mutáveis não são necessariamente imprecisas; pelo contrário, são montadas a partir de conjuntos parciais de detalhes, e os detalhes exatos de que você se lembra mudam cada vez que retorna a uma memória. Você e sua irmã podem apenas se lembrar de diferentes aspectos daquele jantar de Ação de Graças que reforçam as diferentes circunstâncias de cada um em determinado momento: ela diz que o dia foi arruinado pela tia Marge (e atualmente não está falando com a tia Marge); você (que ama Marge hoje em dia) diz que houve um pequeno desentendimento à mesa, mas nada grave.

Em geral, os detalhes específicos que você recupera em relação a eventos passados correspondem ao seu estado emocional atual. Por exemplo, os pesquisadores observaram que, quando o indivíduo está com medo, tende a construir memórias que se concentram nas fontes das ameaças e se recorda do passado como um período mais cheio de coisas que o machucam. Trata-se de algo que, em outro momento, não faria.[22] Por outro lado, caso a pessoa esteja feliz hoje, suas memórias talvez sejam mais abrangentes e gerais. Nenhum conjunto de memórias é errôneo, eles são apenas reconstruídos de maneiras diferentes, com base nas emoções atuais.

O fato de suas condições e sentimentos atuais influenciarem a forma como você reconstrói memórias lhe dá muito poder para mudar sua compreensão acerca do passado. E, se reconstruir o passado de forma mais positiva e consciente, isso pode ajudá-lo a tomar decisões acerca do futuro — fazer mudanças úteis, mas evitar alterar seu presente de maneira arbitrária na esperança de ter uma vida melhor.

Da próxima vez que quiser fazer uma mudança positiva, não limite sua imaginação a uma mudança de cenário ou de pessoas ao seu redor. Comece com o pano de fundo de sua vida, aquilo mesmo que o deve estar deixando inquieto para início de conversa. Talvez você queira escapar da cidade onde passou os meses tortuosos de confinamento devido ao coronavírus (o que talvez tenha feito você se sentir isolado e solitário, ou prejudicado seus relacionamentos) e se mudar para outro lugar. Antes de começar a procurar uma casa, examine as memórias dolorosas; não as deixe vagar por aí por conta própria. Em vez disso, pense nos doces momentos que você teve em sua casa, na gentileza que recebeu durante aqueles primeiros dias incertos de pandemia e nas lições que aprendeu sobre si mesmo. Talvez no final você *decida* partir para Nápoles. Quer escolha ir ou ficar, um passado gerenciado conscientemente será um ótimo companheiro de viagem.

EXERCITANDO A METACOGNIÇÃO

A metacognição requer prática, ainda mais para quem nunca pensou no assunto antes. Existem quatro maneiras práticas de começar. Primeiro, quando você sentir uma emoção intensa, apenas observe seus sentimentos.

Buda ensinou a seus seguidores que, para controlar as emoções, é preciso observá-las como se estivessem acontecendo com outra pessoa.[23] Dessa forma, é possível entendê-las conscientemente e deixá-las passar naturalmente, em vez de permitir que se transformem em algo destrutivo. Tente isso quando, por exemplo, tiver um forte desentendimento com seu parceiro ou com um amigo e estiver com raiva. Sente-se em silêncio e pense nos sentimentos que você está experienciando. Imagine-os movendo-se de maneira física de seu sistema límbico para o córtex pré-frontal. Nesse momento, observe a raiva como se estivesse acontecendo com outra pessoa. Então diga a si mesmo: "Eu não sou essa raiva. Ela não vai me controlar nem tomar minhas decisões por mim." Isso o deixará mais calmo e fortalecido.

Em segundo lugar, como mencionamos antes de forma sucinta, registre suas emoções. Você deve ter notado que, quando estamos chateados, ao escrevermos sobre o que estamos sentindo, na mesma hora nos sentimos melhores. Escrever um diário é, de fato, uma das melhores maneiras de alcançar a metacognição, pois nos força a traduzir sentimentos rudimentares em pensamentos específicos, uma ação que requer atividade do córtex pré-frontal.[24] Isso, por sua vez, cria conhecimento e regulação emocional, que proporcionam uma sensação de controle. Pesquisas recentes mostram isso de maneira inequívoca. Em um estudo, estudantes universitários que receberam como tarefa a produção de diários autorreflexivos estruturados foram mais capazes de entender e regular seus sentimentos em relação à faculdade.[25]

Por exemplo, se você está se sentindo desesperado com todos os seus afazeres, não conseguirá organizar o problema em sua mente sem a metacognição. O sistema límbico foi projetado para enviar alarmes, não para fazer listas. Em um dia agitado, comece com um café e, com calma, elabore uma lista das coisas a serem feitas, em ordem de importância. Seu córtex pré-frontal estará, então, no comando e você se sentirá muito mais no controle. Você também terá a presença de espírito necessária para decidir o que será feito naquele dia, o que deixará para o dia seguinte e o que você pode até decidir não fazer... nunca.

Mais um exemplo: digamos que você esteja em um relacionamento que está piorando, embora não seja essa sua vontade. Não use uma reação confrontante (límbica) logo de cara. Em vez disso, reserve alguns dias para registrar o que está acontecendo com a maior precisão possível, bem como sua reação a isso. Escreva diferentes maneiras por meio das quais você pode reagir de modo construtivo, com base nas diferentes respostas possíveis da outra pessoa. Você se descobrirá mais tranquilo e mais capaz de lidar com a situação, mesmo que pareça algo impossível de resolver.

Em terceiro lugar, mantenha um banco de dados de memórias positivas, não apenas negativas. Humor e memória existem em um ciclo que se alimenta: memórias ruins levam a sentimentos ruins, que o conduzem a reconstruir memórias ruins. Quando você está em um estado muito límbico, sua mente pode estar dizendo que tudo é terrível e sempre será, mesmo que isso não seja verdade. No entanto, se você evocar de maneira proposital memórias mais felizes, conseguirá interromper esse ciclo de catástrofes. Pesquisadores demonstraram que pedir às pessoas que pensem em coisas felizes do passado pode melhorar seu humor.[26] Assim, é possível obter benefícios semelhantes de forma sistemática mantendo um diário de memórias felizes e relendo-o quando se sentir deprimido ou fora de controle.

Em quarto lugar, busque por significado e aprendizado nos momentos difíceis da vida. Toda vida contém lembranças verdadeiramente ruins. Não estamos sugerindo que tente reconstruir um passado que as elimine ou as amenize. Em alguns casos, isso seria impossível — são dolorosas demais. Além disso, algumas memórias terríveis podem nos levar a aprender e progredir ou nos impedir de repetir erros.

Tente ver, de maneira metódica, como as memórias dolorosas o ajudam a aprender e crescer. Estudiosos mostraram que, quando as pessoas refletem sobre experiências difíceis com o objetivo explícito de buscar significado e desenvolvimento pessoal, elas tendem a dar melhores conselhos, tomar melhores decisões e resolver problemas de forma mais eficaz.[27]

Em seu diário, reserve uma seção para experiências dolorosas, anotando-as logo que acontecem. Deixe duas linhas abaixo de cada entrada. Depois de um mês, volte e escreva na primeira linha em branco o que você aprendeu com aquela experiência ruim nesse meio-tempo. Após seis meses, preencha a segunda linha com os aspectos positivos que resultaram dela. Você ficará surpreso ao ver como este exercício muda sua perspectiva a respeito do passado.

Por exemplo, digamos que você não foi considerado para uma promoção no trabalho. Por isso, está decepcionado e magoado, o que é compreensível, e quer desabafar sobre aquilo com amigos ou tirar o assunto da cabeça. Antes de fazer qualquer uma dessas coisas, escreva "Não fui cogitado para a promoção" em seu diário, com a data. Em um mês, volte ali e registre algo construtivo que você aprendeu, como: "Superei a decepção depois de apenas cinco dias." Então, depois de seis meses, volte e escreva algo benéfico, como: "Comecei a procurar um novo emprego e encontrei um de que gosto mais."

AGORA, ESCOLHA AS EMOÇÕES QUE DESEJA SENTIR

Quando se trata de nossas emoções, a maioria de nós tem mais poder do que pensa. Não precisamos ser controlados pelos sentimentos. Não temos que esperar que amanhã seja um dia feliz para que possamos aproveitar a vida, ou temer que sentimentos negativos tornem a felicidade impossível. Como nossas emoções nos afetam e nossa reação a elas pode ser uma decisão *nossa*.

Nossa tomada de decisão não precisa parar por aí. Com frequência, temos um leque de emoções dentre as quais escolher, uma vez que há mais de uma maneira razoável de nos sentirmos a respeito do acontecimento em questão. Isso não quer dizer que podemos ou devemos nos sentir felizes quando alguém que amamos morre, é óbvio, o que seria inapropriado. Em vez disso, muitas vezes existem duas opções emocionais que correspondem às circunstâncias que enfrentamos, e uma é melhor que a outra para nossa felicidade (e a dos outros). O próximo capítulo revela como enxergar a melhor alternativa e agarrá-la.

Três
Escolha uma emoção melhor

É muito provável que você seja um usuário frequente de cafeína, de alguma maneira. Hoje em dia, a maioria das pessoas é.[1] A cafeína é, de longe, a droga mais amplamente utilizada em nossa sociedade.

Você já parou para se perguntar como ela funciona? Quando se ingere cafeína, ela logo entra no cérebro, onde compete com uma substância química chamada adenosina. A adenosina é um neuromodulador que envia um sinal de uma parte do cérebro para outra. Um neurônio o dispara e, em seguida, o receptor de outro neurônio, com as dimensões perfeitas para a molécula de adenosina, o suga para obter as informações que ele contém sobre como você deve se sentir.[2]

Quando ela se conecta aos seus receptores, a adenosina será a responsável por fazer você se sentir cansado. No final de um longo dia, você produz muita adenosina a fim de saber que a hora de dormir se aproxima e que é o momento para relaxar. Se você não dormiu bem o suficiente (ou, quem sabe, até se dormiu bem), ainda sentirá um pouco da adenosina pela manhã, o que faz com que se sinta grogue. É aí que entra a cafeína. Essa molécula tem o formato quase igual ao da adenosina, se encaixando, portanto, em seus receptores. Então, quando a adenosina aparece para deixá--lo com sono ou mantê-lo cansado, ela não consegue se conectar porque a cafeína já está lá. Na verdade, a cafeína não lhe confere ânimo, ela apenas evita que você se sinta sonolento. Com cafeína suficiente, quase não há adenosina conectada, então toda a fadiga se vai e você se sente agitado.

A maioria das pessoas recorre à cafeína porque não está satisfeita com a maneira como se sente naturalmente e deseja melhores resultados no humor e no trabalho. Isso acontece por meio da substituição de uma molécula por outra.

A cafeína é uma boa metáfora para o próximo princípio da autogestão emocional: muitas vezes você não precisa aceitar a emoção que sente primeiro. Em vez disso, pode substituí-la por uma melhor, da sua preferência.

A qualquer momento, suas emoções estão sendo produzidas para lhe proporcionar um efeito que seu cérebro acredita ser apropriado. Por exemplo, alguém corta seu carro no trânsito e seu cérebro interpreta isso como um bom motivo para sentir raiva. Isso aciona sua amígdala e deixa você pronto para lutar... ou ao menos insultar o outro motorista.

No entanto, pode ser que você não queira agir dessa forma. Vai ver não quer estragar sua manhã nem deixar que seus filhos o vejam perdendo a paciência. Você sabe que sentirá vergonha de si mesmo mais tarde.

Portanto, deseja regular esse sentimento e agir de maneira diferente — o que pode ser um pouco menos natural, mas levará a um resultado melhor. No caso do motorista mal-educado, não significa pará-lo e lhe dar um beijo; você pode lidar com isso de maneira calma, em vez de ficar irritado.

Mas lembre-se de que não é possível nem desejável se livrar das emoções negativas. É necessário sentir raiva, tristeza, medo e nojo, assim como produzir adenosina para poder dormir à noite e relaxar durante o dia. Mas, às vezes, você quer substituir um pouco de sua adenosina por cafeína e, do mesmo modo, às vezes quer substituir algumas de suas emoções negativas — através da ocupação temporária de seus receptores emocionais com algo que também se encaixe e seja mais construtivo, levando-o a agir da maneira que *deseja*, não da maneira que você *sente*.

Este capítulo oferece quatro maneiras de fazer isso. Devemos observar aqui que pôr qualquer uma delas em prática não é *tão* fácil e simples quanto tomar uma xícara de café. De início, não parece natural escolher uma emoção. Aprendemos desde a infância que, quando damos uma topada com o dedão do pé, dizemos "Ai!", e não "Obrigado". A substituição de emoções é uma habilidade que requer prática, não apenas um insight que muda tudo de uma vez só. Com prática e dedicação, pode se tornar algo bastante automático e você vai adorar os resultados.

FELIZ DIA DE AÇÃO DE GRAÇAS

Pense na última vez que você recebeu uma avaliação de seu desempenho no trabalho ou na escola. Talvez tenha sido positiva: muitos elogios e tapinhas nas costas. Mas houve também aquela leve crítica... um pequeno espinho em meio às rosas. Foi nisso que você focou, certo? Você sabia que a avaliação era boa, mas aquela pequena crítica de seu chefe ou professor pôs tudo em dúvida. Você sabia que era bobagem, mas aquilo lhe incomodou por alguns dias.

Você se sentiu assim porque a Mãe Natureza lhe deu um dom chamado viés de negatividade: uma tendência a se concentrar muito mais em informações negativas do que nas positivas.[3] O motivo é simples: elogios são ótimos, mas nada acontece quando os ignoramos. Mas ignoramos as críticas por nossa conta e risco. Alguns milhares de anos atrás, isso poderia significar ser expulso da tribo. Hoje, pode acarretar na perda de um emprego ou uma briga com um amigo. Portanto, naturalmente focamos em informações negativas.

Esta pode ser uma boa maneira de um homem das cavernas permanecer vivo, mas atualmente é uma distorção da realidade de modo geral. Você pode estar sentado na primeira classe de um avião, mas se sentir incomodado porque o café está um pouco frio demais. Pense em todos os aspectos da vida que são melhores hoje do que quando você era criança e perceba como sempre estamos reclamando.

Além disso, as pessoas são péssimas em discriminar as informações negativas que importam das que não importam. Ao se tratar de emoções, você tem a mesma sensação ao ser insultado por uma pessoa aleatória no trânsito (algo que não importa) e ao receber uma carta da Receita Federal (algo que pode importar muito). Isso ocorre porque a "sensibilidade" do seu viés de negatividade é muito alta. Você precisa ser capaz de baixá-lo para conseguir enxergar a diferença entre os sinais negativos e prestar atenção apenas aos poucos que importam.

A melhor maneira de compreender a realidade das coisas boas da vida e diminuir o ruído que dificulta a distinção entre ameaças reais e as insignificantes é ocupando alguns dos receptores de emoções negativas com um sentimento diferente e positivo. Dos disponíveis, o mais eficaz é a gratidão.

Muitas pessoas veem a gratidão como algo que lhes acontece em razão das circunstâncias, o que pode fazer com que pareça algo inalcançável em momentos difíceis. Essa não é a abordagem correta. A gratidão não é um sentimento que se materializa em resposta às suas circunstâncias. É uma prática de vida. E, mesmo que você sinta que tem pouco pelo que agradecer agora, pode — e deve — comprometer-se com isso.

Pesquisadores mostraram que as pessoas podem gerar o sentimento de gratidão ao escolher se concentrar nas coisas pelas quais se é grato — que todos nós temos —, em vez de focar nos aspectos negativos da vida. Por exemplo, em 2018, durante a produção de um texto, quatro psicólogos dividiram aleatoriamente uma amostra de 153 pessoas em dois grupos, que deveriam ou se lembrar de algo pelo qual eram gratos ou pensar em algo não relacionado àquele sentimento.[4] O resultado foi incrível: o grupo que deveria se lembrar de um momento de gratidão experimentou cinco vezes mais emoções positivas do que o grupo de controle.

Os cientistas investigaram por que a gratidão aumenta as emoções positivas com tamanha confiabilidade e encontraram várias explicações. Ela estimula o córtex pré-frontal medial, parte do circuito de recompensa do cérebro.[5] A gratidão pode nos tornar mais resilientes e melhorar os relacionamentos ao fortalecer laços românticos, reforçar amizades e criar laços familiares que perduram em tempos de crise.[6] Ela também melhora muitos indicadores de saúde, como pressão arterial e dieta.[7]

A gratidão também nos torna pessoas melhores. Há cerca de dois mil anos, o filósofo romano Cícero escreveu que a gratidão "não é apenas a maior, mas também a mãe de todas as outras virtudes".[8] Pesquisas modernas mostram que é muito provável que ele estivesse certo. A gratidão pode nos tornar mais generosos com os demais, mais pacientes e menos materialistas.[9]

Pense em como você trata os outros quando se sente grato e experimentará isso de imediato. Por exemplo, depois de receber um aumento e uma promoção no trabalho, você entra em uma cafeteria e trata o barista com a maior gentileza.

A melhor maneira de começar a praticar a gratidão é incluí-la no diário que você usa para ser mais metacognitivo. Este deve listar, em especial, as coisas do passado pelas quais é grato (como a bondade e o amor dos outros), de forma que você não se esqueça delas. Um estudo de 2012 com quase três mil pessoas descobriu que, quando as pessoas concordavam com as afirmações "Tenho tanto pelo que ser grato na vida" e "Sou grato a inúmeras pessoas", elas experimentavam emoções positivas e menos sintomas de depressão.[10] Olhe para essas memórias de gratidão com frequência — todos os dias ou, pelo menos, todas as semanas — para lembrar e treinar sua mente a fazer isso de forma automática em momentos difíceis.

Um aviso: não finja que se sente grato por coisas pelas quais não é de fato. Você não precisa abaixar o vidro e agradecer ao motorista mal-educado por ser tão desagradável. Não deve escrever "Caso doloroso de herpes-zóster" em sua lista de gratidão;

você está tentando ser grato *apesar disso*. A gratidão forçada pode minar sua motivação para ser grato — lembre-se de quando era forçado a agradecer ou escrever cartas de agradecimento na infância e se você de fato se sentiu grato naquele momento.[11] Aceite as coisas pelas quais não é realmente grato; agradeça por aquilo que você é de verdade.

A gratidão é uma boa técnica geral, mas você também pode aplicá-la em momentos de negatividade aguda para alívio imediato, ainda mais ao enfrentar uma situação a qual teme. Digamos, por exemplo, que você tenha uma reunião de família difícil de encarar. Antes de ir, passe algum tempo contemplando as coisas pelas quais você realmente é grato e que não têm nada a ver com o encontro. Concentre-se nas amizades que têm mais valor para você, em ter um trabalho de que goste ou no fato de estar bem de saúde. Isso ajudará a colocá-lo em um estado de espírito de gratidão e felicidade, fazendo com que a situação iminente seja mais proveitosa.

Uma forma de tornar a gratidão ainda mais eficaz é por meio de oração ou meditação. Alguns pesquisadores notaram que o aumento na frequência da prática da oração está muito associado à gratidão, mesmo entre as pessoas que não são devotamente religiosas.[12] Se você não quiser tentar a oração, um exercício contemplativo semelhante pode ajudar, como uma caminhada silenciosa durante a qual você repete a frase: "Eu sou uma pessoa abençoada e abençoarei os demais."

Outra técnica para aumentar o sentimento de gratidão: contemple sua morte. É sério. Cientistas descobriram em 2011 que, quando as pessoas imaginavam de maneira vívida sua morte, seu sentimento de gratidão aumentava em média 11%.[13] É raro que pesquisadores da felicidade vejam intervenções isoladas com esse tipo de efeito. Então, se você está tendo problemas para sentir gratidão e precisa muito dela, dedique alguns minutos para pensar em todas as maneiras pelas quais você pode perecer. Ao não morrer de fato, você se sentirá muitíssimo grato. Não importa que aquela reunião familiar seja muito ruim, pelo menos você está vivo para vivê-la!

Aqui está um exercício para aumentar o sentimento de gratidão em sua vida.

1. No domingo à noite, reserve trinta minutos e escreva as cinco coisas em sua vida pelas quais você é de fato grato. Tudo bem se elas parecerem triviais ou bobas. Quase todo mundo também tem coisas ridículas em suas listas de gratidão. Certifique-se de que uma ou duas, no entanto, envolvam pessoas que você ama.
2. Todas as noites durante a semana, pegue sua lista e analise-a por cinco minutos, um minuto para cada item. Faça isso também pela manhã, se tiver tempo.
3. Atualize a lista todos os domingos, adicionando um ou dois itens.

Ao final de cinco semanas, anote as mudanças que você observou em sua atitude e nos níveis de afetos negativos. É provável que você tenha alcançado o que os pesquisadores quase sempre encontram: uma melhoria significativa. Isso acontece porque seu viés de negatividade não tem "receptores" suficientes para mantê-lo desanimado. Mesmo os aspectos muito negativos parecerão menos terríveis, porque você os tratará naturalmente de forma mais metacognitiva e menos límbica.

ENCONTRE UM MOTIVO PARA RIR

Nas décadas de 1960 e 1970, quase todo mundo lia a revista *Reader's Digest*, que tinha uma seção de piadas chamada "Rir é o melhor remédio". Nela, apareciam algumas piadas cafonas, sem graça, que às vezes eram tão ruins que o leitor ria de como eram terríveis. No entanto, era verdade: muitas pessoas liam essas piadas porque queriam se sentir melhor. E, no fundo, o humor é uma excelente cafeína emocional.

Vamos começar entendendo a ciência por trás. Leia a seguinte frase:

> Quando eu morrer, quero morrer dormindo, em paz, como meu avô... não gritando de pavor, como os passageiros dele.

Se você riu dessa piada, foi porque três coisas aconteceram em seu cérebro em uma sucessão extremamente rápida de desdobramentos. Primeiro, você detectou uma incongruência: imaginou um avô deitado em paz na cama, mas depois se deu conta de que na verdade ele estava dirigindo um ônibus (ou pilotando um avião). Em segundo lugar, resolveu a incongruência: o vovô dormiu ao volante. Em terceiro lugar, a região do giro para-hipocampal de seu cérebro o ajudou a perceber que a afirmação não era séria, então você achou graça.[14] E tudo isso lhe deu um pouco de alegria, que acabou bloqueando qualquer sentimento ruim que você pudesse ter.

Depois dessa análise, o remédio não está mais funcionando e você não está rindo. De acordo com o escritor E. B. White, "o humor pode ser dissecado, como um sapo, mas a coisa morre durante o processo e as entranhas são desencorajadoras para qualquer um, exceto para a mente puramente científica."[15] Piadas não são engraçadas sendo ouvidas pela segunda vez nem quando você as explica, uma vez que a surpresa não existe mais. Porém, o humor funciona muito bem para bloquear afetos negativos, então vale a pena entender a percepção que a ciência tem dele.

Consumir humor — gostar de piadas — traz alegria e alivia o sofrimento. Seu cérebro não acreditará se você tentar convencê-lo de que está alegre quando está triste. Mas achar graça das coisas é diferente do oposto de sofrer, o suficiente para acionar os receptores de negatividade.

Pesquisadores descobriram que ele funciona com uma confiabilidade incrível. Em um estudo de 2010, um grupo de idosos foi exposto à "terapia do humor" (piadas diárias, exercícios de riso, histórias engraçadas e coisas do gênero) por oito semanas.[16] Um segundo grupo não se submeteu a essa terapia. Quando o estudo começou, ambos os grupos relataram um nível semelhante de felicidade. No final do experimento, as pessoas do primeiro grupo relataram sentir-se 42% mais felizes do que no início. Estavam 35% mais felizes do que o segundo grupo e haviam experimentado uma redução na dor e na solidão.

Ser engraçado, no entanto, é a única dimensão do senso de humor que não parece aumentar a felicidade, o que às vezes é chamado de "paradoxo do palhaço triste". Em um experimento de 2010, os pesquisadores solicitaram aos participantes que escrevessem legendas para desenhos animados e criassem piadas em resposta a situações frustrantes do dia a dia.[17] Não foi encontrada qualquer relação significativa entre ser engraçado (conforme julgado por críticos externos) e ser mais feliz. Um segundo estudo descobriu que os comediantes profissionais têm uma pontuação acima da média da população em escalas que medem a anedonia (a incapacidade de sentir prazer).[18]

Observe que o humor não bloqueia apenas a sua adenosina emocional, mas também a dos outros. Ele possui uma qualidade quase anestésica, diminuindo o foco na dor e nos permitindo relembrar as alegrias da vida juntos, mesmo nos piores momentos. Na verdade, ao longo da história, há casos de pessoas que usaram o humor em meio a terríveis tragédias em massa. É o exemplo do escritor italiano Giovanni Boccaccio, que terminou seu livro *O Decamerão* por volta do ano de 1353, quando a Peste Negra devastou a Europa, talvez matando quase um terço da população.[19] O livro consistia em cem histórias cômicas contadas por dez jovens amigos fictícios (sete mulheres e três homens) confinados juntos em uma propriedade rural para evitar a pestilência. Tornou-se extremamente popular, aliviando pessoas em toda a Europa do medo da doença e do tédio do isolamento enquanto a praga se espalhava. O livro não evitou os temas da doença e da morte, mas também não os enfatizou. A questão é que a vida pode ser bem hilária mesmo sob condições ruins, mas sentir isso depende de nossa atitude.

Chegamos aos dias atuais. A vida é repleta de tristeza, tragédia e frustração. Encontre os momentos engraçados no meio disso e todos se sentirão muito melhor. Aqui estão três passos possíveis para você dar ainda hoje.

Primeiro, rejeite o desalento. Pode parecer que o mundo nos apresenta desafios avassaladores. Alguns acham que a leveza é inadequada quando estamos preocupados com problemas e injustiças. É um erro pensar dessa forma, na medida em que o desalento não é atraente para os outros e, portanto, não ajuda as pessoas a se esforçarem para melhorar a realidade. Lógico que há casos nos quais o humor não é aceitável (lembre-se, *timing* é tudo), mas são menos frequentes do que você imagina. Alguns dos melhores elogios fúnebres são os mais engraçados.

Pesquisadores descobriram que uma ideologia sem muito humor são as crenças fundamentalistas: "Eu tenho razão e você é mau."[20] Por isso, não surpreende que a ideologia atual envolvendo a questão climática nos Estados Unidos (e em vários outros países) também seja sem humor, ou que os extremistas políticos estejam tão prontos para usar seu ataque ao humor como uma arma. Para ser mais feliz e fazer os outros mais felizes, não importa qual seja seu viés político, apenas não participe da guerra contra as piadas.

Em segundo lugar, não se preocupe em ser engraçado. Algumas pessoas não conseguiriam contar uma piada nem se fosse um caso de vida ou morte. Ou nunca conseguem se lembrar de piadas ou começam a rir tanto que ninguém faz ideia de qual seja a graça. Isso é bom; no que tange à felicidade, é melhor consumir humor do que o fornecer. É muito mais fácil também. Pessoas engraçadas tendem a ter aspectos neurológicos inatos específicos e ser extraordinariamente inteligentes.[21] Enquanto isso, os que gostam de coisas engraçadas apenas priorizam o humor, cultivam o gosto por ele e se permitem rir. Para obter os benefícios do humor no que se refere à felicidade, deixe que os outros contem as piadas; ouça e dê risada.

Em terceiro lugar, mantenha-se positivo. O tipo de humor que você consome e compartilha é importante. O humor, quando não desdenha dos outros, ou quando faz você rir de suas circunstâncias, está associado à autoestima, ao otimismo, à satisfação com a vida e à diminuição da depressão, da ansiedade e do estresse.[22] O humor que ataca os outros ou faz com que você menospreze a si mesmo segue o padrão oposto: embora possa parecer satisfatório por um tempo, não bloqueia sentimentos negativos. (É como café descafeinado!)

ESCOLHA A ESPERANÇA

Uma das piores doenças emocionais de que qualquer um de nós pode padecer é o pessimismo. Todos nós conhecemos alguém do tipo Ió, o burrinho cinzento amigo do Ursinho Pooh, que sempre pressupõe que o pior acontecerá com ele. Isso vai além de ser apenas um "poeta", que detecta ameaças reais; os pessimistas *inventam* ameaças. Muitas vezes não é divertido estar perto deles e eles tendem a se isolar. Para piorar, em geral, o pessimismo não é nem mesmo uma visão útil do mundo. Pelo contrário, os pesquisadores descobriram que, diante de desafios, pessimistas tendem a evitá-los e adotam um comportamento passivo.[23] Portanto, se você for vítima do pessimismo, se tornará menos proativo e é provável que não tenha sequer razão quanto à sua avaliação do problema.[24]

Qual é a emoção oposta aqui que precisamos fortalecer para bloquear nossos receptores de pessimismo? A sua resposta pode ser: "Isso é óbvio: otimismo." Mas não é bem por aí.

Durante a Guerra do Vietnã, um vice-almirante da Marinha dos Estados Unidos chamado James Stockdale, que passou mais de sete anos em uma prisão norte-vietnamita, notou uma tendência surpreendente entre os outros prisioneiros. Alguns sobreviveram às terríveis condições de vida; outros, não. Era mais comum que os falecidos fossem os mais otimistas do grupo. Como Stockdale mencionou mais tarde ao autor especializado em gestão de negócios Jim Collins: "Eram eles que diziam: 'No Natal já teremos saído daqui.' O Natal viria e passaria... A Páscoa viria e passaria. Viria então o Dia de Ação de Graças, depois seria Natal de novo. E morreram todos de coração partido."[25]

Você deve ter notado que, durante a pandemia de coronavírus, surgiu uma versão menos terrível desse padrão. Aqueles que mais sofreram foram os otimistas que sempre antecipavam o retorno à normalidade, apenas para se decepcionarem com o arrastar da pandemia. Algumas das pessoas que se saíram melhor eram pessimistas completas em relação ao mundo exterior, mas prestavam menos atenção às circunstâncias externas e se concentravam mais no que podiam fazer para perseverar.

Há uma palavra para o ato de acreditar que você pode melhorar as coisas sem distorcer a realidade: não é *otimismo*, mas *esperança*. As pessoas tendem a usar esperança e otimismo como sinônimos, mas não são termos exatos. Em um estudo de 2004, dois psicólogos usaram dados de pesquisa para analisar os dois conceitos.[26] Eles concluíram que: "a esperança se concentra de forma mais direta na realização pessoal de objetivos específicos, enquanto o otimismo se concentra de modo mais amplo na qualidade que se espera dos desdobramentos futuros de modo geral." Em outras palavras, o otimismo é a crença de que as coisas vão dar certo; a esperança não faz tal suposição, mas é uma convicção de que é possível fazer algo para melhorar as coisas de alguma forma.

Esperança e otimismo podem andar juntos, mas isso não acontece necessariamente. É possível ser um otimista incorrigível que se sente desamparado enquanto indivíduo, mas pressupõe que tudo vai dar certo. Também dá para ser um pessimista esperançoso que faz previsões negativas sobre o futuro, mas que tem confiança de que pode melhorar as coisas em sua vida e na dos outros.

Eis um exemplo para nos ajudar: digamos que você tenha um grande problema de saúde em suas mãos — nada que ofereça risco de vida, mas algo que você preferiria resolver, se possível. Seu médico diz que você talvez tenha que conviver com o problema e você acredita nisso. No entanto, há algumas coisas que você pode tentar — talvez alguns exercícios ou um novo medicamento — e você mergulha de cabeça nas sugestões. Embora confie no prognóstico (que não é otimista), você faz o que está ao seu alcance para melhorar a situação (o que é esperançoso).

Tanto o otimismo quanto a esperança podem fazer o indivíduo se sentir melhor, mas a esperança é muito mais poderosa. Um estudo mostrou que, embora ambas as coisas reduzam a probabilidade de se ter uma doença, a esperança tem muito mais poder do que o otimismo nesse aspecto.[27]

Ela envolve livre-arbítrio, o que significa que lhe dá uma sensação de poder e motivação. Em um estudo, pesquisadores que definem a esperança como "ter vontade e encontrar o caminho" descobriram que funcionários altamente esperançosos têm 28% mais chances de serem bem-sucedidos no trabalho e 44% mais chances de desfrutar de boa saúde e bem-estar.[28] Um estudo plurianual com alunos de duas universidades no Reino Unido descobriu que a esperança, enquanto em resposta a parâmetros de autoavaliação, como "eu corro atrás de meus objetivos com vigor", previa um melhor desempenho acadêmico do que a inteligência, a personalidade ou mesmo o desempenho anterior.[29]

A esperança é mais do que algo "bom de se ter" para o bem-estar; a falta dela pode ser desastrosa. Em um estudo de 2001 com norte-americanos mais velhos que participaram de uma pesquisa entre 1992 e 1996, 29% daqueles que os pesquisadores classificaram como "sem esperança" com base em suas respostas morreram antes de 2000, contra 11% dos que se sentiam esperançosos —

mesmo depois de ajustado em relação à idade e à autoavaliação do estado de saúde.[30]

Algumas pessoas podem argumentar que ter esperança é, em especial, uma questão de sorte — você nasce com ela. Isso pode ser em parte verdade no que se refere ao otimismo: um estudo descobriu que se trata de um traço 36% genético.[31] A pesquisa, por outro lado, ainda não descobriu qualquer vínculo genético ao que diz respeito à esperança. Isso porque, como ensinam muitas tradições filosóficas e religiosas, se trata de uma escolha ativa. Na verdade, é uma virtude teológica no cristianismo, implicando ação voluntária, não apenas previsões felizes. Para construir um mundo melhor para os outros, você *deveria* ter esperança.

No entanto, tornar-se uma pessoa mais esperançosa pode parecer algo que depende de suas circunstâncias. "E se elas forem um caso perdido?", você pode perguntar. Bem, suas circunstâncias nunca são um caso perdido. Além disso, a esperança pode ser praticada e aprendida seguindo-se três passos.

Primeiro, imagine um futuro melhor e detalhe o que o torna assim. Quando você se sentir um pouco sem esperança, comece a mudar de perspectiva. Digamos que você tenha um ente querido que não está assumindo o controle do próprio futuro, está negligenciando a educação e talvez esteja fazendo escolhas pessoais destrutivas que o estão levando a desdobramentos ruins na vida e a um futuro pouco promissor. Você poderia muito bem concluir que a situação é desesperadora, mas é possível fazer mais pela felicidade de seu ente querido — e pela sua própria — se, em vez disso, imaginar como seria um estilo de vida melhor e realista para essa pessoa.

Em vez de se contentar com uma situação "melhor" amorfa e deixar por isso mesmo, faça uma lista dos elementos específicos que terão melhorado. Por exemplo, imagine seu ente querido retomando os estudos e criando amizades mais saudáveis. Imagine-o conhecendo um bom parceiro romântico e abandonando o uso de drogas.

Em segundo lugar, imagine-se agindo. Se as coisas ficarem apenas no primeiro passo e você só se convencer de que tempos melhores virão, acabará sentindo otimismo, mas ainda não terá esperança. Imaginar um futuro melhor por si só não lhe trará isso, mas pode ajudar o mundo quando serve como base para uma mudança do nosso comportamento pessoal, da reclamação para a ação. Assim, o segundo passo neste exercício é imaginar-se ajudando, de alguma forma plausível, a construir um futuro melhor, ainda que no nível micro.

Continuando com o exemplo anterior, imagine-se estabelecendo um contato mais frequente com a pessoa, de uma maneira amigável e sem repreensões, que mostre que você gosta e se importa com ela enquanto pessoa e não está apenas julgando-a moralmente. Imagine pedir a esse alguém que lhe conte sobre as próprias esperanças de um futuro melhor e sobre como você pode ajudar, seja lá como for. Imagine dizer a essa pessoa que ela pode ficar na sua casa quando não tiver para onde ir; visualize levá-la à escola ou a uma entrevista de emprego. Evite cair na ilusão de que você é um salvador invencível; em vez disso, imagine-se tendo atitudes pequenas e tangíveis.

Agora, munido de esperança, você pode seguir para o passo mais importante de todos: a ação. Pegue sua grande visão de melhoria e sua humilde ambição de fazer parte dela de uma maneira específica e execute-a de acordo. Siga suas ideias para ajudar no nível pessoal.

TRANSFORME EMPATIA EM COMPAIXÃO

Às vezes, suas emoções negativas não são as que mais interferem em sua vida. Em vez disso, são as emoções de alguém que lhe é próximo. Um membro da família, um cônjuge ou talvez um amigo esteja sofrendo, e isso se torna o foco de seu relacionamento, tirando o seu ânimo. Você não quer ser insensível, mas em algum momento, precisa de um pouco de cafeína emocional para bloquear a adenosina emocional *da outra pessoa* em *seu* cérebro. Como veremos mais adiante neste livro, a negatividade em uma família pode ser transmitida como um vírus, se permitida. Você pode achar que a melhor emoção a escolher é a empatia, mas isso não é verdade. Pelo contrário, a empatia pode piorar as coisas para você.

Quando a palavra *empath* (empatia) foi dicionarizada no inglês, era tudo menos um elogio. O termo foi cunhado em uma história de ficção científica de 1956 sobre seres que podiam sentir as emoções dos outros e as usavam para explorar trabalhadores.[32] Desde então, a palavra ganhou conotações mais positivas e, quando se diz que alguém tem empatia, isso, em geral, significa que a pessoa é gentil e atenciosa o suficiente para sentir a dor dos outros. Na cultura contemporânea, a empatia parece uma virtude genuína, do tipo que todos iriam se esforçar para adotar.

No que diz respeito às virtudes, no entanto, a empatia é superestimada. Usada em excesso e sem contexto, pode prejudicar tanto os que a dão quanto os que a recebem.

Empatia não é sentir pena de alguém que sofre de dor física ou emocional — isso é solidariedade.[33] Em vez disso, é colocar-se mentalmente no lugar da pessoa que sofre para sentir a dor dela. É a diferença entre "Espero que melhore logo" e "Imagino quanto desconforto você deve estar sentindo agora". Alguns pesquisadores até levantam a hipótese de que os empatas têm neurônios-espelho hiperresponsivos, que são células cerebrais que imitam aquelas das outras pessoas quando seu comportamento é observado.[34] Então, por exemplo, você sente vontade de chorar ao ver alguém chorando.

As evidências sugerem que a empatia é mesmo capaz de diminuir os fardos de outras pessoas. Os participantes de uma série de experimentos documentados em 2017 experienciaram alívio significativo da dor física ao ouvirem alguém expressar empatia, mas não ao ouvirem comentários que eram neutros ou não eram empáticos.[35] Da mesma maneira, pacientes lidam melhor com más notícias se seus médicos são empáticos, mostrando que entendem e sentem pessoalmente o que o paciente está passando.[36]

Esse alívio cobra um preço à pessoa empática. Em 2014, os pesquisadores mostraram que treinar as pessoas para que sejam mais empáticas tendia a aumentar seus sentimentos negativos em resposta ao sofrimento dos outros.[37] Isso faz sentido: se você assumir a dor dos outros, terá mais dor na própria vida.

Mas a empatia também pode acabar machucando outras pessoas. Em seu livro *Against Empathy: The Case for Rational Compassion* [Contra a empatia: O exemplo da compaixão racional], o psicólogo da Universidade de Toronto, Paul Bloom, argumenta que a empatia "pode levar a decisões políticas irracionais e injustas".[38] Por exemplo, políticos talvez ofereçam vantagens injustas ao grupo racial ou religioso ao qual pertencem e, portanto, se comportam de forma injusta com os outros. Bloom afirma inclusive que a empatia pode "nos tornar piores amigos, pais, maridos e esposas", porque às vezes um ato de amor envolve fazer algo que causa dor, em vez de aliviá-la, como confrontar uma verdade dolorosa.

Sem dúvida, você consegue se lembrar de situações em sua própria vida nas quais sentir empatia impediu você ou outra pessoa de dar a "dura" de que alguém talvez estivesse precisando. Voltando ao exemplo da seção anterior, se em vez de ajudar o ente querido que você acha que está fazendo escolhas erradas na vida, sua postura fosse apenas a de demonstrar empatia, isso poderia aliviar o sofrimento da pessoa por um tempo, mas não a ajudaria a seguir o caminho certo.

Para que a empatia se torne uma virtude plena e uma cafeína emocional protetora, é necessário acrescentar alguns comportamentos complementares que a convertem em *compaixão*. Um estudo abrangente sobre compaixão a define como reconhecer o sofrimento, compreendê-lo e sentir empatia pelo sofredor, mas também tolerar os sentimentos desconfortáveis que eles e a pessoa que sofre estão experimentando e, principalmente, agir para aliviar o sofrimento.[39]

A compaixão ajuda tanto o sofredor quanto o ajudante. No estudo de 2014 que mostrou que o treinamento em empatia piorava o humor, alguns participantes receberam treinamento em compaixão.[40] Comparado ao de empatia, o treinamento em compaixão bloqueou os sentimentos negativos dos participantes e, assim, elevou seu humor de modo geral depois de testemunharem a dor dos outros. A compaixão também beneficia o sofredor; por exemplo, médicos que se sentem mais à vontade perto de pacientes que sentem dor podem ser mais bem-sucedidos na administração de tratamentos dolorosos, como a acupuntura.[41] Aprender a olhar de forma analítica para o desconforto alheio e fornecer ajuda pode transformar o fardo de outra pessoa em uma oportunidade para os dois se sentirem melhor.

A compaixão é naturalmente mais fácil para algumas pessoas do que para outras. Uma pesquisa mostrou que ela é, até certo ponto, genética, e que talvez sejamos atraídos de maneira inerente a pessoas com essa característica.[42] No entanto, muitas evidências também mostram que a compaixão pode ser aprendida.[43] A chave é usar as faculdades conscientes individuais para ir além dos próprios sentimentos. Trabalhe para se fortalecer diante da dor, e isso será uma vantagem a si mesmo e aos outros. Ter atitudes compassivas não o transforma automaticamente um empata, mas você saberá quando conseguir chegar lá, e os outros também.

Para se tornar uma pessoa mais compassiva (e, portanto, mais feliz), comece se dedicando à sua resistência. Ser mais resistente diante da dor do outro não significa senti-la menos. Em vez disso, devemos aprender a sentir a dor sem que isso nos impeça de agir. Se você conhecer um fuzileiro naval que passou por um campo de treinamento, ele lhe dirá que enfrentou situações mais difíceis do que qualquer coisa que já havia experienciado antes. Todos os dias ele pensava em desistir. Para fuzileiros navais de combate, o campo de treinamento é acompanhado, nos anos seguintes, por muitas rodadas de treinamento de combate, mas cada rodada parece se tornar cada vez mais fácil. Isso acontece porque eles estão aprendendo a funcionar sob circunstâncias extremas. A dor, sempre presente para um fuzileiro naval, não o incomoda mais.

Pessoas compassivas são como fuzileiros navais após o treinamento: tão propensas a sentir dor quanto qualquer outra, mas capazes de suportá-la e cumprir com sua função. Médicos empáticos aliviam a dor com sua empatia; médicos compassivos também podem lidar com o paciente com calma. Pais empáticos sofrem com os filhos adultos quando eles estão passando por dificuldades na faculdade; pais compassivos são capazes de resistir ao impulso de ligar para o reitor ou dirigir até a universidade e tratar os jovens adultos como crianças.

Além de resistentes, pessoas compassivas são focadas na ação. Muitas vezes, quando estamos sofrendo, resistimos a uma cura eficaz porque seria ainda mais dolorosa temporariamente. Uma pessoa pode andar por aí por anos com um joelho dolorido porque não consegue suportar a ideia da cirurgia e da recuperação (e pesquisas mostram que a dor de uma cirurgia tende a ser superestimada).[44] Da mesma maneira, muitos permanecem em relacionamentos tóxicos porque sair deles parece algo muito terrível de lidar.

E esses exemplos levantam outro ponto importante: precisamos escolher a compaixão em vez da empatia com *nós mesmos*, não apenas com os outros. Muito do autocuidado empático envolve sentir sua própria dor, mas se perde antes que seja feito algo difícil em resposta. Ser autocompassivo significa fazer a coisa difícil que você de fato precisa fazer, apesar de seus sentimentos, como passar por uma cirurgia no joelho ou encarar de frente um problema em seu relacionamento. É possível afirmar que a empatia é límbica, enquanto a compaixão é metacognitiva.

Os empatas não podem ajudar os outros a se comprometerem com resoluções difíceis, porque sua ajuda para diante dos sentimentos da vítima. Mas as pessoas compassivas, mais resistentes e capazes de agir, são capazes de fazer coisas difíceis que a pessoa que sofre pode não querer ou gostar, mas que são para seu próprio bem. A compaixão pode parecer dar uma dura, dar conselhos honestos que são difíceis de ouvir, dizer adeus a um funcionário que não é adequado ou recusar algo a uma criança desapontada. Isso pode dar início a um ciclo virtuoso, no qual o destinatário da compaixão fica um pouco mais resiliente e se torna mais capaz de demonstrar compaixão.

CONSTRUA UM MUNDO MELHOR PARA OS OUTROS

A estratégia de autogerenciamento da cafeína emocional apresentada neste capítulo tem uma grande virtude, para além de apenas expulsar parte do excesso de afetos negativos que podemos experimentar. Em vez disso, estamos substituindo-os por emoções que desejamos de verdade: gratidão, humor, esperança e compaixão. Nós as queremos porque não são apenas emoções, são *virtudes*.

Ao cultivá-las, notará algo mais: você está cada vez mais focado nas outras pessoas de forma produtiva e generosa, e cada vez menos focado em si mesmo. E este é o próximo princípio da autogestão emocional.

Quatro

Concentre-se menos em você mesmo

Em 2020, os psicólogos Adam Waytz, da Northwestern University, e Wilhelm Hofmann, da Universidade de Colônia, na Alemanha, decidiram responder ao questionamento: fico mais feliz quando me concentro em meus próprios desejos ou quando me concentro em fazer algo pelos outros?[1]

Em geral, pensamos na troca do autocuidado pelo cuidado com outras pessoas como um conflito entre se sentir bem e fazer aquilo que é superior do ponto de vista moral. Se você tirar a tarde de folga para fazer compras, vai se divertir. Se, em vez disso, for voluntário em uma instituição de caridade local, não terá esse momento de diversão, mas será uma pessoa melhor. É óbvio que há limites para essa troca; você precisa cuidar de si mesmo para ajudar os outros, e ajudar os outros pode ser divertido para você. Entretanto, é assim que enxergamos a escolha "eu *versus* os outros" na maioria das vezes.

Os pesquisadores se questionavam se de fato havia uma compensação. Eles se perguntavam se, quem sabe, focar nos outros traria mais felicidade para *você* do que o autocuidado. Para investigar essa ideia, eles dividiram 263 participantes em três grupos, cada um com um conjunto diferente de instruções que deveriam seguir.

1. ***Grupo das Boas Ações Morais:*** hoje, gostaríamos que você fizesse pelo menos uma boa ação moral por alguém. Por

"boa ação moral por alguém", nos referimos a fazer algo que beneficiará outra pessoa ou grupo. Pode ser fazendo uma doação, recolhendo lixo (para ajudar a comunidade), dando dinheiro a uma pessoa em situação de rua, ajudando alguém em seu trabalho, elogiando alguém, oferecendo assistência a um membro da família ou demonstrando bondade a um estranho. Qualquer ato que beneficie outra pessoa — direta ou indiretamente — seria considerado uma boa ação moral.

2. *Grupo dos Pensamentos Morais:* Hoje, gostaríamos que você tivesse pelo menos um pensamento moral por outros. Por "pensamento moral por outros", nos referimos a pensar sobre outra pessoa ou um grupo de pessoas de maneira positiva, ter bons pensamentos em nome delas, desejar sorte a elas, orar por elas, torcer para que tenham sucesso ou pensar no quanto você se importa com outra pessoa ou grupo de pessoas. Qualquer pensamento positivo em relação a outra pessoa seria considerado um pensamento moral.

3. *Grupo do Faça Algo Positivo por Você:* Hoje, gostaríamos que você fizesse pelo menos uma coisa positiva para si mesmo. Por "coisa positiva para si mesmo", queremos dizer fazer algo que vai beneficiá-lo. Pode ser comprar um presente para si mesmo, receber uma massagem, ir ao cinema, passar um tempo com um amigo que o fará feliz, fazer uma pausa para relaxar ou desfrutar de uma refeição deliciosa. Qualquer ato que o beneficie — direta ou indiretamente — seria considerado uma coisa positiva.

Os três grupos seguiram as instruções e registraram seu bem-estar em onze diferentes graus todas as noites durante dez dias. No final, os pesquisadores compilaram os resultados. Ninguém ficará surpreso ao ver que, de certa forma, todas as estratégias foram benéficas; por exemplo, participantes de todos os três grupos sentiram mais satisfação. Porém, na maior parte do tempo, os resultados não foram nem um pouco próximos. O Grupo de Boas Ações Morais relatou pontuações mais altas do que as do Grupo de Pensamentos Morais em uma série de medidas de bem-estar, e os dois relataram pontuações mais altas do que o Grupo Faça Algo Positivo por Você. Aqueles que cuidam dos outros sentiram ativamente maior propósito na vida e senso de controle, enquanto os demais, não. Eles também foram os únicos que sentiram menos raiva e isolamento social.

Os resultados foram tangíveis e consistentes, com uma quantidade imensa de dados revelando que focar menos em si e em seus desejos o deixará mais feliz. Isso não é um argumento para tentar convencê-lo de que deve parar de cuidar de si mesmo ou parar de prestar atenção às próprias necessidades. Como dizem nas companhias aéreas, você deve "colocar sua máscara de oxigênio primeiro" quando se trata de felicidade, para que *tenha condições* de ajudar os outros a se tornarem mais felizes. É diferente de pensar em si mesmo *em vez de* nos outros e no que está acontecendo no mundo lá fora.

Na verdade, adotar um foco maior no que lhe é externo — observar o mundo e cuidar de outras pessoas sem limitar sua vida a você mesmo — é uma das melhores maneiras de aumentar seu próprio bem-estar e é o terceiro princípio do autogerenciamento emocional. Isso significa ser bom para os outros da maneira mais abnegada possível (como sugere o experimento anterior, lógico) —, porém, mais de forma sutil, implica desviar sua atenção constante de si mesmo e de seus desejos — olhando menos no espelho, não se preocupando com sua imagem nas redes sociais, prestando menos atenção ao que os outros pensam de você e lutando contra a tendência de invejar as pessoas pelo que elas têm e você, não.

Essa parte do autogerenciamento emocional não tem a intenção de nos repreender ou fazer com que qualquer um de nós se sinta um egocêntrico egoísta. Focar em nós mesmos é a coisa mais normal do mundo, embora não nos torne mais felizes. Embora nem sempre seja fácil, opor-se a essa tendência natural nos alivia da narrativa que se repete dentro de nossas cabeças: nossa rotina diária focada em nós mesmos. Com conhecimento e prática, um foco externo na vida traz grandes recompensas em termos de felicidade.

NO FUNDO VOCÊ É DUAS PESSOAS

Você deve ter notado que parece mais normal para si mesmo quando se olha no espelho. Uma foto sempre parece menos natural, quase como se fosse outra pessoa. E, de fato, os filósofos dizem que você é, de uma forma muito real, duas pessoas diferentes: uma que vê e outra que é vista. Entender isso pode nos ajudar muito a nos concentrarmos menos no que há do lado de dentro e mais no que há do lado de fora.

O filósofo norte-americano William James explorou a fundo essa ideia de dois eus. Ele acreditava que devemos ser observadores das coisas ao nosso redor para sobrevivermos e progredirmos, mas também devemos nos observar e sermos observado pelos outros para que possamos ter um senso consistente de autoconceito e autoimagem.[2] Sem observar o que há do lado de fora, você seria atropelado por um carro ou morreria de fome. Sem ser observado, não teria memória, história nem noção de por que faz o que faz. Quando você está dirigindo para o trabalho, observa o tráfego e outras pessoas para se manter seguro e chegar ao destino. Porém, quando chega ao trabalho, presta mais atenção em como os outros o veem, o que o ajuda a entender como está seu desempenho.

Quando você é o observador, significa que está sendo o seu "eu-sujeito" (o observador das coisas ao seu redor). Quando você é observado, ou quando está se olhando ou pensando sobre si mesmo, isso é chamado de "eu-objeto" (aquele que é visto). Nenhum dos dois é um estado mental permanente. O truque para o bem-estar é equilibrar o seu eu-sujeito e o seu eu-objeto. E isso significa aumentar o primeiro e diminuir o segundo, porque a maioria das pessoas passa muito tempo sendo observada e pouco tempo observando. Pensamos sempre em nós mesmos e em como os outros nos veem; olhamos em todos os espelhos; verificamos cada vez que alguém nos menciona nas redes sociais; ficamos obcecados com nossas identidades.

Isso traz problemas. Como mencionamos na seção anterior, focar mais no mundo exterior apresenta uma relação com uma maior felicidade, enquanto focar em si mesmo e em como os outros o enxergam pode levar a um humor instável.[3] Seu nível de felicidade sobe e desce como um ioiô, dependendo se sua noção de si é positiva ou negativa em determinado momento. Essa instabilidade é difícil de suportar; não é de admirar que a autoabsorção esteja associada à ansiedade e à depressão.[4]

Ver a si mesmo como um objeto (olhando para dentro) em vez de um sujeito (olhando para fora) também pode prejudicar seu desempenho em tarefas comuns. Durante experimentos de aprendizado, pesquisadores descobriram que as pessoas têm menos probabilidade de experimentar coisas novas quando estão focadas em si mesmas.[5] Isso faz sentido: quando você presta muita atenção a si mesmo, ignora muita coisa em relação ao mundo exterior. Sente-se menos livre quando está se preocupando com "como estou me saindo?" e "o que os outros acham de mim?". Crianças pequenas às vezes nos inspiram com sua falta de consciência de si próprias, sendo apenas elas mesmas, porque muitas vezes permanecem por muito tempo no estado eu-sujeito, apenas observando, agindo e se divertindo.

A ideia de que você deveria passar mais tempo pensando no mundo do que em si mesmo é anterior à ciência e à filosofia modernas. Por exemplo, é um dos pontos principais do Zen Budismo, que se trata fundamentalmente de uma atitude de pura observação do exterior. "A vida é uma arte", escreveu o mestre zen D. T. Suzuki em 1934, "e, enquanto uma arte perfeita, deve desconsiderar o eu".[6] Robert Waldinger, professor de psiquiatria em Harvard e mestre Zen, explica da seguinte maneira: "Quando tenho consciência do eu que chamo de 'Bob', esse sou eu em relação ao mundo. Quando isso desaparece (durante a meditação ou quando estou maravilhado diante de uma cachoeira), a sensação de um eu separado de tudo mais desaparece e restam apenas sons e sensações."[7]

Em algumas tradições, o eu-sujeito não é apenas uma passagem para a felicidade, mas uma conexão com o divino. Os hindus buscam revelar seu *atman*, que é caracterizado por um estado inato de consciência no qual a pessoa testemunha o mundo, mas não se envolve nele. O *atman* é considerado um link direto para *Brahman*, a realidade divina máxima. O ensinamento de Jesus que afirma "se alguém quer vir após mim, negue-se a si mesmo" é, em geral, interpretado como um foco em Deus e nas outras pessoas, mas segui-lo também requer uma ênfase maior no eu.

É óbvio que você jamais vai erradicar seu eu, mas certamente pode aumentar sua felicidade adotando práticas conscientes que diminuem a quantidade de tempo que você passa em um estado objetificado. Três hábitos conscientes podem ajudar nisso.

Primeiro, evite seu próprio reflexo. Espelhos são inerentemente atraentes, assim como todos os fenômenos semelhantes a espelhos, como menções em mídias sociais. Como um ímã, somos atraídos por eles. Mas os espelhos não são seus amigos. Eles encorajam até as pessoas mais saudáveis a se objetificarem; para os que sofrem com doenças relacionadas à autoimagem, podem ser puro sofrimento. Em 2001, pesquisadores que estudavam pessoas com transtorno dismórfico corporal (aquelas que pensam de maneira obsessiva nos defeitos que percebem em seus corpos) descobriram que o intervalo de tempo mais longo que os participantes passavam se olhando no espelho (e, assim, focando na fonte de sua angústia) era 3,4 vezes maior do que intervalo mais longo dos que não tinham o distúrbio.[8]

Tome medidas para tornar menos provável que a versão de si mesmo que o mundo vê apareça na sua frente. Você pode cogitar a remoção de todos os espelhos de sua casa, exceto um ou dois, e criar uma regra para não olhar para si mesmo mais do que uma vez pela manhã. Um modelo fitness, que ficara obcecado com seu corpo e estava desesperado para voltar a uma vida mais saudável e normal, passou um ano inteiro evitando espelhos e chegou a tomar banho no escuro para parar de ver e julgar o próprio físico.[9]

Espelhos virtuais são ainda mais fáceis de se livrar do que os físicos. Desligue as notificações das redes sociais. Proíba-se de pesquisar a si mesmo no Google. Desative sua câmera no Zoom. Não tire nenhuma selfie. É difícil no começo, porque todas essas práticas de auto-observação fornecem uma dose confiável de dopamina, um neurotransmissor excitatório. Porém, fica mais fácil com a prática, ainda mais quando você experimenta o relaxamento que vem de não olhar para si mesmo.

Em segundo lugar, pare de julgar tanto as coisas ao seu redor. Julgar pode parecer pura observação, mas na verdade não é. É trazer uma observação do mundo exterior para dentro e torná-la em algo que tem a ver com você. Por exemplo, se você disser: "O tempo está horrível", isso tem mais a ver com seus sentimentos do que com o clima em si. Além disso, você acabou de atribuir um humor negativo a algo que está fora de seu controle.

Fazer julgamentos sobre o mundo é normal e necessário; precisamos disso para tomar decisões baseadas na relação custo-benefício. No entanto, muitos julgamentos são inúteis e gratuitos. Você precisa *mesmo* concluir que a música que acabou de ouvir é idiota? Em vez disso, tente observar mais ao seu redor sem levar em conta as próprias opiniões. Comece fazendo declarações de pura natureza observacional, em vez das baseadas em valores. Reformule "Este café é terrível" como "Este café tem um sabor amargo". A princípio, é muito complicado, porque estamos muito acostumados a julgar tudo. Depois que você pega o jeito, é um grande alívio não ter que opinar sobre tudo. Você verá que não vai se envolver em debates políticos e dará menos opiniões; isso o manterá mais calmo e em maior estado de paz interior.

Em terceiro lugar, passe mais tempo se deslumbrando com o mundo ao seu redor. Em sua pesquisa, na University of California, Berkeley, o psicólogo Dacher Keltner foca na experiência do deslumbramento, que ele define como: "a sensação de estar na presença de algo vasto que transcende sua compreensão do mundo."[10] Keltner descobriu que, para além de seus diversos benefícios, o deslumbramento diminui o senso de identidade. Por exemplo, em um estudo, ele e seus colegas pediram às pessoas que pensassem em uma experiência bonita na natureza ou em um momento no qual sentiram orgulho.[11] Dentre os que pensaram na natureza, as chances de dizerem que se sentiam pequenos ou insignificantes era duas vezes maior, e quase um terço mais alta no que se refere a sentir a presença de algo maior do que eles próprios.

Passe mais tempo desfrutando de coisas que o maravilhem. A especialista em felicidade Gretchen Rubin visita o Metropolitan Museum of Art quase todos os dias. Incorporar o deslumbramento à sua vida diária pode significar certificar-se de ver o pôr do sol sempre que puder ou estudar astronomia – ou seja lá o que impressione *você*.

Um último exercício que você pode tentar se tiver um dia livre: use-o para andar sem rumo. Em um famoso koan (uma história que requer interpretação filosófica), um jovem monge vê um monge mais velho andando e pergunta para onde ele está indo.[12] "Estou em peregrinação", diz o monge mais velho. "Para onde a peregrinação está levando você?", indaga o mais jovem. "Não sei", responde o outro. "Não saber é mais profundo."

O monge mais velho estava apenas observando o local por onde estava caminhando, sem intenção nem julgamento. Algumas das experiências mais profundas e pessoais da vida ocorrem quando você pode observar sua jornada sem esperar por algum destino ou recompensa externa. Tente dedicar apenas um dia para ser como o monge mais velho. Comece a manhã dizendo: "Não sei o que este dia trará, mas vou aceitá-lo." Passe o dia focando nas coisas externas a você, resistindo ao julgamento e evitando qualquer coisa autorreferencial. Se estiver se sentindo de fato aventureiro, pode até entrar no carro e fazer uma viagem de um dia sem destino definido.

PARE DE SE IMPORTAR COM O QUE *OS OUTROS* PENSAM

Há um versículo da Bíblia bastante conhecido que diz: "Não julgueis, para que não sejais julgados."[13] Estar concentrado de maneira saudável nos outros e no mundo exterior lhe concede a parte do "não julgueis". Nossa próxima lição lhe oferecerá a segunda parte desse versículo: não ser julgado, ou pelo menos não dar atenção ao julgamento alheio, importando-se menos com o que os outros pensam a seu respeito.

É importante observar que se preocupar com os outros e prestar atenção neles é muito diferente de se preocupar com o que os outros pensam *sobre você*. O primeiro é útil e bom; o segundo costuma ser egocêntrico e destrutivo. Na verdade, para gerenciar as emoções, quase todos nós precisamos nos esforçar para nos importarmos menos com o que os outros pensam de nós. Isso é ainda mais difícil do que se livrar de todos os espelhos. Pense na última vez que uma pessoa aleatória o criticou — alguém que você certamente não convidaria para uma visita na sua casa, mas que, ao pensar na reprovação dela, você convidou para entrar na sua cabeça. Talvez tenha sido uma alfinetada nas redes sociais ou um comentário depreciativo no trabalho. Você se criticou por se importar — mas se importou mesmo assim. Na verdade, para a maioria das pessoas, aquilo que os outros pensam delas é uma fonte de estresse. Muitos indivíduos sentem-se profundamente magoados pelas críticas, fazem de tudo para ganhar a admiração de desconhecidos e passam noites em claro imaginando qual seria a opinião dos outros sobre eles.

Por que isso acontece? Mais uma vez, é a Mãe Natureza dificultando nossa vida. Somos programados para nos importar com o que os outros pensam de nós e ficamos obcecados com isso. Como observou o filósofo estoico romano Marco Aurélio há quase dois mil anos: "Todos nós nos amamos mais do que as outras pessoas nos amam, mas nos preocupamos mais com a opinião delas do que com a nossa", sejam amigos, desconhecidos ou inimigos.[14] No que tange à felicidade, então, pensar nas opiniões dos outros a nosso respeito é ainda pior do que ficar obcecado por nós mesmos diretamente.

Dar ouvidos às avaliações alheias é compreensível e, até certo ponto, racional. Você confia nas próprias opiniões. Elas, por sua vez, são afetadas pelas opiniões das pessoas semelhantes a você (estão embebidas pelas dos outros e também são moldadas por elas). Assim, você também confia nas opiniões dessas pessoas, quer queira quer não.[15] Portanto, se um de seus colegas de trabalho disser que algum programa de TV é mesmo muito bom, a impressão que você tem dele deve mudar para melhor, pelo menos um pouco, e você talvez decida experimentar a sugestão.

Você se preocupa muito com a opinião dos outros a seu respeito, e a evolução explica por quê: durante quase toda a história da humanidade, a sobrevivência dos humanos dependeu de pertencer a clãs e tribos muito unidos. Antes das estruturas modernas que compõem a civilização, como a polícia e os supermercados, ser expulso do grupo significava morte certa por frio, fome ou predadores. Isso explica com facilidade por que sua sensação de bem-estar inclui a aprovação alheia, bem como por que seu cérebro evoluiu até ativar a mesma região com dores físicas quando você enfrenta rejeição social — o córtex cingulado dorsal, ou dACC (sigla em inglês).[16] (A propósito, os neurocientistas notaram que um remédio sem receita para dor física que tem como alvo o dACC — o paracetamol — também pode diminuir os sentimentos negativos associados à exclusão!)[17]

Para nosso azar, o instinto de querer a aprovação dos outros não se adapta à vida moderna. Em uma situação na qual você teria justificadamente sentido o terror de ser expulso e enviado para a floresta sozinho, hoje talvez fique muito ansioso com a possibilidade de desconhecidos o "cancelarem" na internet devido a um comentário impensado ou ao fato de um transeunte tirar uma foto sua malvestido e fazer piada sobre isso no Instagram aos olhos de todos.

Essa tendência é natural, mas, se você permitir, pode levá-lo à loucura. Se você fosse um ser absolutamente racional, entenderia que seus medos em relação ao que as outras pessoas pensam são exagerados e raramente vale a pena se preocupar com isso. Mas nenhum de nós é 100% racional, e a maioria de nós tem cedido a esse hábito desde que nos entendemos por gente.

Nos piores casos, a ansiedade quanto à aprovação dos outros pode se transformar em um medo debilitante, uma condição psicológica chamada alodoxafobia.[18] Não se preocupe, é algo raro. Porém, mesmo antes de isso acontecer, preocupar-se com a opinião dos outros pode diminuir sua competência mínima em tarefas comuns, como a tomada de decisões. Quando você está pensando no que fazer em uma situação específica — digamos, se deve falar na frente de um grupo —, uma rede que existe em seu cérebro e que os psicólogos chamam de sistema de inibição comportamental (BIS) é naturalmente ativada, o que permite que você avalie a situação e decida como agir (com foco em especial no custo de agir de forma inadequada).[19] Quando você tem consciência suficiente da situação, o BIS é desativado e o sistema de ativação comportamental (BAS), que se concentra em recompensas, entra em ação. No entanto, pesquisas mostram que a preocupação com a opinião alheia pode manter o BIS ativo, prejudicando sua capacidade de entrar em ação.[20] Se você tende a sair de uma interação se martirizando sobre o que deveria ter dito, mas não disse, isso pode indicar que você está sendo influenciado de maneira indevida por preocupações a respeito do que os outros pensam.

Um dos motivos pelos quais você talvez tema as opiniões alheias é porque as avaliações negativas podem levar ao sentimento de vergonha, que é a sensação de ser considerado inútil, incompetente, indigno ou imoral — e, portanto, devido ao peso que damos às opiniões dos outros, começamos a sentir tudo isso em relação a nós mesmos. O medo que temos do sentimento de vergonha faz sentido, porque a pesquisa mostra de maneira evidente que sentir vergonha é um sintoma e um gatilho para a depressão e a ansiedade.[21]

No *Tao Te Ching*, o filósofo chinês Lao Tzu escreveu: "Preocupe-se com a aprovação das pessoas e você será prisioneiro delas."[22] Sem dúvida, a intenção dele era dar um aviso calamitoso, mas trata-se mais de uma promessa e de uma oportunidade. A prisão gerada pela aprovação alheia é, na verdade, construída por você, mantida por você e guardada por você. Poderíamos acrescentar um verso complementar ao original de Lao Tzu: "Desconsidere o que os outros pensam e a porta da prisão se abrirá." Se você está aprisionado na cadeia da vergonha e do julgamento, anime-se: você possui a chave para sua própria liberdade.[23]

Lembre-se, o objetivo aqui é focar nos outros, mas não na opinião deles sobre *você*. Uma maneira de fazer isso é lembrar-se de que *ninguém se importa*. A ironia em se sentir mal consigo mesmo por conta do que as pessoas podem pensar a seu respeito é que os outros têm muito menos opiniões sobre você (positivas ou negativas) do que você imagina. Estudos mostram que todos nós superestimamos o quanto as pessoas pensam sobre nós e nossas falhas, levando-nos a uma inibição sem sentido e à piora na qualidade de vida.[24] Talvez seus vizinhos ou seguidores nas redes sociais tivessem uma opinião negativa a seu respeito se estivessem pensando em você, mas é bem provável que eles não estejam. Da próxima vez que se sentir constrangido, preste atenção no fato de que está pensando em si mesmo. Presuma, com tranquilidade, que todos ao seu redor estão fazendo mais ou menos o mesmo.

Em segundo lugar, rebele-se contra a sua vergonha. Considerando que o medo da vergonha é com frequência aquilo que se esconde por trás de um interesse excessivo nas opiniões alheias, você deveria encarar sua vergonha de frente. Às vezes, um pouco dela é saudável e justificado, como quando dizemos algo que magoa outra pessoa por despeito ou impaciência. Muitas vezes está relacionado a algo bastante ridículo, como sentir vergonha por deixar o zíper aberto sem querer ou estar com o cabelo rebelde naquele dia.

Não estamos *em hipótese alguma* recomendando que você ande com o zíper aberto de propósito. Mas pergunte a si mesmo: *o que estou escondendo que me deixa constrangido?* Decida não esconder mais, dominando, dessa maneira, a vergonha inútil que o paralisa. Garantimos a você que, uma vez que reconheça metacognitivamente a fonte de constrangimento e resolva não ser mais contido por ele, acabará se sentindo fortalecido e muito mais feliz.

NÃO ALIMENTE A INVEJA

Outra forma de nos concentrarmos em nós mesmos é cedendo ao pecado mortal da inveja. Quando invejamos, ficamos obcecados com algo que temos, ou não. Mais uma vez, pode parecer algo focado no lado de fora, mas no fundo tem tudo a ver com o que você gostaria de ter. Essa tendência destrói nossos relacionamentos, nos torna piores na relação com os outros e torna a vida impossível de ser aproveitada.

No canto XIII do "Purgatório" da *Divina Comédia*, Dante, poeta italiano do século XIV, descreve o castigo final das pessoas que se deixaram ser dominadas pela inveja durante suas vidas. Ele os mostra empoleirados de maneira precária na beira de um penhasco. Como a inveja começava com o que eles viam, suas pálpebras estão costuradas com fios de arame. Para evitar cair, eles devem apoiar-se uns nos outros, algo que nunca fizeram na vida.[25] É uma punição bastante severa.

Talvez você esteja menos preocupado do que Dante com a punição no além-mundo. Há muitas evidências de que a inveja, o desejo ressentido pelo que outra pessoa possui, pode fazer da sua vida um inferno aqui e agora. Todos nós sabemos como é a inveja, como ela azeda nosso amor e resseca nossa alma. Como nos faz pensar não apenas sobre nós mesmos, mas especificamente sobre o que *não temos* que os outros têm. Como ela traz à tona os fantasmas malvados e rancorosos que vivem em nós e sentem prazer com o sofrimento dos outros só porque a sorte deles faz com que a nossa pareça insuficiente. Como escreveu o ensaísta Joseph Epstein: "Dos sete pecados capitais, apenas a inveja não é nada divertida."[26] A inveja, em suma, mata a felicidade.

Para nosso azar, isso também é algo absolutamente natural e ninguém consegue escapar por completo. É fácil enxergar as possíveis explicações para suas raízes naturais e evolutivas. A comparação social é a maneira como avaliamos nosso lugar relativo na sociedade e, portanto, a forma como sabemos pelo que lutar para nos mantermos na competição por recursos e permanecermos viáveis na disputa por acasalamento. Quando vemos que ficamos para trás, a dor que sentimos muitas vezes nos estimula a nos fortalecer — ou a derrubar os outros. Tudo isso podia até ser uma questão de vida ou morte nos tempos das cavernas, mas hoje não é mais o caso. É improvável que você morra sozinho porque suas postagens nas redes sociais são menos populares do que as dos outros. Porém, mesmo assim, a dor pode ser igualmente intensa.

A forma como as pessoas agem diante dessa dor tem levado alguns estudiosos a fazer a distinção entre *inveja benigna* e *inveja maliciosa*.[27] A primeira é lamentável, mas tem a ver com um desejo de autoaperfeiçoamento e de imitar a pessoa invejada. Em contrapartida, a inveja maliciosa leva a atitudes apenas destrutivas, como pensamentos e comportamentos hostis com a intenção de prejudicar a outra pessoa. A inveja benigna ocorre quando você acredita que a admiração pela outra pessoa é merecida; a maliciosa surge quando você acredita que não é.[28] É por isso que você pode invejar um famoso herói de guerra, mas não desejar mal a ele, ao mesmo tempo que desfruta da notícia de que a estrela de um reality show acabou de ser presa.

A inveja, em especial quando maliciosa, é terrível para você. Para começar, o sofrimento que lhe provoca é real. Neurocientistas descobriram que invejar outras pessoas estimula o dACC do seu cérebro, que, como já sabemos, é onde você processa a dor.[29] A inveja também pode destruir seu futuro. Em 2018, estudiosos estudaram dezoito mil indivíduos selecionados de forma aleatória e descobriram que sua experiência envolvendo a inveja era um poderoso preditor de piora da saúde mental e diminuição do bem-estar no futuro.[30] O mais comum é que as pessoas se tornem psicologicamente mais saudáveis conforme envelhecem; a inveja pode atrapalhar essa tendência.

Pessoas diferentes invejam coisas diferentes. Por exemplo, algumas pesquisas sugerem que o que as pessoas invejam tende a mudar com a idade.[31] Jovens tendem a invejar o sucesso educacional e social, a boa aparência e a sorte na vida romântica mais do que os mais velhos. Já as pessoas mais velhas não ligam para essas coisas, mas tendem a invejar quem tem dinheiro. Isso deve fazer sentido; quando se é jovem, é natural que queira o que acha que lhe dará melhores chances de ter uma boa vida e começar uma família; mais tarde, você busca segurança financeira.

Para sentir inveja, você precisa se expor a pessoas que, em comparação, parecem mais afortunadas. Isso é bastante simples no caso de interações comuns, mas as condições propícias para a inveja aumentam quando expomos as pessoas a uma ampla gama de desconhecidos que vivem a vida de modo a parecerem o mais glamorosas, bem-sucedidas e felizes possível. É óbvio que esta é uma referência às redes sociais. Na verdade, os acadêmicos usaram até o termo *inveja do Facebook* para descrever as circunstâncias excepcionalmente férteis que a rede social cria para essa emoção destrutiva.[32] E, durante experimentos, os acadêmicos mostraram que, de fato, o uso passivo do Facebook (embora sem dúvida isso não se limite ao Facebook) diminui de forma mensurável o bem-estar por meio do aumento da inveja.[33]

Então qual é o remédio capaz de reduzir a inveja em sua vida a níveis administráveis? O famoso mercador do século XV, Cosme de Médici, comparava a inveja a uma erva daninha virulenta e natural.[34] A tarefa não é tentar erradicá-la, o que seria inútil; em vez disso, ensinou ele, *apenas não a regue*. Eis três formas de fazer isso.

A primeira é: concentre-se no que há de comum na vida alheia. A principal maneira de regar essa terrível erva daninha é com a nossa atenção. Nós nos concentramos muito nas qualidades que queremos, mas não temos. Por exemplo, você pode invejar a fama e a riqueza de um artista e imaginar como as duas coisas tornariam sua vida muito mais fácil e divertida. Mas pense um pouco mais fundo. Você *de fato* acredita que a vida do artista é tão boa assim? Seu dinheiro e sua fama lhe proporcionam um casamento saudável? Acabam com a tristeza e a raiva dele? É provável que não; talvez seja o contrário.

Psicólogos comprovaram que você pode usar essa observação para atenuar sua inveja. Em 2017, pesquisadores pediram a um grupo que pensasse em pessoas demograficamente semelhantes que consideravam ter circunstâncias excepcionalmente boas em suas vidas. Eles descobriram que focar apenas nessas circunstâncias levava a um doloroso contraste com a própria vida dos participantes e, portanto, à inveja.[35] No entanto, quando foram instruídos a pensar sobre os altos e baixos cotidianos que essas pessoas certamente também vivenciavam, a inveja diminuía.

Em segundo lugar, desligue a máquina de inveja. As redes sociais causam o aumento da inveja porque fazem três coisas: mostram a vida de pessoas mais afortunadas do que você; tornam mais fácil do que nunca para qualquer um exibir sua boa sorte para as massas; e colocam você na mesma comunidade virtual de pessoas que não fazem parte da sua comunidade real, incentivando sua comparação com elas.[36] As postagens de celebridades e influenciadores são uma fonte particularmente potente — e desnecessária — de inveja. A solução não é abandonar as redes; é deixar de seguir pessoas que você não conhece e cujas postagens você acompanha só porque elas têm o que você deseja.

Terceiro, revele seu eu nada invejável. É como rebelar-se contra sua vergonha, vivendo para fora em vez de para dentro. Enquanto você se esforça para reduzir a inveja que sente dos outros, pare de tentar ser invejado. Querer mostrar seus pontos fortes e esconder suas fraquezas de desconhecidos é natural. Pode parecer bom, mas é um erro. Ocultar a verdade de si mesmo e dos outros é um caminho para a ansiedade e a infelicidade. E, como mostraram os pesquisadores em um estudo de 2019, quando as pessoas são honestas não apenas sobre o que fizeram certo, mas também sobre como falharam ao longo do caminho, os observadores sentem menos inveja maliciosa.[37] Mas tome cuidado: seus fracassos precisam ser autênticos. A chamada falsa modéstia, na qual uma ostentação é disfarçada de humildade, pode ser percebida a um quilômetro de distância e torna você menos simpático aos olhos alheios.[38]

PREPARE-SE PARA O PRÓXIMO ESTÁGIO NA CONSTRUÇÃO DA VIDA QUE DESEJA

Os três capítulos anteriores abordaram como deixar de lado a ideia de que o mundo precisa mudar para que sua vida melhore, e como voltar-se para uma postura na qual você se dedica a mudar a si mesmo e às suas emoções.

Mais uma vez, isso não significa erradicar as emoções, mesmo as negativas. Sentimentos negativos em resposta a circunstâncias difíceis da vida nunca são divertidos. São difíceis de lidar — para algumas pessoas, muito mais difíceis do que para outras. Também são necessários e administráveis, e com dedicação e prática você pode usar a metacognição para geri-los, e pode aprender a praticar a substituição emocional e obter um alívio enorme concentrando-se menos em si mesmo.

Tudo isso requer prática e não é fácil. É o gerenciamento emocional "nível mestre". Você não será perfeito e terá dias bons e ruins, uma vez que essas coisas são difíceis. Mas são totalmente possíveis, e você é capaz. E, à medida que progredir, você ficará mais feliz, assim como as pessoas ao seu redor. Melhor ainda, o autogerenciamento emocional o liberta das distrações que todos usamos para atenuar nosso desconforto e o prepara para se concentrar naquilo que importa de verdade.

E aquilo que importa de verdade na construção da sua vida é o que veremos a seguir.

Construa o que importa

O autocontrole emocional, tema dos três capítulos anteriores, torna você muito mais feliz enquanto pessoa, libertando-o de ser controlado por seus sentimentos. É como um programa de exercícios abrangente a fim de melhorar sua condição física, o que faz com que se sinta melhor e mais saudável. Mas ficar em ótima forma física proporciona mais do que isso; permite também que você faça muitas coisas novas com o intuito de aproveitar ainda mais a vida, como se tornar mais ativo e sociável. Da mesma forma, o autogerenciamento emocional o prepara para tomar algumas iniciativas grandes e positivas na intenção de construir uma vida mais feliz.

Como aprendemos no capítulo 1, a felicidade consiste nos macronutrientes de deleite, satisfação e propósito. Para construir a felicidade, precisamos nos desenvolver em todos esses três elementos, de forma consistente e consciente.

Antes de aprendermos as habilidades de autogerenciamento emocional (metacognição, substituição emocional e adoção de um foco externo), tendemos a gastar muito tempo fazendo coisas que dificultam a obtenção desses macronutrientes. Isso acontece porque nossos impulsos, amplificados pela economia de consumo, pelo entretenimento e pelas redes sociais, nos levam a perder tempo focando não no que importa, mas em trivialidades e distrações: dinheiro e outras coisas, poder ou status social, prazer e conforto, e fama ou atenção alheia. Não há nada de novo nesse tipo de distração, é óbvio. O filósofo e teólogo do século XIII, Tomás de Aquino, listou o que chamou de ídolos que ocupam nossos dias e fazem com que desperdicemos nossas vidas: dinheiro, poder, prazer e prestígio.

Todos esses ídolos ficam no caminho do deleite, da satisfação e do propósito. Eles trocam o deleite pelo prazer, colocam nossa esteira ergométrica de hedonística na velocidade máxima para dificultar o alcance e a manutenção da satisfação, e nos faz nos concentrarmos em coisas que obviamente são triviais, sem valor. Os quatro ídolos tornam mais difícil ficar mais feliz.

Então, por que corremos atrás deles? Pelo mesmo motivo que sempre nos leva a fazer coisas autodestrutivas quando estamos infelizes, incapazes de mudar nossas circunstâncias: distração. Pense na última vez que você estava sentado em um aeroporto esperando por um voo com horas de atraso. Frustrado, mas sem ter como resolver a situação, você deve ter começado a mexer no celular para se distrair e fazer o tempo passar.

Da mesma forma, os quatro ídolos são distrações que servem para nos entorpecer em relação às circunstâncias emocionais de que não gostamos e que sentimos que não podemos controlar. Não gosta de como você se sente em relação ao seu casamento? Faça umas comprinhas para se distrair por alguns minutos. O trabalho está deixando você desanimado? Passe uma hora nas redes sociais ou assistindo a vídeos fúteis do YouTube para esquecer. Está se sentindo solitário? Um pouco de fofoca sobre as celebridades vai distraí-lo. Convenientemente, estamos cercados por milhões de opções comerciais para satisfazer essas distrações. (Pessoas infelizes são consumidores excelentes.)

Essas distrações são um anestésico temporário, não uma cura para nossos problemas. E, enquanto nos distraem de sentimentos desconfortáveis, elas também nos distraem de fazer progresso. Pior ainda, podem se tornar vícios que exacerbam o efeito das emoções que nos controlam.

A autogestão emocional torna essas distrações menos atraentes. Se você pudesse ligar para alguém e resolver o atraso do voo, faria isso de imediato, em vez de ficar mexendo no celular. E, quando temos as ferramentas para administrar nossas emoções, as baboseiras do mundo e pessoas que desperdiçam o próprio tempo não nos atraem tanto — tampouco temos tempo a perder junto com elas. Não estamos mais presos, sem sair do lugar. Estamos dispostos e aptos a construir algo para o futuro, em vez de não aproveitar nosso tempo no presente.

Isso levanta a próxima grande questão: no que exatamente devemos nos concentrar *em vez de nos ídolos?* Se queremos construir uma vida mais feliz, e agora temos tempo e energia para isso, quais são os pilares sobre os quais devemos construí-la?

Existem milhares de artigos acadêmicos sobre o assunto, e muitos mais escritos por gurus de autoaperfeiçoamento. Daria para compilar uma lista de dez mil pequenas práticas visando aumentar aos poucos sua felicidade. É possível encontrar na internet milhares de "truques" duvidosos que você pode adotar (por uma taxa de assinatura mensal, é lógico) para ser mais feliz.

Felizmente, se reunirmos todas as melhores pesquisas em ciências sociais, apenas quatro grandes pilares da felicidade se destacam acima de todos os outros. Essas são as coisas mais importantes nas quais prestar atenção, a fim de construir a vida mais feliz que cada um de nós pode ter. Assim, são elas que merecem a maior parte de nossa atenção ao investirmos em nós mesmos e em nossos entes queridos. É onde gastar o tempo, a atenção e a energia liberada pelo autogerenciamento emocional.

Os quatro pilares são família, amizade, trabalho e fé.

- *Família.* Essas são as pessoas que recebemos em nossa vida e, em geral, não escolhemos (exceto nossos cônjuges).
- *Amizade.* Este é o vínculo com pessoas que amamos profundamente, mas que não são nossos parentes.
- *Trabalho.* Esta é a nossa ocupação, que serve para ganharmos o pão de cada dia, para criarmos valor em nossa vida e na vida dos outros. Pode ser remunerado ou não, dentro ou fora de casa.

- ***Fé.*** Não significa uma religião específica, mas um termo que resume a ideia de se ter uma visão transcendente e uma abordagem específica da vida.

Estes são os pilares sobre os quais uma boa vida é construída. Isso não quer dizer que nada mais na vida seja importante. É óbvio que você precisa cuidar da saúde, se divertir, dormir, cuidar das finanças e assim por diante. Mas a família, os amigos, o trabalho e a fé são os quatro pilares sobre os quais repousa quase todo o resto.

É óbvio que essas áreas da vida estão cheias de desafios — alguns deles, muito difíceis. E são os mesmos dos quais tantas vezes nos distraímos. Mas agora, com nossas habilidades emocionais e nossa determinação crescente, esses desafios na vida familiar, na amizade, no trabalho e na fé são nossas oportunidades de aprender e crescer ao se tratar de amor e felicidade. É nisso que vamos nos concentrar nos próximos quatro capítulos.

Uma nota da Oprah

Muito do que sei sobre me tornar mais feliz vem da experiência — minha e de tantos outros. Arthur, por outro lado, chega à felicidade por meio da pesquisa. É uma distinção que se aplica a nós dois de modo geral: quando se trata de explicar algo ou fazer uma observação, eu sempre recorro a uma história; ele, sempre a um estudo (ou a uma citação de um filósofo antigo). Somos diferentes nesse sentido.

Além disso, há Stedman, meu companheiro ao longo dos últimos trinta anos. Certa vez, demos juntos uma aula sobre liderança na Kellogg Graduate School of Management da Northwestern University, e nossos alunos ficaram surpresos com como éramos diferentes. Ele é um planejador, um estrategista. Não faz nada sem primeiro definir uma visão para o resultado almejado, seja jogando golfe ou conversando com empresários na China. Eu sou o oposto, atuando no momento, guiada pela intuição e pelo instinto em direção ao próximo movimento correto. Stedman nunca se preocupa com o que as outras pessoas pensam. Já eu passei grande parte da minha vida adulta trabalhando para me livrar do hábito de agradar às pessoas.

Há também minha melhor amiga, Gayle King. De acordo com o teste de personalidade, sou uma juíza e Gayle é uma líder de torcida. Eu permaneço tranquila, ela fica animada. Eu gosto de dirigir em silêncio, ela prefere o rádio ligado (e, meu Deus, como ela adora cantar junto da música). Uma vez, nós duas saímos de um evento e eu disse: "Ufa, mal posso esperar para chegar em casa", e Gayle comentou: "Eu poderia ter passado a noite inteira lá!".

Acontece que Arthur e eu *e* Stedman e eu *e* Gayle e eu somos *complementares*: diferentes personalidades que combinam bem. E felizmente, para todos nós, a pesquisa diz que é isso que torna os relacionamentos mais fortes e duradouros.

Diferentes tipos de relacionamento são o assunto da próxima seção deste livro. O foco começa bem perto — você e a maneira como lida com sua família — e depois se afasta aos poucos para incluir seus amigos, seu trabalho e as pessoas com quem trabalha e, por fim, seu relacionamento com "as forças do universo", por meio de qualquer forma de espiritualidade que faça sentido para você.

Ao ler, você começará a apreciar o que considero o paradoxo interior-exterior — o fato de que, como vimos no início do livro, a maneira mais segura de melhorar seu mundo interior é concentrar-se no mundo exterior, porque a felicidade interior vem de olhar para fora. Não estou dizendo que a felicidade *depende* de circunstâncias externas; já vimos que esperar que alguém ou alguma outra coisa o faça feliz é uma causa perdida. Meu ponto é que passamos nossas vidas estabelecendo conexões (com outras pessoas, com nosso trabalho, com a natureza e o divino) — e, quanto mais nos empenharmos para melhorar tais conexões, melhor estaremos. Assim, nos próximos capítulos você estará pensando em com quem e com o que você interage e como pode melhorar essas interações. De quem e do que você se cerca? O que você pode fazer diante de conflitos? Como você pode se apresentar de forma mais intencional e servir de forma mais significativa?

Essas questões levam a outro paradoxo — talvez, no contexto da felicidade, esse seja *o* paradoxo —, aquele que chamo de apego desapegado. Aprendi a viver minha vida de forma a me apegar ao trabalho que faço, às coisas que crio e às pessoas que são importantes para mim — mas não de uma forma que envolva expectativas. É uma lição que aprendi da maneira mais difícil, depois que *Bem-amada*, um filme ao qual me dediquei por dez anos, baseado em um romance que eu venerava, foi lançado. Quando foi um fracasso nas bilheterias, afundei junto a ele.

Embora na época parecesse que a experiência pudesse acabar comigo, o que aconteceu com *Bem-amada* acabou me libertando. Hoje, tudo o que faço, qualquer sugestão ou conselho que dou, é apenas uma oferta. Se funcionar, funcionou. Se for aceito, foi aceito. Se não, não perdi nada porque não tinha apego a um resultado específico. Isso tornou minha vida muito, muito mais feliz, e desejo o mesmo para você. Porém, tudo o que posso fazer é desejar — o que você fará com isso depende de você.

Cinco
Construa sua família imperfeita

"Me sinto mais feliz quando estou em casa com minha família", relata Angela, de quarenta anos. Casada há quatorze anos e mãe de três crianças entre quatro e doze anos, ela considera a família a parte mais importante de sua vida. Trabalha meio período, mas sua carreira certamente fica em segundo plano quando comparada à vida familiar.

E em que momento ela se sente *mais infeliz*? Quando questionada sobre isso, ela pensa por um instante e depois confessa, com um meio sorriso: "Acho que é quando estou em casa com minha família."

Angela não é a única. A família pode nos proporcionar nossos altos mais altos e nossos baixos mais baixos. Por um lado, poucas coisas são tão profundamente satisfatórias quanto a harmonia familiar. A maioria das pessoas nos Estados Unidos e no mundo inteiro (em quatorze dos dezessete países desenvolvidos que participaram da pesquisa realizada pelo Pew Research Center em 2021) considera suas famílias a maior fonte de sentido de suas vidas.[1] Por outro lado, poucas coisas são mais perturbadoras do que conflitos familiares, que podem deixar até mesmo os mais centrados em parafuso. Inquietações em relação à saúde e à mortalidade de entes queridos são o segundo e o quarto medos mais comuns entre os norte-americanos.[2] (Caso você tenha ficado curioso, o primeiro e o terceiro lugar envolvem governantes corruptos e guerra nuclear.) Diante de riscos tão altos, construir este primeiro pilar de uma vida mais feliz é uma das melhores e mais confiáveis formas de melhorar o bem-estar.

A maioria das pessoas diz que quer uma "família feliz", mas o que isso significa? Por "família", em geral, entendemos as pessoas com quem moramos e com quem temos um grau de parentesco, seja por sangue, adoção ou casamento: filhos, pais, irmãos e cônjuges. Até aqui tudo bem. A parte mais difícil é descobrir o que significa ser "feliz" para uma família inteira, ou se isso é mesmo possível. Se seguir o que a televisão diz (o que tende a ser má ideia), você pensará que seu objetivo como família é ser como as personagens de *Leave It to Beaver* ou *A Família Sol-Lá-Si-Dó*. Mas essas famílias não existem na vida real.

Talvez uma família feliz dependa dos filhos. Afinal, como dizem, você é tão feliz quanto seu filho mais infeliz. Um dos piores desesperos dos pais é ver um filho sofrendo e não poder ajudar. Desse modo, talvez uma família feliz seja aquela em que não há filhos infelizes. Boa sorte com isso. Seria uma na qual os pais têm um casamento perfeito, não sabem o que é ficar desempregados nem sofrem de alguma doença? Nunca vi.

Na verdade, famílias verdadeiramente "felizes" existem apenas nas mentes dos roteiristas de séries de TV envolvendo famílias saudáveis. Elas não existem na natureza. Na realidade, famílias são formadas por pessoas que são misturadas. Isso pode resultar em uma espécie de amor mais místico — o amor que você não escolheu, mas que lhe foi dado. É inevitável que isso também signifique muitos conflitos. Mesmo nas melhores situações, é normal haver tensão entre parentes, e crises fazem parte do processo. Nas palavras de dois pesquisadores, laços familiares são desgastados pelas "mútuas concessões relacionadas à autonomia e à dependência, e pela tensão entre preocupação e decepção".[3] Esta é a explicação acadêmica para: "A vida familiar pode ser uma enorme confusão."

Existem cinco desafios bastante comuns e que complicam a vida familiar, e eles serão abordados neste capítulo. Cada um deles carrega semelhanças com as questões que internalizamos na primeira metade do livro e, não é de surpreender, cada um tem uma solução usando as mesmas ferramentas básicas. Eis o que é importante lembrar: os desafios são, na verdade, oportunidades para aprender a crescer nesta área única e poderosa que é o amor, desde que utilizemos as ferramentas que já desenvolvemos neste livro.

Desafio 1

CONFLITO

"Todas as famílias felizes se parecem, cada família infeliz é infeliz à sua maneira."

Esta é a famosa frase de abertura do romance *Anna Kariênina*, de Liev Tolstói.[4] A história começa em um momento de caos na vida da família Oblonsky, quando acabam de descobrir que o pai está tendo um caso. Com os pais distraídos e perturbados, os filhos "corriam soltos por toda a casa", e todos os membros da família tinham a impressão de que não fazia sentido continuarem a viver juntos.

Pode ser que o tipo de contenda dos Oblonsky nunca tenha afetado a sua família, mas é provável que muitos outros a tenham afetado — e levado você a uma intensa infelicidade. Talvez você tenha visto isso como uma prova de que está fazendo tudo errado. Na verdade, a infelicidade familiar devido a conflitos é um sinal de que algo importante está exatamente onde deveria estar. Você fica chateado porque sua família lhe é importante. Se não fosse, você se sentiria da mesma forma que se sente em relação aos conflitos de uma família que vive no quarteirão ao lado: um pouco preocupado e solidário, talvez, mas não infeliz.

Além disso, você sabe muito bem que tentar evitar a infelicidade jamais é a maneira certa de melhorar sua vida. Pense na discórdia como a conta de uma refeição deliciosa em um restaurante: a única maneira de o valor ser zero é não pedir a comida.

O conflito é o preço do amor abundante. O objetivo não é fazer com que ele desapareça, mas administrá-lo de forma metacognitiva, substituí-lo quando possível por emoções positivas e enfraquecê-lo conforme necessário.

O que explica o conflito familiar? Em regra, trata-se de um desalinhamento entre a forma como os membros da família encaram suas relações e os papéis que cada um desempenha. Em outras palavras, expectativas incompatíveis. Por exemplo, os pais tendem a ver os benefícios dos laços familiares, em especial em termos de amor partilhado; de modo geral, crianças enxergam os benefícios enquanto trocas de assistência. De acordo com pesquisas, pais relatam níveis mais elevados de envolvimento no relacionamento do que os filhos percebem.[5] Da mesma maneira, filhos tendem a acreditar que estão ajudando mais do que os pais acham.[6] Tudo isso cria ressentimento, o que é natural quando as pessoas que você ama não atendem às suas expectativas; e fica ainda pior quando a outra parte nem parece notar.

Expectativas não atendidas também são comuns em outras áreas. Crianças podem parecer pouco ambiciosas para pais que desde cedo tiveram de batalhar financeiramente. Crianças podem não se esforçar o suficiente na escola; quando jovens adultos, podem não querer se casar ou ter filhos, para decepção ou reprovação dos pais. Da mesma maneira, pais podem cortar o apoio financeiro a filhos adultos de uma forma que lhes aparenta ser egoísta, ou podem parecer mais interessados na própria vida do que na dos filhos e netos. Irmãos podem deixar de apoiar uns aos outros de várias maneiras.

A forma mais extrema de expectativas não atendidas é a violação de valores, na qual um membro da família rejeita algo relacionado às crenças fundamentais dos outros. Um exemplo disso é uma criança que rejeita a religião dos pais ou que declara suas crenças imorais. Ouvimos o tempo todo histórias de jovens que voltam da faculdade e anunciam aos pais que eles estão completamente errados sobre tudo.

Alguns conflitos resultam em ruptura dos relacionamentos. Em 2015, pesquisadores descobriram que cerca de 11% das mães com idades entre sessenta e cinco e setenta e cinco anos e com pelo menos dois filhos adultos estavam afastadas por completo de pelo menos um deles.[7] Eles descobriram que havia alguma violação de valores na raiz de muitos desses distanciamentos, enquanto violações de normas comportamentais (como não praticar a mesma fé dos pais) não apareciam. (Reserve um minuto e pense no que isto quer dizer: em geral, sua família se preocupa menos com a forma como você vive e mais com o que diz a respeito do que eles acreditam.)

Ter consciência de seus conflitos familiares é algo bom, porque melhora a comunicação e oferece oportunidades para resolver problemas. Por outro lado, negá-los é inútil, pois eles tendem a não morrer de velhice. Pelo contrário, a pesquisa mostra que, quando não há esforço para resolvê-la, a tensão nas relações entre pais, filhos e irmãos se mantém à medida que os envolvidos envelhecem — um fenômeno em parte explicado por uma teoria conhecida como a "teoria da cisma desenvolvimental."[8] Portanto, aceite o fato de que sua família é quase igual a todas as outras e aproveite a oportunidade para melhorar as coisas. Aqui estão três maneiras de fazer isso.

Primeiro, não tente ler a mente das pessoas. Com o passar dos anos, muitas famílias tendem a presumir que para se comunicar não é necessário usar a fala... ou seja, todos se entendem sem dizer nada. Isso é um convite à falta de comunicação. Existem provas de que é melhor ter uma política evidente dentro da família de que cada um deve falar por si mesmo e ouvir os demais.[9] Uma maneira de fazer isso é com reuniões familiares regulares, em que cada um pode expor questões que tem em mente antes de passarem a ser um grande problema ou mal-entendido.[10] Se isso for muito desconfortável, marque reuniões frequentes em grupos de dois no caso de tópicos mais delicados. O segredo não é pedir a alguém que mude suas reações às ações ou sentimentos alheios;

é dar a essa pessoa a chance de ouvir o seu lado da história e responder antes de você começar a presumir que sabe qual será a resposta dela.

Em segundo lugar, viva *a sua* vida, mas não peça que os outros mudem os valores *deles*. O distanciamento dentro de uma família é uma tragédia — talvez algo inevitável em casos de abuso sexual ou agressões, mas evitável em tantos conflitos que envolvem orgulho ferido. Você precisa decidir por si mesmo se uma cisma é justificada, mas, como a pesquisa sugere, os membros da família (em especial pais e mães) são mais propensos a aceitar escolhas de estilo de vida das quais discordam do que a aceitar valores diferentes, que podem considerar uma rejeição pessoal.[11]

Talvez isso pareça moralmente inconsistente ou mesmo hipócrita, mas não é. Muitas pessoas defendem valores que não compartilham com seus entes queridos. Elas podem conviver de forma permanente mesmo com essas divergências de opinião sem se sentirem magoadas ou irritadas, justamente porque não esperam que ninguém mude de ideia. E, como não insistem em total concordância, não há razão para ninguém se sentir ofendido.

Terceiro, não trate sua família como caixas eletrônicos emocionais. Quando as pessoas tratam a família como uma válvula unidirecional de ajuda e aconselhamento (em geral, os pais dão e os filhos recebem), o ressentimento tende, ironicamente, a fluir nos dois sentidos; conversas, visitas e ligações tornam-se entrevistas cansativas e repetitivas em vez de conversas. Acreditamos que isso decorra de uma atrofia no desenvolvimento da relação. Por exemplo, se você é um jovem adulto, talvez seu pai e sua mãe ainda lhe tratem como um jovem; por outro lado, você raramente ou nunca pergunta sobre a vida de seus pais, tampouco tem um verdadeiro interesse neles.

Em vez de esperar que seus parentes sejam fontes inesgotáveis de ajuda e sabedoria — ou que parem de lhe dar conselhos não solicitados o tempo inteiro —, assuma a liderança ao tratar a sua família da mesma forma que trata os amigos, tanto oferecendo apoio emocional de maneira generosa como aceitando-o com gratidão. A pesquisa mostra que relacionamentos podem melhorar bastante quando filhos adultos e seus pais se tratam como indivíduos com limitações e bagagens; em outras palavras, como pessoas reais.[12]

Desafio 2

COMPLEMENTARIDADE INSUFICIENTE

Em algumas relações familiares, já é esperado que haja certa dose de atrito — digamos, entre pais e filhos adolescentes. Mas, em outras, brigas são encaradas como uma verdadeira ameaça, porque a nossa cultura afirma que se trata de algo ruim. O melhor exemplo disso é o conflito entre cônjuges ou parceiros românticos. A discórdia nessa área quase nunca parece algo bom e é vista como evidência de que algo está errado.

E como você evita conflitos com seu cônjuge ou parceiro? Sendo compatível. Se existe um senso comum no que tange à vida romântica, é a necessidade de um alto nível de compatibilidade. A ideia é que haja menos desconforto e confrontos quando seu parceiro é muito parecido com você. Se você encontrar alguém compatível, a atração será maior e o relacionamento, mais bem-sucedido, ou ao menos é assim que a maioria pensa.

Isso não é verdade. Basta levar em consideração as evidências trazidas por pessoas que estão em busca de algum tipo de relacionamento, ainda que não seja um sério. Os aplicativos de namoro, usados por quase todo mundo, tornaram a compatibilidade algo cada vez mais fácil de se alcançar. Antes de conhecer alguém ao vivo, você pode classificar essa pessoa a partir de diversas dimensões para aumentar as chances de ter uma boa "conexão". Sofre-se menos, ganha-se mais. Mas notem como há algo estranho nisso tudo: a maioria das pessoas que "se relacionam" — pessoas que não estão em um relacionamento sério, mas gostariam de estar, ou pessoas que saem com outras casualmente — estão passando por dificuldades.[13] Em uma pesquisa de 2020, 67% dos entrevistados disseram que sua vida amorosa não estava indo bem.[14] Três quartos disseram que encontrar alguém para namorar era uma tarefa difícil.

O fato é que, quanto mais alcançamos compatibilidade, mais difícil se torna encontrar e manter o amor. Entre 1989 e 2016, a quantidade de pessoas casadas dentro da faixa dos vinte anos caiu de 27% para 15%.[15] E, caso você fique achando que isso tem a ver apenas com o casamento tradicional, a mesma pesquisa mostra que a porcentagem de pessoas entre dezoito e vinte e nove anos que não tiveram nenhuma relação sexual no período de um ano triplicou entre 2008 e 2018, indo de 8% para 23%.[16]

A busca por alguém que tenha muitas coisas em comum com você se chama homofilia e é natural. Enquanto criaturas egoístas, tendemos a classificar aqueles que são semelhantes a nós como mais atraentes (social e romanticamente) do que aqueles que não o são.[17] Levemos em consideração posicionamentos políticos. De acordo com o site de namoro on-line OkCupid, 85% dos millennials que responderam a uma pesquisa realizada em 2021 disseram que a intenção de voto de alguém com quem poderiam sair é "extremamente ou muito importante" para eles.[18] E, entre os estudantes universitários, 71% dos democratas e 31% dos republicanos disseram que não sairiam com alguém que votasse no candidato presidencial adversário.[19]

Os efeitos da homofilia são ainda mais fortes quando se trata da educação. Pesquisadores descobriram que o nível de escolaridade é o critério mais importante para os millennials em um possível relacionamento, estando acima do potencial de ganhos financeiros, de atributos físicos e de afiliações políticas e religiosas.[20] Eles também descobriram que 43% das pessoas que têm mestrado julgam os parceiros em potencial com base na faculdade que frequentaram.

Alguma semelhança nos valores fundamentais é, sem dúvida, benéfica para uma parceria, mas demasiada uniformidade acarreta custos enormes. O amor romântico requer complementaridade — isto é, diferenças. Um sociólogo chamado Robert Francis Winch desenvolveu essa ideia na década de 1950, entrevistando casais e avaliando os traços de personalidade daqueles que tiveram sucesso e daqueles que não tiveram.[21] Ele descobriu que os mais felizes tendiam a complementar a personalidade um do outro — um extrovertido e um introvertido, por exemplo.

A investigação descobriu que desconhecidos designados para realizar uma tarefa em duplas são mais afetuosos uns com os outros quando suas personalidades são complementares do que quando são semelhantes.[22] Em um estudo, as pessoas descreveram seus parceiros românticos ideais como semelhantes a si mesmas, mas os traços de personalidade de seus verdadeiros companheiros não estavam correlacionados com os seus.[23] Podemos achar que queremos alguém como nós, mas acabamos por buscar relacionamentos a longo prazo com pessoas diferentes de nós.

A força atrativa da diferença pode ter raízes biológicas. Já há muito tempo, os cientistas sabem, por exemplo, que as crianças herdam uma maior variedade de defesas imunitárias quando os pais diferem bastante em um grupo de genes denominado complexo principal de histocompatibilidade (MHC). Nenhum de nós é capaz de olhar para um parceiro em potencial e decodificar seu MHC à primeira vista, mas há evidências de que sentimos seus componentes pelo olfato (embora não nos demos conta, uma vez que nossos neurônios olfativos funcionam abaixo do nível de consciência) e que nos sentimos mais atraídos por pessoas cujos genes "cheiram" diferente dos nossos.[24] Em 1995, zoólogos suíços pediram a mulheres que cheirassem camisetas usadas por homens que elas não conheciam, mas que as usaram por dois dias seguidos.[25] As mulheres preferiam as camisas fedorentas usadas pelos homens cujos genes MHC eram mais diferentes dos seus. Análises posteriores em diferentes grupos populacionais chegaram ao mesmo resultado.[26]

Apesar de todas essas evidências de que você não deveria de fato buscar uma versão de si mesmo quando se trata de relacionamentos amorosos, as formas mais comuns pelas quais os norte-americanos encontram parceiros hoje em dia — por meio de sites e aplicativos de namoro — são uma miscelânea de mesmice.[27] Algoritmos permitem que as pessoas encontrem outras parecidas com elas com uma eficiência brutal.[28] Isso pode gerar menos conflitos, mas, ao sair em busca de um sósia seu, talvez você não esteja prestando atenção aos indivíduos que o complementam, psicológica e até mesmo fisicamente.

Essa busca por compatibilidade repercutiu na forma como casais já estabelecidos há muito tempo se enxergam. Se você está em um relacionamento há muito tempo que está passando por dificuldades, talvez tenha presumido que os dois apenas não sejam compatíveis o suficiente. Isto é possível, lógico; todo casal precisa de algumas coisas em comum. Porém, é bastante provável que o verdadeiro problema seja que você e seu parceiro não têm se esforçado para transformar suas diferenças na complementaridade de que um relacionamento saudável necessita.

Aqui estão três coisas que você pode fazer para que haja uma maior complementaridade em sua vida amorosa. Primeiro, procure diferenças de personalidade e de gostos. Por exemplo, se você está em busca de um parceiro ou parceira, procure alguém que não seja uma réplica sua na dimensão introvertido-extrovertido. Vocês aprenderão muito (como verão no próximo capítulo) se procurarem mostrar um ao outro as alegrias de ir a festas uma noite e ficar sozinho na outra. Isso expande o número de parceiros em potencial e torna a vida mais divertida. Se é casado há muito tempo, faça uma lista das diferenças entre você e seu parceiro. Por exemplo, se é uma pessoa preocupada por natureza e seu cônjuge, não, você pode ficar maluco por ele ou ela "não se importar o suficiente" com todas as questões da vida. Em vez disso, reclassifique seu cônjuge como seu agente pessoal na arte de relaxar um pouco. (Você pode ser o identificador pessoal de ameaças de seu parceiro.)

Em segundo lugar, concentre-se mais no que de fato importa. Muitos casais ficam presos a diferenças que, convenhamos, são ridículas, como questões políticas. Se necessário, façam uma lista das dez coisas na vida com que ambos concordam e que consideram as mais importantes. Se têm filhos, eles talvez sejam a primeira delas. Suas famílias originárias, religião e trabalho estarão todos no topo. Política e outras fontes de divergência estarão no final da lista, se é que entrarão nela. Agora, decida concentrar seu tempo juntos nas coisas importantes.

Terceiro, se você está em busca de um parceiro ou parceira, deixe que humanos sejam responsáveis por seus *matches*, e não máquinas. Uma das tendências mais robustas para se encontrar potenciais companheiros nas últimas três décadas tem sido o fim dos encontros marcados por amigos em comum. Mais da metade das pessoas com idades entre cinquenta e quatro e sessenta e quatro anos tiveram um encontro às cegas na vida (um encontro marcado por outras pessoas, nos quais os dois nunca haviam se visto), de acordo com DatingAdvice.com, contra apenas 20% dos adultos com idades entre dezoito e vinte e quatro anos.[29] Superficialmente, isso faz algum sentido: por que desperdiçar um jantar inteiro tentando conhecer uma pessoa com base na recomendação de outra pessoa quando alguém mais parecido com você está a apenas alguns cliques de distância?

Se você leu até aqui, sabe o motivo: os encontros às cegas tradicionais, em geral, são arquitetados por gente que o conhece e que já refletiu sobre a possibilidade de sua personalidade combinar com a da outra pessoa. Quanto menos confiar exclusivamente em um perfil de namoro pela internet, mais livre você estará de preconceitos filosóficos e mais poderá confiar em mecanismos mais primitivos — como seu nariz. Essa estratégia só funciona, é óbvio, quando seus amigos conhecem possíveis pessoas para lhe apresentar. Caso peça ajuda a seus amigos e eles nunca colaborem, isso pode ser um sinal de que você precisa expandir seu círculo social.

Desafio 3

O VÍRUS DA NEGATIVIDADE

Uma família saudável não é avessa a conflitos. Entretanto, conflito é diferente de negatividade crônica, o que pode estragar o convívio familiar.

Os costumes de uma família, ou de qualquer grupo próximo, determinam a capacidade que seus membros têm de resolver problemas. Pense nisso como a temperatura de um ambiente. Se, em sua casa, ela for de 40 graus e você estiver com muito calor, não importa quantas peças de roupa tire, ainda sentirá muito calor. Da mesma maneira, costumes negativos em uma família podem inviabilizar a resolução de problemas, de modo que não haverá crescimento nem aprendizagem, apenas infelicidade crônica. Isto ocorre com frequência devido ao contágio emocional, algo que os psicólogos têm estudado de forma extensiva.[30] Não há um problema específico para resolver, apenas uma atitude de "que porcaria" que se espalha entre os integrantes.

Escapar de emoções negativas contagiosas pode ser difícil, porém, para ser mais exato, quando amamos de verdade aqueles que estão sofrendo — em especial nossos familiares —, não *queremos* evitar sua tristeza, frustração, medo ou ansiedade. Queremos ajudar, e isso é bom. Assim como não devemos afastar nossos sentimentos negativos se quisermos crescer e resolver nossos problemas, podemos ajudar aqueles que amamos ao aceitar suas emoções. Mas não precisamos incorporar a infelicidade deles durante o processo.

O contágio emocional não é 100% negativo, é óbvio. Você deve conseguir pensar em pessoas em sua vida com quem parece estar sempre sorrindo e em outras que lhe fazem se sentir carinhoso e generoso. Pesquisadores estudaram até mesmo o contágio emocional positivo, descobrindo que viver a pouco mais de um quilômetro de distância de um amigo ou membro da família que se torna mais feliz aumenta em 25% a probabilidade de você se tornar mais feliz também.[31] Porém, a infelicidade é mais contagiosa e espalha-se mais depressa.[32] Um estado de espírito negativo durante uma reunião familiar pode infectar todo o recinto em segundos.

As emoções saltam de uma pessoa para outra através de diversos mecanismos.[33] O mais evidente é o diálogo, por meio do qual você transmite e assimila as emoções dos outros por meio de expressões faciais, do tom de voz e da postura. Você já deve ter percebido que, ao interagir com certas pessoas, você ri mais do que o normal, mesmo quando as coisas não são engraçadas; com outras, acaba reclamando muito de coisas que não são problema.

Os vírus emocionais negativos também podem ser levados da escola ou do trabalho para casa devido, paradoxalmente, à confiança. Se você tem (ou teve) filhos pequenos, sabe que às vezes eles passam o dia todo bem na escola, mas quando o veem no momento em que você vai buscá-los, caem no choro e não dizem nada, e depois é só um pesadelo atrás do outro. Isso acontece porque eles confiam em você e passam o dia inteiro guardando os momentos difíceis para você. Parece uma punição, mas, na verdade, é amor. (A propósito, adultos também fazem isso, sorriem o dia todo no trabalho e depois passam a noite reclamando em casa.)

Você pode "captar" as emoções dos outros fisiologicamente, pelo menos em parte. Durante um experimento, as pessoas que inalaram um cheiro repugnante e aquelas que apenas observaram um videoclipe de uma pessoa com uma expressão de nojo tiveram as mesmas partes do cérebro ativadas.[34] Como já vimos, resultados semelhantes foram encontrados na experiência de dor — seu cérebro pode senti-la só de ver alguém sofrendo.[35] Isso é ainda mais verdadeiro entre pessoas que moram juntas.[36]

A ideia de contágio emocional está longe de ser nova. Há mais de mil e oitocentos anos, enquanto era imperador de Roma, o filósofo estoico Marco Aurélio escreveu sobre o contágio emocional durante a temida Peste Antonina.[37] O vírus matava cerca de duas mil pessoas por dia.[38] Ainda assim, escreveu Marco Aurélio, "a corrupção da mente é uma praga muito pior do que qualquer miasma e corrupção do ar que respiramos ao nosso redor. Esta última é uma peste para os seres vivos e afeta suas vidas, a primeira é uma peste para os seres humanos e afeta sua humanidade."[39] Muitas pessoas podem identificar-se com isto após o confinamento durante a pandemia de covid-19, quando famílias passavam o tempo todo trancadas juntas. A pior parte muitas vezes era quando os parentes começavam a espalhar um comportamento terrível, que todos absorviam. Da mesma forma, talvez você prefira que um resfriado contamine sua família durante as férias do que uma onda de mau humor que estraga toda a diversão.

Para muita gente, a maneira de evitar o contágio emocional negativo é evitar uma pessoa infeliz, como se faria diante de uma doença transmissível. Mas, nos casos em que o amor transcende o incômodo — quando o infeliz é um cônjuge, um pai, um filho, um irmão — e você escolhe ficar na mesma casa, a pesquisa traz quatro lições sobre como é possível ajudar o outro sem tomar a responsabilidade para si.

Como mostramos ao longo deste livro, "primeiro coloque a sua máscara de oxigênio". Lide com a própria felicidade e infelicidade antes de tentar mudar a vida dos familiares. Isso talvez pareça contraditório em relação à pesquisa, que defende que deveríamos prestar mais atenção aos outros. Aqui é diferente: é necessário se proteger justamente para *poder* ajudar os outros. Digamos que você esteja morando com seu pai infeliz, ou próximo a ele. Comece cada dia cuidando da higiene da sua própria felicidade: faça exercícios, medite, ligue para um amigo. Reserve uma ou duas horas longe da pessoa infeliz, caso seja possível, e concentre-se naquilo de que gosta e pelo que é grato. Isso lhe proporcionará as reservas de felicidade exigidas para erguer o outro.

Em segundo lugar, se conseguir, não leve a negatividade para o lado pessoal. Quer haja conflito ou não, pensar que a infelicidade de outra pessoa é dirigida a você, em específico, é uma reação humana. A personalização da negatividade e do conflito é uma das formas mais poderosas de espalhar a infelicidade. Os psicólogos que estudam esta tendência descobrem que levar a negatividade para o lado pessoal pode levá-lo a remoer a situação, o que prejudica sua saúde física e mental, e arruína seus relacionamentos, encorajando-o a evitar os outros e a ir atrás de vingança.[40]

Se você cuida de um membro da família que é infeliz, ou apenas passa algum tempo no mesmo cômodo que ele, repita para si mesmo todos os dias: "Não é minha culpa e não levarei isso para o lado pessoal." Veja a infelicidade da forma como veria uma doença física. A pessoa afetada poderia atacar e culpar você por pura frustração, mas é provável que você não concordasse em levar essa culpa, a menos que a tivesse ferido.

Terceiro, quebre o ciclo negativo com surpresas. Ajudar os outros a serem felizes não é simples. Por exemplo, dizer "Anime-se!" — o que os psicólogos chamam de reenquadramento — é, em geral, contraproducente.[41] (Imagine alguém lhe dizendo isso quando você está de mau humor.) É muito melhor fazer com que a pessoa infeliz se envolva em uma atividade que você sabe que ela gosta. As pesquisas mostram que o envolvimento ativo em uma atividade agradável é mais eficaz em melhorar o humor do que não fazer nada, suprimir o mau humor ou imaginar bons momentos.[42]

Entretanto, há uma questão: os pesquisadores também descobriram que pedir a pessoas infelizes que imaginassem atividades felizes (um passo necessário para planejá-las com antecedência) tornava-as menos propensas a participar delas. Isso ocorre porque o estado de espírito que são incentivadas a imaginar parece difícil de ser atingido, fazendo com que a atividade feliz também pareça árdua. Mesmo que você goste de andar de bicicleta, isso pode parecer uma tarefa árdua quando se está triste ou deprimido. No entanto, se um membro da família aparecer para um passeio espontâneo, você pode apenas dizer sim — e é mais provável que goste.

Por fim, evite a propagação. Até agora, os conselhos aqui vêm sendo direcionados a alguém que deseja ajudar um familiar infeliz. Se você é o familiar infeliz, lembre-se de que seus entes queridos querem ajudar. Fazer isso pode torná-los mais felizes. Para ser mais preciso, as pessoas que lhe amam não querem que você sofra. Isolar-se ou fingir ser feliz apenas para deixar outros mais confortáveis não beneficiará ninguém.

Em vez disso, comunique-se de maneira ativa para ajudar a manter seus relacionamentos saudáveis. Talvez isso signifique dizer ao seu irmão: "Quero que você saiba que, embora eu esteja passando por um momento difícil agora, a culpa não é sua." Ou talvez envolva desenvolver uma estratégia para evitar pessoas durante determinados momentos do dia, nos quais você tende a se sentir mais deprimido. No final, ainda que não consiga melhorar seus sentimentos, você *pode* escolher como falar e tratar os outros, o que dará aos seus entes queridos mais energia para ajudá-lo quando precisar.

Desafio 4

PERDÃO

Você já ouviu falar da armadilha usada no sul da Índia para capturar macacos?[43] Ela consiste em um coco vazio com um pouco de arroz dentro, acorrentado a uma estaca. O coco tem um buraco na parte superior, grande o suficiente para um macaco enfiar a mão, mas não o suficiente para que ele consiga remover um punhado de arroz. Enquanto os aldeões observam à distância, um macaco faminto se aproxima e fica preso, incapaz ou sem vontade de desistir da comida em troca da liberdade. Os aldeões, então, conseguem se aproximar e levar o macaco embora.

Antes de ser indelicado e chamar o macaco de "burro", pergunte-se se você está fazendo mais ou menos a mesma coisa quando se trata de conflitos em sua vida familiar. Você gostaria que o ambiente fosse mais caloroso, porém é impedido por uma raiva não resolvida? Nesse caso, está preso a uma armadilha emocional.

Você não está sozinho; todos nós enfrentamos esta situação de vez em quando em nossas famílias, e não apenas nos casos óbvios em que nos apegamos a sentimentos ruins, recusando-nos terminantemente a perdoar. Às vezes, sabotamos a liberdade pela qual ansiamos mesmo quando dizemos que já perdoamos os outros, seja porque ainda guardamos ressentimentos profundos ou porque nos apegamos a ofensas para usá-las mais tarde contra as pessoas que nos injustiçaram. Para alcançar maior felicidade e liberdade, todos precisamos abandonar a prática desta espécie de perdão parcial.

Em 2018, estudiosos identificaram quatro estratégias de perdão bem-sucedidas que os membros de uma família usam para curar um relacionamento após a ocorrência de uma transgressão ou conflito: diálogo ("vamos conversar sobre isso para que eu possa me libertar da mágoa"), perdão explícito ("eu perdoo você"), perdão não verbal (demonstrar afeto após uma briga) e minimização (que envolve classificar a transgressão como algo sem importância e só escolher ignorá-la).[44] Os pesquisadores descobriram que todas essas quatro estratégias podem ser eficazes, e, em geral, a escolhida depende da gravidade da ofensa.[45] Por exemplo, o diálogo é usado com mais frequência para as piores ofensas, como infidelidade no casamento; por sua vez, a minimização e o perdão não verbal, para questões menos problemáticas, como chegar atrasado para jantar. O perdão explícito deve funcionar melhor para conflitos intermediários.

O problema de conversar sobre alguma questão ou dizer a alguém "eu perdoo você" é que esses movimentos exigem muito esforço e mexem com o nosso orgulho, e podem significar abrir mão de algo que você deseja. Então, às vezes, as pessoas tentam pegar atalhos que *parecem* boas maneiras de resolver um conflito, mas que não funcionam no final.

Os pesquisadores falam também em *perdão condicional*, no qual a reclamação é adiada e estipulações são feitas ("eu vou lhe perdoar quando você fizer X e Y"), e em *pseudoperdão*, que acontece quando os parceiros decidem reprimir ou ignorar um problema sem de fato perdoar (não deve ser confundido com minimização, que é diferente).[46] O perdão condicional pode proporcionar o que os investigadores chamam de proteção emocional — isto é, um sentimento de segurança — ao parceiro prejudicado, mas também pode manter uma ferida aberta. O pseudoperdão pode prolongar um relacionamento familiar infeliz porque não há perdão verdadeiro, o que, mostra a pesquisa, é um mau presságio no que tange à sobrevivência de um relacionamento.

Por uma série de razões, o perdão condicional e o pseudoperdão podem parecer atraentes para um membro da família magoado. O perdão condicional oferece à vítima poder sobre o transgressor, uma forma de obter o comportamento desejado, oferecendo, como prêmio, o verdadeiro perdão. O pseudoperdão não resolve nada e pode fazer nascer um rancor que é explorado em momentos de irritação. Tanto um quanto o outro são armadilhas para macacos: escolhemos punhados de arroz emocional em vez de nos libertarmos da raiva e da amargura.

Para evitar a armadilha para macacos emocional, você precisará escolher, de forma deliberada, não cair nela. Soltar o arroz exige paciência e autocontrole. Primeiro, ao escolher o perdão, lembre-se de que resolver um conflito não é caridade — beneficia principalmente *você*. A metáfora da armadilha para macacos deixa isso evidente e nos traz a maior sabedoria de todos os tempos. O sábio budista do século V, Buddhaghosa, escreve que, ao ceder à raiva e ao recusar-se a perdoar, "você é como um homem que quer bater em outro e pega uma brasa acesa... e, por isso, acaba se queimando primeiro."[47] Inúmeras pesquisas modernas apoiam essa ideia, mostrando que o perdão beneficia aquele que perdoa tanto em termos mentais quanto físicos.[48]

Em segundo lugar, amplie seu repertório de resolução de conflitos, em especial quando o que você tentou antes não está funcionando. Talvez lhe seja natural agir como um minimizador, ser rápido em perdoar os membros da família, deixando de lado com facilidade os erros que eles cometem contra você. A pessoa com quem está em conflito talvez ache que a situação é grave demais para ser resolvida dessa maneira. Se foi você quem foi tratado de maneira injusta, passe para o perdão explícito. Se o problema for mútuo, tente o diálogo, e converse.

E terceiro, não descarte a minimização logo de cara. Em muitos casos, abandonar um conflito em vez de tentar resolvê-lo é a solução perfeita. Pergunte a si mesmo se o que tem a dizer é de fato importante o bastante para, digamos, perder contato com uma pessoa querida e lidar com as consequências disso.

Desafio 5

DESONESTIDADE

Existe algo em sua vida que você não ousaria compartilhar com sua família? Há muitas razões, boas e lógicas, para não se dizer o que pensa, em especial quando os outros discordam veementemente de você. Ofender as pessoas é terrível e pode levar a consequências desagradáveis. Ocultar a verdade ou apenas concordar em silêncio pode parecer prático, ainda que, por dentro, você esteja gritando em discordância.

Talvez, no entanto, o verdadeiro ato de amor seja parar de evitar os problemas e só olhar para fora e dizer o que você vê — ser corajoso e trabalhar em prol de uma família que possa aguentar.

Na década de 1990, o escritor e psicoterapeuta Brad Blanton defendeu isso em seu livro *Radical Honesty* [Honestidade radical].

Quando a verdade é difícil de aceitar, contá-la pode ter um preço, incluindo o desgaste de relacionamentos em casa.[49] Mas Blanton sugere que vale a pena aguentar as consequências para se atingir a honestidade plena (sem mentirinhas, sem exceções), porque isso pode reduzir o estresse, aprofundar as conexões com os demais e reduzir a reatividade emocional.

Se você segue a escola de relações familiares do tipo "não vamos entrar nesse assunto", talvez seja cético em relação a esse argumento. Contudo, pesquisas científicas defendem a honestidade. Famílias nas quais os integrantes reprimem seus sentimentos e crenças não estão nas melhores condições, porque as pessoas não conseguem se apresentar de forma plena. Para evitar a infelicidade causada por um conflito, acabam evitando a felicidade que advém de maiores níveis de intimidade e compreensão.

Por que ocultamos a verdade de nossos entes queridos? Por que mentimos para eles? Por mais que gostemos de dizer que estamos protegendo os outros, em geral, isso é motivado pelo foco em nós mesmos. Queremos reforçar a opinião que eles têm a nosso respeito ("a faculdade está indo bem"), evitar conflitos ("concordo com suas opiniões políticas") ou proteger os outros ("você está ótimo, pai").[50] Além disso, há a mais pura preguiça. Quando sua mãe pergunta "gostou do jantar?", talvez você não tenha energia para explicar que a comida estava salgada demais.

Algumas mentiras podem tornar a vida mais fácil, mas, como a maioria dos comportamentos focados no futuro, não tornam de fato a vida *mais feliz*. Quando descobrimos uma mentira, isso, em geral, provoca uma quebra de confiança. Mesmo pequenas mentirinhas inocentes podem ter esse efeito na vida familiar. Quando contamos a nossos familiares coisas que achamos que eles querem ouvir, os tratamos como se fôssemos desconhecidos, evitando conflitos. Imagine saber que seu cônjuge achou mais fácil apenas agradar você. Isso provavelmente iria incomodá-lo muito. Quando se trata de ser mais feliz, a proximidade supera a harmonia momentânea.

O objetivo da honestidade é ter amor suficiente pelos outros para poder ser exatamente quem você é, com total transparência, mesmo que seja difícil para todos os envolvidos. É óbvio que é mais fácil dizer do que fazer, em especial se a sua família é do tipo que empurra as coisas para debaixo do tapete. Ainda bem que existem pesquisas de psicólogos que podem lhe ajudar a começar.

Primeiro, antes de ser sincero, solicite e aceite a honestidade dos outros. Algumas pessoas estão bastante dispostas a dizer a verdade a todo mundo, não importando quem ficar ofendido, mas ficam irritadas quando apresentadas a verdades que acham difíceis de aceitar. A tendência de criticar sem ser capaz de aceitar críticas é um dos traços clássicos dos narcisistas e, dito de forma menos acadêmica, é o tipo de babaca que se ofende com qualquer coisa.[51] Esse comportamento não é uma expressão de amor.

O compromisso com a honestidade começa com o compromisso de ser honesto consigo mesmo e com um esforço para buscar e aceitar a honestidade plena dos outros, em especial de entes queridos. Exija das pessoas a verdade tal como elas a veem, começando por aqueles mais próximos a você, e assuma o compromisso de não se ofender quando eles a revelarem. Observe que as opiniões dos outros não são fatos, o que significa que você deve usar seu julgamento para permitir ou não que a verdade que está ouvindo afete suas ações. Além disso, às vezes o que você ouve terá a intenção de ofendê-lo. Quase sempre você pode optar por não se ofender.

Segundo, ofereça a verdade para curar, nunca para machucar. O que muitas vezes nos impede de convencer uns aos outros é que usamos nossas opiniões como uma arma, e não como um presente. O mesmo princípio se aplica com força ainda maior quando se trata da verdade. Se você a guarda para si mesmo quando é conveniente e a usa para magoar os outros quando se sente magoado — como costumamos fazer em discussões que envolvem muitos sentimentos com familiares —, então sua honestidade não é uma expressão de amor. Procure as virtudes nos outros, não as imperfeições. Se fizer isso, a maior parte da verdade falada por você será gratidão e elogios sinceros.

Em terceiro lugar, torne a verdade atraente. Se você precisar fazer uma avaliação não muito positiva de vez em quando, pense em uma maneira de torná-la uma oportunidade de crescimento. Em vez de dizer a alguém "você está errado", diga "gostaria de mostrar uma outra maneira de pensar sobre esse assunto". Seu feedback honesto nem sempre será apreciado, é lógico, mas essa postura pode amenizar o impacto.

Talvez sua família seja de tal forma que uma política de verdadeira honestidade pode lhe parecer uma insanidade. Comece devagar e diga aos seus familiares que é isso que você quer, para que todos possam se entender melhor. Aos poucos, vai ficando mais fácil. Todos serão menos autoprotetores e mais generosos. É como uma atividade física: vai demorar um pouco, mas logo se tornará um hábito e depois parecerá uma necessidade. À medida que desenvolve esse músculo, você é capaz de expandir a honestidade com amigos e desconhecidos. Lembre-se sempre, porém, de fazer isso de maneira atraente e visando à cura, para que sua honestidade continue a ser um ato de amor.

NUNCA DESISTA

A vida familiar é capaz de proporcionar uma alegria tão única que todos os esforços para construir uma vida mais feliz devem estar atentos a ela. Porém, mesmo as famílias mais estáveis são desafiadoras, ainda mais no que se refere a conflitos, compatibilidade, negatividade, perdão e honestidade. Resumindo, aqui estão as principais lições para tornar cada desafio uma fonte de crescimento.

1. Não evite o conflito, que é a oportunidade de sua família aprender e crescer uma vez que você compreenda a origem dele e o administre de maneira adequada.
2. Você naturalmente acredita que a compatibilidade é a chave para o sucesso do relacionamento e que as diferenças trazem o conflito. Na verdade, não é preciso tanta compatibilidade, apenas o suficiente para que as coisas funcionem. O que você de fato necessita é de complementaridade para ser completo como pessoa.
3. Os costumes de uma família podem ser contaminados pelo vírus da negatividade. Esta é uma questão básica de gerenciamento emocional, mas aplicada a um grupo, e não a você como indivíduo.
4. A arma secreta em todas as famílias é o perdão. Quase todos os conflitos não resolvidos se resumem a ressentimentos não resolvidos, portanto a prática de perdoar um ao outro explícita e implicitamente é de suma importância.
5. O perdão explícito e quase todas as comunicações difíceis exigem uma política de honestidade. Quando familiares escondem a verdade, não conseguem estar próximos.

Uma última observação: se o seu relacionamento com a família é especialmente difícil, esforçar-se para melhorá-lo pode, por vezes, parecer uma causa perdida. É fácil jogar tudo para o alto. Quase todos os dias, ouvimos pessoas do mundo inteiro que se sentem presas a problemas familiares que parecem não ter solução. Talvez você já tenha dito: "Só quero virar as costas para essas pessoas e seguir com minha vida."

Desistir é quase sempre um erro, porque "essas pessoas" são, de uma forma mística, *você*. Seu cônjuge é o seu resumo como pessoa. Seus filhos lhe proporcionam um raro vislumbre do seu próprio passado. Seus pais são uma visão do seu futuro. Seus irmãos são uma representação de como os outros veem você. Desistir disso significa perder o conhecimento de si mesmo, o que é uma oportunidade perdida de adquirir autoconhecimento e progredir como pessoa. Se possível, jamais desista dos relacionamentos que você não escolheu.

Mas e os relacionamentos que você *escolheu*? São as suas amizades, e essa é a próxima parte de nossas vidas a construir.

Seis

Amizades profundamente verdadeiras

"Na infância, não fui como os outros", começa Edgar Allan Poe em seu assombroso poema "Só", de 1829.[1] O texto detalha sua incapacidade de se conectar emocionalmente com outras pessoas, de compartilhar alegrias e tristezas. "Tudo que amei, *eu* amei sozinho."

Poe não era bem uma figura solitária; cresceu em uma família bastante comum, frequentou a escola e serviu ao Exército. No entanto, apesar de tudo, nunca estabeleceu quaisquer vínculos humanos profundos, exceto talvez com sua prima Virginia, com quem se casou quando ela tinha apenas treze anos (e ele, vinte e sete), mas que morreu de tuberculose alguns anos depois.

De acordo com o seu obituário, Poe "tinha poucos amigos ou nenhum".[2] A maioria das pessoas simplesmente não era merecedora do seu tempo. Não é que ninguém quisesse sua companhia: era *ele* que não queria muito a companhia *dos outros*. Em seu obituário, lê-se: "Poe havia compreendido as inúmeras complexidades do mundo social, e todo o sistema era, para ele, uma fraude." Sua solidão era autoimposta.

Mesmo assim, Poe sofria muito com a falta de amigos, usando o álcool e os jogos de azar como métodos para anestesiar a dor. Antes de morrer, aos quarenta anos, em circunstâncias que talvez tenham envolvido intoxicação alcoólica, ele confessou seu problema.

"Não foi em nome da busca do prazer pela qual arrisquei minha vida, minha reputação e minha razão", disse ele. Pelo contrário, era "uma sensação de solidão insuportável".[3]

A amizade é o segundo pilar para construir uma vida mais feliz. Os amigos podem aliviar os fardos dos dias mais difíceis. São poucas na vida as alegrias tão maravilhosas quanto ver um amigo próximo após um longo período de distância. Sem amigos, ninguém consegue prosperar. Esta é a evidente conclusão de décadas de pesquisa.[4] A amizade é responsável por quase 60% da diferença no grau de felicidade entre indivíduos, não importa o quanto sejam introvertidos ou extrovertidos.[5] Uma vida com amigos próximos pode ser feliz mesmo quando muitas outras coisas estão dando errado. Uma vida sem amigos próximos é como uma casa sem aquecimento durante o inverno (em Massachusetts).

Infelizmente, o último é cada vez mais comum na nossa sociedade. Em suas pesquisas, os cientistas sociais fazem perguntas como: "Quando foi a última vez que você teve uma conversa particular na qual compartilhou sentimentos ou problemas pessoais?" Ao longo das últimas três décadas, a porcentagem de norte-americanos que responderiam "nunca" a esta pergunta quase duplicou.[6] A de norte-americanos que afirmam ter menos de três amigos próximos duplicou desde 1990.[7]

Os motivos para isso lembram muito a síndrome de Poe, mas em grande escala. De forma deliberada, estamos negligenciando as amizades e até mesmo afastando-as. Nossa fixação nas telas e nas redes sociais faz com que ficar sozinho seja mais fácil do que nunca, e muitos jovens inclusive confessam que fazer amigos pessoalmente hoje parece estranho ou assustador. A guerra cultural tóxica que vivemos também desfez amizades de qualidade: dados de sondagens mostraram que cerca de um em cada seis norte-americanos deixou de falar com um amigo ou familiar desde 2016 por conta de política.[8]

E houve, lógico, a covid. Se sua vida não voltou ao "normal" de 2019, você não está sozinho. Numa pesquisa realizada em março de 2022, 59% dos inquiridos afirmaram que ainda não tinham regressado por completo às atividades pré-pandemia.[9] O mais grave em termos de felicidade é que muita gente passou a dar menos prioridade à socialização como forma de se divertir do que fazia antes. Numa pesquisa realizada muito depois do fim dos confinamentos, 21% dos inquiridos afirmaram que a socialização tinha se tornado mais importante para eles desde o surto do coronavírus, mas 35% disseram que a socialização tinha se tornado *menos* importante.[10] O motivo é "não saber o que dizer ou como interagir".[11] Muitos de nós apenas esquecemos como ser amigos.

A boa notícia é que nunca é tarde para reaprender a fazer novas amizades e retomar relacionamentos antigos. Com as informações corretas, quase todos os desafios podem ser superados. Neste capítulo, abordamos os cinco desafios que as pessoas enfrentam com mais frequência — e como sua capacidade de gestão pode transformá-los em oportunidades preciosas.

Desafio 1

SUA PERSONALIDADE

Ao que tudo indica, Edgar Allan Poe era um introvertido. Talvez você também seja e considere isso um fator inibidor de sua capacidade de fazer mais amigos e se aproximar das pessoas. Não precisa ser assim. Na verdade, o que pode parecer uma grande barreira de personalidade para o desenvolvimento de mais amizades pode acabar sendo sua fonte de força, caso empregada da maneira certa.

Uma maneira fácil de avaliar sua saúde no que tange às amizades é o número de amigos que você tem. Podemos ler aqui ou ali que é necessário ter três amigos, ou cinco, ou algum outro número específico para ser feliz. Isso é arbitrário e não leva em conta a personalidade de cada um. A regra é a seguinte: você precisa de pelo menos um amigo próximo além de seu cônjuge, e há um limite máximo de talvez dez amizades às quais você consegue, em termos realistas, dedicar tempo suficiente a ponto de considerá-las próximas. O número exato depende de você, dependendo de se for introvertido ou extrovertido. Um não é melhor nem pior que o outro, desde que administrado de maneira adequada, mas cada personalidade experimenta suas próprias dificuldades.

Os psicólogos veem a extroversão/introversão como um dos Cinco Grandes fatores globais da personalidade, juntamente à amabilidade, à abertura para a experiência, à conscienciosidade e ao neuroticismo, ou instabilidade emocional.[12] A teoria dos Cinco Grandes tem sido um elemento básico da psicologia desde a década de 1980, mas o binômio introvertido-extrovertido ganhou popularidade em 1921, por meio do trabalho do psiquiatra suíço Carl Jung, que postulou que os dois grupos têm diferentes objetivos de vida primários.[13] Os introvertidos, acreditava ele, buscam estabelecer autonomia e independência; os extrovertidos, a união com outros. Esses estereótipos persistem até hoje.

O psicólogo alemão Hans Eysenck aprofundou a teoria de Jung na década de 1960, defendendo que a genética determina nossa extroversão relativa.[14] Ele acreditava que a excitabilidade cortical — isto é, o nível de alerta do cérebro — era mais difícil de ser alcançada para extrovertidos do que para introvertidos, de modo que os primeiros buscam por estímulo na companhia de outras pessoas, de preferência na companhia de novas pessoas.[15] Pesquisas subsequentes mostraram resultados confusos na teoria específica de Eysenck, mas encontraram diferenças cognitivas evidentes entre os grupos.[16]

De modo geral, os extrovertidos são mais felizes do que os introvertidos. Em 2001, um grupo de estudiosos de Oxford dividiu uma amostra de entrevistados em quatro grupos: extrovertidos felizes, extrovertidos infelizes, introvertidos felizes e introvertidos infelizes.[17] Os extrovertidos felizes superavam os introvertidos felizes em cerca de dois para um. Uma explicação comum para o diferencial de felicidade entre introvertidos e extrovertidos decorre de estereótipos como o de Jung e Eysenck: os seres humanos são animais inerentemente sociais, portanto o contato traz felicidade; extrovertidos buscam contato, por isso são mais felizes.

Os extrovertidos também têm uma vantagem natural no que se refere ao entusiasmo — "um estado de espírito apaixonado", de acordo com um famoso psicanalista da década de 1960 —, que é um dos elementos da personalidade mais intimamente associados à felicidade.[18] O entusiasmo pelos acontecimentos da vida gera mais prazer e um humor melhor, além de reduzir a tendência de a pessoa se retrair no âmbito social.

O fato de os introvertidos preferirem a solitude e muitas vezes terem dificuldades no que se refere à sociabilidade não é indicativo de que não precisem de amigos. Significa apenas que pode ser mais difícil estabelecer novas amizades. Por outro lado, os extrovertidos enfrentam um desafio diferente: profundidade. Eles tendem a transitar entre muitas pessoas que não conhecem tão bem e, quando passam por uma crise e não há ninguém que os conheça e os ame a fundo a quem possam recorrer, é possível que se deparem com um imenso vazio em suas vidas.

Seja você introvertido ou extrovertido, sua personalidade não precisa atrapalhar as verdadeiras amizades, desde que você saiba se gerenciar. Uma boa maneira de fazer isso é aprender com o seu oposto. Por exemplo, uma fonte de felicidade para quase todas as pessoas é a esperança no futuro, um sentido de propósito de vida e autoestima. Extrovertidos adoram conversar com os outros sobre o futuro, seus sonhos, seus propósitos. Como os psicólogos vêm demonstrando há muito tempo, tendemos a agir de acordo com os compromissos que articulamos com os outros, por isso o hábito extrovertido de contar a todos que encontramos sobre nossos objetivos aumenta a probabilidade de os alcançarmos e, portanto, de ficarmos mais felizes.[19] Introvertidos acham desconfortável compartilhar esperanças pessoais e sonhos com desconhecidos. O que eles deveriam fazer é conversar sobre seus planos mirabolantes com amigos próximos, na intimidade.

Enquanto isso, os extrovertidos deveriam aprender com os introvertidos como estabelecer e manter algumas amizades profundas. Isso não é tão fácil para os extrovertidos, por conta de seu amor pelas multidões, pelo público, por novos contatos e pelo entusiasmo. As pesquisas mostram que os extrovertidos tendem a ter muitas amizades pouco profundas com outros extrovertidos.[20] Todos os anos, eles deveriam estabelecer como meta aprofundar uma amizade. A melhor maneira de fazer isso é organizar sua vida social mais em torno de conversas individuais sobre coisas profundas, em vez de insistir em se reunir em grupos. Evite assuntos triviais, como hobbies e política, e avance para questões profundas como religião, amor — e felicidade. Isso aprofundará algumas de suas amizades e, em outros casos, mostrará que você deve buscar profundidade em outro lugar.

Desafio 2

UTILIDADE EXCESSIVA

Seus amigos são úteis para você? "Espero que sim", talvez você responda. Mas isso é um erro no quesito felicidade.

Faça uma lista dos dez primeiros amigos que surgirem na sua cabeça. Para alguns, você enviaria uma mensagem de texto com qualquer pensamento bobo; para outros, você liga apenas algumas vezes por ano. Alguns são pessoas que você admira; de outros gosta, mas não exatamente os admira. Você também se enquadra nessas categorias para outras pessoas — talvez seja útil para uma pessoa e um confidente para outra. Nós obtemos coisas diferentes de relacionamentos diferentes, o que é muito bom.

Existe um tipo de amigo que quase todo mundo tem: aquele de quem você quer algo, ou precisa de algo. Você não necessariamente *usa* essa pessoa — o benefício pode ser mútuo —, mas a principal vantagem dessa amizade é algo além da camaradagem. Essa pessoa é útil.

Estas são o que alguns cientistas sociais chamam de "amizades convenientes" — com pessoas que poderíamos chamar de "amigos de negócios" — e talvez sejam o gênero de amizade mais comum entre a maioria de nós.[21] O adulto médio tem cerca de dezesseis pessoas que classificariam como amigos, de acordo com uma pesquisa de 2019 envolvendo dois mil americanos.[22] Dessas dezesseis, cerca de três são "amigos para a vida inteira" e cinco são pessoas de quem gostam muito. As outras oito não são pessoas com quem marcariam de sair sozinhos. Podemos inferir, de maneira lógica, que essas amizades não são um fim em si mesmas, mas são fundamentais para algum outro objetivo, como promover sua carreira ou facilitar uma dinâmica social.

Amizades convenientes podem ser uma parte agradável — e certamente útil — da vida, mas, em geral, não trazem alegria nem conforto duradouros. Se você achar que sua vida social lhe deixa se sentindo um pouco vazio e insatisfeito, pode ser que tenha muitos amigos de negócios e poucos amigos *verdadeiros*.

Muitas pesquisas indicam que um dos melhores prenunciadores de bem-estar durante a meia-idade é ser capaz de citar alguns amigos verdadeiramente próximos.[23] Como acabamos de expor, não precisa ser dez e, na verdade, as pessoas tendem a ser ainda mais seletivos com seus amigos, formando um grupo cada vez menor à medida que envelhecem.[24] No entanto, é preciso haver pelo menos um, e a lista deve se estender além do seu cônjuge ou parceiro.

Mais um motivo, portanto, para fazer um balanço honesto de suas amizades. Uma maneira conveniente de fazer isso vem de ninguém menos que o antigo filósofo grego Aristóteles, em sua Ética a Nicômaco.[25] Segundo ele, as amizades podem ser classificadas ao longo de uma espécie de escada. No nível mais baixo — onde os vínculos emocionais são mais fracos e, por isso, a dedicação é menor —, estão os amigos de negócios com base na utilidade mútua no trabalho ou na vida social. São colegas, parceiros em uma transação ou apenas aqueles que podem fazer favores uns aos outros. Mais acima, estão as amizades baseadas no prazer — algo que você gosta e admira na outra pessoa, como sua inteligência ou senso de humor. No nível mais alto, estão as amizades virtuosas, ou o que Aristóteles chamou de "amizade perfeita". Essas são um fim em si mesmas e não servem para mais nada. Aristóteles diria que são "completas" — vividas de forma plena no presente e se constroem por si mesmas.

Estes níveis não são mutuamente exclusivos; você pode pegar carona para o trabalho com um amigo que tenha a honestidade infalível que você se esforça para ter. O importante é classificar as amizades de acordo com sua função principal.

Talvez você não consiga colocar isso em palavras, mas é provável que saiba como são essas amizades "perfeitas". Em geral, há um amor compartilhado por algo externo a vocês, seja algo transcendental (como religião) ou apenas divertido (como beisebol), mas que não depende de trabalho, dinheiro ou ambição. Estas são as amizades próximas que nos trazem profunda satisfação.

Em contraste com essas amizades reais, as de negócios — aquelas que estão no nível mais baixo da escala de Aristóteles — são menos satisfatórias. Parecem incompletas porque não envolvem todo o eu. Se o relacionamento for necessário por conta do trabalho, poderá exigir que mantenhamos uma atitude profissional. Não podemos nos dar ao luxo de arriscar essas conexões dando espaço para conflitos, conversas difíceis ou intimidade.

Infelizmente, por incentivo social, muitos de nós somos levados a fazer amigos de negócios e a nos afastar de amigos verdadeiros. O trabalhador norte-americano médio passa quarenta horas por semana trabalhando. Em cargos de liderança, os números são muito mais elevados.[26] A maioria de nós exerce suas funções profissionais com outras pessoas, por isso, durante a semana de trabalho, temos menos tempo para nossa família do que para nossos colegas, e muito menos ainda para os amigos fora do trabalho. Dessa maneira, amigos de negócios podem muito bem fazer com que os amigos verdadeiros diminuam, deixando-nos sem as alegrias que eles nos proporcionam.

O que fazer então? Comece voltando para sua lista de dez amigos. Ao lado de cada nome, escreva "verdadeiro" ou "negócios". Algumas dessas serão decisões instintivas, sem dúvida. Tudo bem — apenas faça o seu melhor. Depois, ao lado dos "amigos verdadeiros", pergunte-se quantas pessoas o conhecem de fato muito bem — quem perceberia quando você está um pouco desanimado e perguntaria: "Você está se sentindo bem hoje?" Com quantas dessas pessoas você se sente confortável para conversar sobre assuntos pessoais? Se você tiver dificuldade para citar dois ou três, isso é algo bastante revelador. Mesmo que você consiga, responda com sinceridade: quando foi a última vez que você teve esse tipo de conversa com alguém? Se já faz mais de um mês, você pode estar se enganando sobre a proximidade existente.

Quantas pessoas restam na sua lista? Se não houver ninguém além do seu cônjuge ou companheiro, identificamos um problema que precisa ser resolvido.

A chave para a verdadeira amizade é um relacionamento que não seja um trampolim para outra coisa, mas sim uma bênção a ser buscada por si só. Uma forma de resolver isso é fazer amigos não apenas fora do seu local de trabalho, mas fora de todas as suas redes profissionais e educacionais. Faça amizade com alguém que de fato não pode fazer nada por você além de se preocupar com seu bem-estar e lhe oferecer boa companhia.

A qualidade a procurar é a *inutilidade* (não a *imprestabilidade* — todos nós também temos esse tipo de amigo!). Isso requer estar em lugares não relacionados com suas ambições mundanas. Quer se trate de um templo religioso, de uma liga de boliche ou de uma causa voltada para a caridade não relacionada à sua carreira, esses são os lugares onde se conhece pessoas que podem ser capazes de compartilhar com você as coisas que ama, que não seja avançar em sua carreira. Quando você conhecer alguém de quem gosta, não pense demais; convide a pessoa para sair.

Em nosso mundo agitado, onde o sucesso profissional é valorizado acima de tudo e, para muitos, o *workism* se tornou um culto religioso, pode ser fácil nos rodearmos de amigos de negócios.[27] Ao fazê-lo, podemos perder de vista a mais básica das necessidades humanas: conhecer profundamente os outros e ser profundamente conhecido por eles. Pessoas de muitas religiões colocam esse conhecimento profundo no centro de seu relacionamento com o divino, e ele é fundamental para alcançar mudanças durante a psicoterapia.[28]

Um dos grandes paradoxos do amor é que a nossa necessidade mais transcendental é por pessoas de quem, no sentido mundano, não precisamos em medida alguma. Se você tiver sorte e se esforçar para aprofundar seus relacionamentos, logo descobrirá que tem um ou dois amigos de verdade a quem poderá dizer: "Não preciso de você — só amo você."

Amizades perfeitas, por mais bonitas que sejam, podem ser muito difíceis de manter. Em geral, vários amigos de negócios surgem ao longo do tempo conforme você se dedica à sua profissão; não é necessário muito esforço para mantê-los. Com os amigos de verdade é diferente. É muito fácil deixá-los cair no esquecimento quando sua vida está tomada pela família e pelo trabalho. Alguém que foi um amigo perfeito durante a faculdade pode acabar se tornando alguém com quem você conversa apenas uma ou duas vezes por ano depois de se formar, não porque seja essa a sua intenção, mas porque o tempo apenas passa. Quando você chega à meia-idade, é bastante comum ter poucos ou nenhum desses amigos perfeitos, somente devido às pressões da vida e à passagem do tempo.

Como é o caso com qualquer outra coisa de valor, é importante não deixar que esses relacionamentos se resolvam por conta própria, porque isso não costuma acontecer. Com sua lista de amigos verdadeiros — e pessoas que você gostaria que estivessem nessa lista —, faça um plano concreto para manter contato e estar com eles. Algumas pessoas marcam um horário toda semana para conversar por telefone ou vídeo. Outras têm a política de atender ligações uns dos outros, mesmo no trabalho ou em casa (se possível). E é muito sensato buscar uma maneira de estar com as pessoas pessoalmente por um dia ou uma semana todos os anos.

Em uma vida agitada, você não consegue manter muitas dessas amizades — talvez apenas algumas. Além de seu cônjuge, você precisa de pelo menos uma. Para essa pessoa, o maior elogio que se pode fazer é dizer: "Você é inútil para mim."

Desafio 3

APEGO A OPINIÕES

Das muitas ideias da religião e da filosofia orientais que vêm permeando o pensamento ocidental, a segunda "nobre verdade" do budismo é, sem dúvida, a que mais ilumina a nossa felicidade, ou a falta dela. *Samudaya*, como também é conhecida esta verdade, ensina que o apego é a raiz do sofrimento humano. Para encontrar paz, devemos estar dispostos a nos desapegar e, assim, nos libertar de desejos dos quais não conseguimos nos livrar.

Isto exige que examinemos de maneira honesta as coisas às quais somos apegados. Quais são as suas? Dinheiro, poder, prazer, prestígio... as distrações das quais procuramos nos livrar conforme reforçamos a nossa autogestão emocional? Vá mais fundo: talvez sejam suas *opiniões*. O próprio Buda apontou este tipo de apego e suas terríveis consequências há mais de dois mil e quatrocentos anos, quando se acredita que tenha dito: "Aqueles que se apegam às percepções e aos pontos de vista andam por aí dando cabeçadas no mundo."[29] Mais recentemente, o sábio budista vietnamita Thích Nhất Hạnh escreveu, em seu livro *Being Peace* [Sendo paz]: "A humanidade sofre muito com o apego a pontos de vista."[30]

Esse tipo de apego pode ser desastroso para as amizades. Não há nada de errado em manter crenças fortes, é óbvio. O problema é quando uma discordância em relação a elas atrapalha a amizade — a ideia de que você não pode estar próximo de alguém porque essa pessoa tem pontos de vista diferentes dos seus. Por exemplo, talvez você tenha opiniões políticas muito fortes e se convença (ou se deixe convencer pelos outros) de que seus amigos que não as defendem são imorais ou anormais. Ou talvez seus amigos, por conta de preceitos religiosos, se oponham a algo relacionado à forma como você vive, e você conclui que isso significa que eles estão "negando a sua humanidade". (Não estamos falando aqui de agressividade, apenas de diferenças entre crenças.) Esta é a síndrome de Poe: a pessoa mata uma amizade porque o outro não merece sua companhia. Isso é 100% contraproducente, pois leva o indivíduo à solidão e ao isolamento.

A solução é, voltando a um capítulo anterior, substituir a emoção que está causando danos por uma virtude escolhida, uma que cultive o amor e faça com que você se concentre nos outros. Trata-se de uma virtude cada vez mais escassa hoje em dia: a humildade. Para sermos mais específicos, uma que os cientistas sociais chamam de humildade epistêmica, ou o reconhecimento de que o ponto de vista de outra pessoa pode ser útil ou interessante, ou ao menos não significa que você não possa amar essa pessoa.

É óbvio que isto é difícil. Se não fosse, um em cada seis norte-americanos não teria cortado o contato com amigos e familiares por conta de política. Mas a recompensa em termos de felicidade é imensa. Num estudo de 2016, pesquisadores criaram uma pontuação em humildade.[31] Descobriram que ela estava associada de maneira negativa à depressão e à ansiedade e positiva, à felicidade e à satisfação com a vida. Além disso, descobriram que a humildade amortece o impacto prejudicial de eventos estressantes da vida. O motivo não é algo complicado do ponto de vista neurocientífico; indivíduos humildes apenas têm mais amigos verdadeiros porque é mais divertido estar com eles.

Como quase sempre acontece com as ciências sociais, os dados relacionados à humildade e à felicidade reforçam o que os filósofos há muito ensinam. Por volta da virada do século V, Santo Agostinho deu a um estudante três conselhos de vida: "A primeira parte é a humildade; a segunda, humildade; a terceira, humildade: e eu continuaria repetindo isso sempre que você pedisse orientação."[32]

A humildade de admitir quando estamos errados e de mudar nossas crenças pode nos levar a fazer mais amigos e a ser mais felizes. Mas, com nossas defesas erguidas contra esta virtude, precisamos de um plano de batalha para alterar nossa forma de pensar e agir. Aqui estão três estratégias que você talvez queira acrescentar ao seu repertório.

Primeiro, admita logo quando achar que está errado. As pessoas detestam nutrir a ideia de que não estão certas, porque temem que isso as faça parecer estúpidas ou incompetentes. Assim, entregue às suas tendências límbicas, você lutará até a morte, inclusive em nome de suas piores ideias. Essa tendência é, por si só, baseada num erro. Em um estudo de 2015, pesquisadores compararam as reações de cientistas ao fato de serem informados de que suas descobertas "não são replicáveis" (ou seja, que é provável que não sejam corretas), um problema comum no meio acadêmico.[33] Não seria surpresa se eles, como a maioria das pessoas, ficassem na defensiva quando contrariados dessa forma, ou até mesmo reforçassem sua crença nos resultados. Mas os pesquisadores descobriram que esse tipo de comportamento era mais prejudicial para a reputação dos cientistas do que apenas admitir que estavam errados. A mensagem para o restante de nós é a seguinte: se há chance de você não estar certo, apenas esteja aberto às opiniões alheias.

Em segundo lugar, abrace a contradição. Uma das melhores maneiras de combater uma tendência destrutiva é adotar uma estratégia de "sinal oposto". Por exemplo, quando você está triste, muitas vezes a última coisa que quer é ver outras pessoas, mas é isso mesmo que deve fazer. Quando suas ideias são ameaçadas e você se sente na defensiva, aja de forma consciente para rejeitar seu instinto de se defender e torne-se mais receptivo. Quando alguém disser: "Você está errado"; responda: "Quero ouvir mais sobre a sua opinião." Faça amigos que pensam diferente de você e desafiem suas suposições — e cujas suposições você desafia. Pense nisso como a construção de sua "equipe de rivais", a frase que a historiadora Doris Kearns Goodwin usou para descrever o gabinete de Abraham Lincoln, que, ao contrário do de Kennedy, o desafiava sem parar.[34] Se isso soa como tortura, é ainda mais urgente que você tente.

Em terceiro lugar, comece pequeno. Vamos supor que você queira obter os benefícios de considerar o ponto de vista de um amigo. Esse passo inicial é difícil, em especial quando se trata de um assunto importante, como crenças religiosas ou ideologia política. É melhor tentar primeiro com ideias menores, como suas escolhas de estilo ou até mesmo os times pelos quais a pessoa torce. Reconsidere as coisas que você há muito considerava certas e avalie-as da maneira mais imparcial possível. Então, diante de riscos baixos como esses, torne-se mais receptivo às opiniões dos outros.

O ponto não é lidar com trivialidades. Pesquisas sobre o estabelecimento de metas mostram de forma perceptível que começar aos poucos ensina como mudar e abandonar hábitos.[35] Depois cada um pode ampliar esse autoconhecimento para áreas mais amplas da própria vida nas quais, ainda que não mude seus pontos de vista, você pode apreciar outros.

Se você dominar essas técnicas, pode ser que surjam algumas pessoas para criticá-lo, dizendo que é um vira-casaca ou um maria vai com as outras. Para lidar com isto, aprendamos uma lição com o grande economista Paul Samuelson, o primeiro norte-americano a ganhar o Prêmio Nobel de Economia. Em 1948, Samuelson publicou aquele que talvez seja o mais célebre livro de economia de todos os tempos.[36] À medida que os anos passaram e ele atualizou o livro, o autor foi alterando a estimativa do nível de inflação tolerável para a saúde da macroeconomia: primeiro, ele disse que 5% eram aceitáveis; depois, em edições posteriores, 3% e 2%, o que levou a Associated Press a publicar um artigo intitulado "Author Should Make Up His Mind", algo como "o autor deveria se decidir". Durante uma entrevista televisiva depois de receber o Prêmio Nobel em 1970, Samuelson respondeu à acusação da seguinte maneira: "Quando os fatos mudam, eu mudo de ideia. E você, o que faz?"

Temos certeza de que Samuelson tinha muitos amigos próximos.

Desafio 4

PENSAMENTO MÁGICO

Muitas vezes deixamos de incluir nosso parceiro romântico em nossa lista de amigos. Eles parecem uma espécie diferente, não é? Talvez você já tenha passado pela experiência de se apaixonar por alguém, mas, com o passar do tempo, descobriu que não gostava muito dessa pessoa. Daí, àquela altura, teve que resolver um relacionamento complicado, e talvez tenha sido bastante confuso. E você deve estar intrigado sobre como pode sentir uma paixão tão intensa por alguém de quem você nem sequer gosta como pessoa.

O amor apaixonado — o sentimento inicial de se apaixonar — é uma das experiências mais poderosas e misteriosas que qualquer um de nós enfrentará na vida. Se você sente que suas emoções foram sequestradas por alguma força externa, ainda mais no início do relacionamento, é porque foram. Seu cérebro se parece muito com o de um viciado em drogas, com uma atividade altíssima em regiões tanto relacionadas ao prazer quanto à dor, como a área tegmental ventral, o núcleo accumbens, o núcleo caudado, o lobo da ínsula, o córtex cingulado anterior dorsal e o córtex pré-frontal dorsolateral.[37] Enquanto isso, seu cérebro tornou-se uma experiência química: a atração física por outra pessoa é indicada por picos nos hormônios sexuais, a testosterona e o estrogênio. Sua expectativa de estar com seu parceiro e sua euforia vêm dos altos níveis de dopamina e norepinefrina.[38] Sua paixão desconfortável envolve um déficit de serotonina.[39] Seu apego e seu ciúme envolvem aumentos de oxitocina.[40]

O amor apaixonado é centrado em você. O coquetel neuroquímico em seu cérebro faz com que pense sobre seus sentimentos o dia inteiro e sobre seu parceiro conforme ele ou ela se conecta *com você*. Portanto, não é surpresa que, embora tudo isso seja emocionante, não traga muita felicidade.

O amor apaixonado também não dura, o que as pessoas muitas vezes consideram decepcionante e alarmante. Quando a paixão desvanece, as pessoas interpretam isso de forma equivocada como o próprio amor desvanecendo. Nada poderia estar mais longe da verdade. A carga presente no início do amor apaixonado deve se transformar em algo estável e duradouro, o que é um dos maiores segredos para ser mais feliz. O Estudo sobre o Desenvolvimento Adulto, realizado por Harvard, é a pesquisa mais antiga sobre indivíduos ao longo de sua vida inteira. Ele mostra que os preditores mais importantes da felicidade em uma idade mais avançada são os relacionamentos estáveis — e, em especial, uma longa parceria romântica.[41] As pessoas de oitenta anos mais saudáveis e felizes tendem a ter se tornado mais satisfeitas em seus relacionamentos aos cinquenta.

A chave para um romance de sucesso não é tentar manter a paixão em primeiro plano; é deixar o relacionamento evoluir. Isso não significa apenas permanecerem juntos legalmente: pesquisas mostram que ser casado representa apenas 2% do bem-estar subjetivo em um momento mais avançado da vida.[42] O importante para o bem-estar é a satisfação no relacionamento, e isso depende do que os cientistas sociais chamam de "amor companheiro": trocas de afeto estáveis, compreensão mútua e compromisso.[43] O amor companheiro é uma categoria especial de amizade.

Você pode pensar que isso parece um pouco chato. Isso acontece porque a sabedoria popular e a mídia tendem a retratar o amor e o romance de forma irrealista, apoiando-se de modo desproporcional em pensamentos mágicos, como amor à primeira vista e a ideia de que casais vivem felizes para sempre.[44] Pesquisas sobre os filmes de animação da Disney, por exemplo, mostram que a maioria deles depende desses exatos temas.[45] Essas obras podem, por sua vez, influenciar as opiniões de crianças e jovens adultos a respeito do romance. Um estudo de 2002 com 285 estudantes de graduação solteiros (mulheres e homens) encontrou uma forte correlação entre o tempo que passavam assistindo a programas de televisão relacionados a amor e romance e o quanto esses programas expressavam expectativas idealistas sobre o casamento.[46] Um estudo de 2016 descobriu que meninas adolescentes que haviam assistido recentemente a um filme que retratava uma história de amor eram mais propensas a "endossar crenças românticas idealistas" do que aquelas que viram um filme não romântico.[47]

Apesar de sua popularidade em histórias e filmes, o amor à primeira vista tem pouco a ver com a realidade. Pesquisadores descobriram que o que as pessoas descrevem como "amor à primeira vista" não tem qualquer ligação com as verdadeiras características do amor verdadeiro, incluindo a intimidade e o compromisso.[48] Pelo contrário, trata-se de uma expressão utilizada para romantizar o momento inicial do encontro (a despeito de como ele de fato aconteceu) ou para descrever uma atração física excepcionalmente forte.

Crenças idealistas, mas irrealistas, podem causar muitos danos ao seu relacionamento. Vejamos a ideia de destino romântico, ou "almas gêmeas" — a crença de que duas pessoas são deliberadamente unidas por forças invisíveis. Pesquisas realizadas com centenas de estudantes universitários mostraram que tais expectativas estão correlacionadas com padrões disfuncionais nos relacionamentos, como a suposição de que os parceiros vão compreender e prever os desejos e vontades um do outro com pouco esforço ou comunicação, por serem uma combinação perfeita sob uma perspectiva cósmica.[49] Em outras palavras, a crença no destino leva à crença na leitura de mentes.

O amor companheiro é o objetivo a ser almejado: parceiros que são os amigos mais próximos um do outro e ainda estão apaixonados. O amor apaixonado nos estágios iniciais é emocionante precisamente porque a outra pessoa é um pouco desconhecida. Dessa forma, uma amizade profunda é impossível. O objetivo é manter viva a atração enquanto nos conhecemos a fundo.

Essa amizade próxima significa que os dois compartilham suas personalidades de forma plena um com o outro — passar do "eu" para o "nós". É óbvio que pode haver desentendimentos, raiva e rancor... até mesmo infelicidade. O objetivo não é evitar isso, mas aprender e crescer através dos problemas. É vê-los como desafios partilhados que devem ser enfrentados em conjunto. A meta *não é* evitar brigas; é aproximar-se por meio de uma espécie de conflito colaborativo (no qual ambos os envolvidos trabalham juntos para encontrar soluções).

Com base na pesquisa, existem cinco maneiras de desenvolver a amizade profunda do amor companheiro que dura. Primeiro, relaxe. O amor apaixonado tende a ser pesado — em geral, é sério e nem um pouco engraçado. O bom amor companheiro, que leva à felicidade crescente, é muito mais leve, porque melhores amigos revelam o lado mais leve um do outro. Eles implicam um com o outro de forma gentil e se divertem juntos. Façam piadas juntos, como fazem com qualquer amigo próximo.

Em segundo lugar, faça com que o amor companheiro tenha mais a ver com vocês dois e menos com cada indivíduo. Não se deve ter medo de discutir, mas é preciso fazer isso do jeito certo. Pesquisadores que estudam as discussões entre casais descobriram que aqueles que, quando brigam, usam palavras que se referem a "nós" tendem a ter menos oscilações cardiovasculares, menos emoções negativas e maior satisfação conjugal do que aqueles que usam palavras do tipo "eu/você". Dedique-se a isso, ainda mais se você vem desenvolvendo maus hábitos ao longo de muitos anos. Em vez de dizer "você não tenta entender meus sentimentos", tente "acho que deveríamos tentar entender os sentimentos um do outro". Faça do nós o seu pronome padrão ao conversar com outras pessoas.[50] Se você gosta de ficar fora de casa até tarde, mas seu parceiro odeia, diga "preferimos não ficar fora até tão tarde" quando recusar um jantar às dez da noite, por causa do seu parceiro.

Terceiro, invista seu dinheiro na sua equipe. Muitos casais agem individualmente quando se trata de dinheiro — mantendo contas bancárias separadas, por exemplo. Em geral, pensam que estão evitando conflitos, e talvez estejam, mas também estão evitando a oportunidade de pensar e agir como uma equipe de amigos. Na verdade, os pesquisadores demonstraram que casais que juntam todo seu dinheiro tendem a ser mais felizes e têm maior probabilidade de permanecerem juntos.[51] Isso pode ser mais difícil para companheiros com hábitos de consumo diferentes, mas a pesquisa mostra que as pessoas tendem a gastar de forma mais prudente quando juntam os recursos.[52]

Em quarto lugar, trate suas discussões como exercícios. Algo que todo rato de academia lhe dirá é que, se você quiser fazer do condicionamento físico um hábito de longo prazo, não pode ver o treino como um castigo. Será doloroso, óbvio, mas você não deveria ficar infeliz por fazer isso com regularidade, porque isso o fortalece. Para casais colaborativos, o conflito pode ser visto da mesma forma: não é divertido na hora, mas é uma oportunidade para resolver problemas inevitáveis de modo colaborativo, o que fortalece o relacionamento.[53] Uma maneira de fazer isso é agendar um horário para lidar com um problema, em vez de tratá-lo como uma urgência emocional. Veja um desentendimento como algo que *nós* devemos encontrar tempo para resolver, em vez de *eu* ser atacado por *você*, o que é uma urgência perturbadora.[54]

Por fim, torne seu amor companheiro exclusivo. O amor romântico deixa a maioria das pessoas mais felizes quando é individual, tanto emocional quanto sexualmente. Essa não é uma ideia popular hoje em dia, mas esse conselho de vida é baseado em evidências, não na moralidade. Em 2004, uma grande pesquisa realizada entre adultos norte-americanos concluiu que "o número de parceiros sexuais capazes de maximizar a felicidade dos entrevistados no ano anterior foi calculado em 1."[55]

Um último ponto: embora o amor romântico companheiro seja melhor quando é exclusivo, a amizade em si não deveria ser. Em 2007, os pesquisadores descobriram que adultos casados que disseram ter pelo menos dois amigos próximos — ou seja, pelo menos um além do cônjuge — tinham níveis mais elevados de satisfação com a vida e autoestima, e níveis mais baixos de depressão do que os cônjuges que não tinham amigos próximos fora do casamento.[56] Em outras palavras, o amor companheiro de longo prazo pode ser necessário, mas não é suficiente para a felicidade.

Desafio 5

O MUNDO VIRTUAL

Em 1995, Rena Rudavsky e sua família foram selecionados para participar de um então novo experimento psicológico. Pesquisadores da Carnegie Mellon University instalariam um computador na sala de jantar de suas casas e o conectariam à internet. Naquela época, apenas 9% dos norte-americanos usavam a internet (em 2020, quase 91% o faziam).[57] Rena, então estudante do ensino médio, lembra-se de se sentar diante do computador todos os dias, participando de salas de bate-papo e navegando on-line. Quando ela terminava, era a vez de outro integrante da família.

Por mais estranho que pareça, essa experiência não suscitou muita discussão em sua casa. "Conversávamos pouco quando estávamos na sala de jantar sempre que o computador estava ligado", contou-nos Rena. Além disso, "nenhum de nós compartilhava as experiências pessoais que tinham na internet com outros membros da família".

A vivência de Rena é considerada típica ao se tratar de situações do gênero, conforme atestaram os pesquisadores ao publicarem o agora famoso estudo "HomeNet", em 1998.[58] Segundo eles, "um maior uso da internet foi associado a uma queda na comunicação dos participantes com os membros de seu núcleo familiar" e à "diminuição de seu círculo social". Ademais, houve "um aumento na depressão e na solidão [dos participantes]", o que é ainda mais problemático. Rena diz que sua experiência corrobora essas descobertas.

O HomeNet pode ser (e tem sido) interpretado como uma condenação da internet, das telas e da tecnologia moderna de comunicação em geral. Na verdade, o estudo expõe uma verdade muito mais simples em relação ao amor e à felicidade: uma tecnologia que exclui a nossa interação com outras pessoas no mundo real diminuirá nosso bem-estar e, portanto, deve ser gerida com muito cuidado. Para colher todos os seus benefícios, devemos utilizar as ferramentas digitais de modo a melhorar a relação com nossa família e nossos amigos em termos presenciais.

A pandemia de coronavírus gerou muitas novas pesquisas a respeito de conexão social. Sempre que as circunstâncias da vida social mudam de uma hora para outra, nós, pesquisadores, aparecemos correndo com nossas pranchetas nas mãos, fazendo perguntas incômodas. Um dos assuntos mais explorados nos últimos anos foi como a súbita mudança em massa do caráter presencial de nossa comunicação para o mundo digital afetou as conexões sociais de modo geral. Em um estudo, pesquisadores entrevistaram quase três mil adultos durante os primeiros meses da pandemia e descobriram que o e-mail, as redes sociais, os jogos on-line e as mensagens de texto não substituíam de maneira adequada as interações pessoais.[59] As chamadas de voz e vídeo eram um pouco melhores (embora análises posteriores também tenham questionado o valor dessas tecnologias).[60]

É evidente a maneira como passatempos solitários, como rolar a tela do celular ou navegar na internet, reduzem a conexão social:

o indivíduo faz essas coisas em vez de interagir com outros. As comunicações virtuais, como mensagens de texto, são interativas por si só e deveriam, na teoria, ser menos prejudiciais; o problema é que com essas tecnologias perdemos a noção de *dimensionalidade*. Mensagens de texto não conseguem transmitir bem as emoções, porque não podemos ouvir nem ver nossos interlocutores; o mesmo vale para DMs nas redes sociais. (Com frequência, as redes sociais são usadas não para se comunicar com um indivíduo, mas para transmitir algo para um público mais amplo.) Em comparação às interações pessoais, essas tecnologias são como uma versão pixelada em preto e branco da Mona Lisa contraposta à original: algo identificável, mas incapaz de produzir os mesmos efeitos emocionais.

Com comunicações de baixa dimensionalidade, tendemos a saltar de uma pessoa para outra e, assim, trocar profundidade por abrangência. É por isso que conversas presenciais tendem a ser mais englobantes do que as conduzidas por mensagem de texto. A pesquisa demonstrou que conversas mais profundas trazem mais bem-estar do que comunicações curtas.[61] Entretanto, em um recente estudo longitudinal, constatou-se que adolescentes que trocavam mensagens de texto com mais frequência do que seus pares têm uma tendência maior à depressão, à ansiedade, à agressividade e a ter relações mais rasas com os pais.[62]

Pode parecer estranho que, mesmo fora das circunstâncias impostas pela pandemia, adotemos de maneira voluntária tecnologias que prejudicam nossa felicidade. Existem duas explicações principais: conveniência e presunção de cortesia. Vegetar em frente a uma tela (o que nove em cada dez adolescentes norte-americanos dizem fazer para "passar o tempo") é somente mais fácil do que conversar com um amigo, e as comunicações virtuais, como mensagens de texto, são mais rápidas e fáceis do que uma visita ou um telefonema.[63] Pense nessas tecnologias como a comida pronta de uma loja de conveniências: não é ótima, mas certamente é simples — e, depois de comer certa quantidade de burritos de micro-ondas, você esquece o verdadeiro gosto da coisa.

A experiência formativa de Rena durante a infância a fez pensar a fundo sobre os efeitos da internet e teve um impacto vitalício em seu uso da tecnologia. Ela tinha uma conta no Facebook durante a faculdade, mas a excluiu depois de se formar e nunca mais voltou. Evita outras redes sociais e seus filhos não estão na internet. Hoje, seu trabalho — que inclui, aliás, servir como assistente de pesquisa para este livro — tem um lado virtual, mas ela prefere ir ao escritório sempre que possível.

Considerando os padrões atuais, a vida dela pode parecer antiquada. Sua filha bate na porta dos vizinhos para visitá-los. A família senta-se na varanda depois do jantar, conversa entre si e com os transeuntes. Ela escreve e envia cartas. Quando usa a tecnologia, é como um complemento às suas amizades, e não como um substituto para elas; mantém um grupo de mensagens com outros pais, por exemplo, mas apenas para organizar atividades presenciais.

Para a maioria de nós, em especial para as pessoas que cresceram com ela, a internet é uma parte inquestionável do ecossistema da vida, que se embrenha em cada fresta, quer seja ou não resultado de uma decisão consciente da nossa parte. É evidente que jamais voltaremos a viver como o fazíamos antes deste tipo de tecnologia. Podemos e devemos, no entanto, usá-la de maneira consciente a serviço do amor e da amizade. Aqui estão duas maneiras de aproveitá-la.

Primeiro, escolha interagir em vez de vegetar. Não há nada de revolucionário nesta regra — quarenta e cinco anos atrás, pais diziam às crianças que saíssem de casa para ficar com seus amigos em vez de assistir à televisão. A diferença agora, além de o fato de que a televisão não cabia no bolso, é uma evidência empírica: hoje sabemos que, em excesso, passatempos solitários e baseados na tela diminuem a felicidade e podem levar a transtornos de humor como depressão e ansiedade.[64]

Para eliminar hábitos bem distantes do ideal, utilize-se das configurações de seus dispositivos que informam quanto tempo você gasta nas redes sociais e na internet, e limite-se a uma hora por dia ou menos. Outra abordagem popular, que ainda não foi testada em pesquisas acadêmicas, é alterar as cores de seus dispositivos para tons de cinza.[65]

Em segundo lugar, crie uma hierarquia de comunicação. Não é razoável esperar que alguém pare por completo de enviar mensagens de texto, mas você pode recorrer menos a elas se tiver uma "ordem de operações" definida para conversar com seus amigos e entes queridos. Quando der, faça um esforço para se encontrar com eles pessoalmente — ainda mais com pessoas muito próximas. Um estudo de 2021 revelou que, quanto mais comunicação presencial as pessoas mantinham umas com as outras, mais compreendidas elas se sentiam e mais satisfeitas ficavam com seus relacionamentos.[66] Quando esse tipo de encontro for impossível, use a tecnologia de videochamada ou o telefone. Envie mensagens de texto ou use tecnologia semelhante apenas para assuntos impessoais ou urgentes.

AS MARAVILHAS DE SE TRABALHAR EM PROL DA AMIZADE

A amizade é vista por muitas pessoas, de maneira incorreta, como algo que ocorre de forma natural, sem esforço nem empenho consciente. Isto não é verdade — como tudo que é importante, amizades requerem cuidado e dedicação. Devem ser construídas com propósito. Os grandes desafios que abordamos neste capítulo podem se tornar oportunidades se recordarmos cinco lições.

1. Não deixe que uma personalidade introvertida ou o medo da rejeição bloqueiem sua capacidade de fazer amigos e não deixe que a extroversão o impeça de ter relações mais profundas.
2. A amizade dá errado quando buscamos pessoas que nos sejam úteis por outros motivos que não a própria amizade. Construa vínculos baseados no amor e no prazer de estar

na companhia do outro, e não no que ele pode fazer por você profissional ou socialmente.
3. Muitas amizades profundas hoje são arruinadas por diferenças de opinião. O amor pelos outros pode crescer, e não diminuir, a partir das diferenças, se decidirmos mostrar humildade em vez de orgulho — e os benefícios no que tange à felicidade são imensos.
4. Para viver um romance a longo prazo, o objetivo deve ser desenvolver um tipo especial de amizade, não uma paixão eterna. O amor companheiro é baseado na confiança e no carinho mútuos, e é a respeito disso que falam as pessoas idosas que ainda se amam.
5. A verdadeira amizade requer contato real. A tecnologia pode complementar seus relacionamentos mais profundos, mas é um péssimo substituto para eles. Procure diferentes maneiras de estar pessoalmente com as pessoas que você mais ama.

Os dois primeiros pilares para construir uma vida mais feliz — família e amizade — exigem muito tempo e comprometimento. Inúmeras pessoas, entretanto, gastam muito mais tempo fazendo outra coisa: trabalhar. Se sua rotina profissional é de quarenta horas por semana e você, ainda por cima, se desloca até o local de trabalho, talvez essa seja a atividade que mais lhe toma tempo na vida. Com tanto tempo investido no trabalho, mesmo se tratando de algo menos importante do que a relação que você tem com sua família e seus amigos, será difícil aumentar a felicidade que sente se sua ocupação lhe for uma fonte de sofrimento.

Mas "não ser uma fonte de sofrimento" não é o tipo de objetivo que deveríamos almejar — podemos e devemos ter aspirações maiores. O trabalho deve trazer benefícios no que se refere à felicidade, além de apenas nos oferecer os recursos de que precisamos para sobreviver e sustentar nossas famílias. E este é o nosso próximo tema: fazer da maneira como ganhamos o pão de cada dia uma fonte de alegria.

Sete

Trabalho que é amor tornado visível

O terceiro pilar para construir uma vida mais feliz é um trabalho significativo. Centenas de estudos mostram que a satisfação profissional e a satisfação com a vida estão relacionadas de maneira positiva e possuem uma relação causal: gostar do seu ofício faz com que você seja mais feliz.[1] Envolver-se de coração com seu trabalho é uma das melhores maneiras de aproveitar seus dias, obter satisfação a partir de suas realizações e enxergar o significado de seus esforços. O trabalho, na melhor das hipóteses, é "amor tornado visível", nas elegantes palavras do poeta libanês Khalil Gibran.[2]

Essa é a boa notícia. E também a má notícia. Quando seu trabalho é penoso, ele fica desprovido de amor e pode transformar o simples ato de viver em uma incumbência. Não há alegria em sair da cama pela manhã a fim de ir exercer uma atividade que você detesta — na qual se sente desamparado, entediado ou desvalorizado. Alguns empregos são mesmo miseráveis em termos objetivos. E batalhar todos os dias e no fim estar sempre apertado financeiramente é estressante, mesmo nas melhores circunstâncias. Mas, ao aprender que ser mais feliz começa dentro de si mesmo, a maioria das pessoas é capaz de tornar seu trabalho menos estressante, mais alegre e uma fonte de crescimento pessoal.

Seria ótimo se pudéssemos lhe dizer qual é o exato trabalho certo para atingir esse objetivo e como consegui-lo. Mas aumentar sua felicidade nessa área da vida *não* significa encontrar um emprego específico de alto prestígio ou remuneração (embora todos tenhamos que ganhar dinheiro suficiente para sobreviver). Você pode amar ou odiar ser advogado, eletricista, dona de casa ou voluntário em tempo integral. Pesquisadores que tentaram entender a relação entre a satisfação no trabalho e o tipo de ofício exercido fracassaram miseravelmente. Em uma pesquisa de 2018, os "empregos mais felizes" não tinham nada em comum: professor-assistente, analista de garantia de qualidade, programador e especialista em marketing.[3] Os mais infelizes são igualmente aleatórios, e quase não possuem qualquer relação com o nível de escolaridade ou à renda: contador, segurança, caixa e supervisor.

Observe os dois casos a seguir, que ilustram que a felicidade depende de *você*, não do seu trabalho em específico.

O sonho de Stephanie desde a faculdade era liderar a principal empresa de seu setor como CEO. Ela trabalhou e batalhou muito e, aos quarenta e poucos anos, conseguiu chegar ao alto escalão. E, quando isso aconteceu, ela foi muitíssimo bem-sucedida. Levou a empresa a novos patamares financeiros e era popular entre os funcionários. Sua liderança repercutiu de forma positiva na imprensa e ela ganhou um bom dinheiro.

"Cheguei ao topo", disse ela, "e estou orgulhosa disso". Mas houve sacrifícios. "Perdi grande parte da infância dos meus filhos", admitiu. "E meu casamento foi muito prejudicado por eu ter passado tanto tempo ausente." Ela também reconheceu que, embora conhecesse muita gente e tivesse centenas de amizades, nenhuma delas era um amigo de verdade — a maioria, apenas clientes e colegas.

Depois de mais de uma década de muito esforço e desempenho de alto nível, Stephanie estava exausta. O conselho da empresa e os funcionários teriam sido muito felizes se ela tivesse continuado lá por muitos mais anos — afinal, tudo ia muito bem para a empresa —, porém Stephanie foi sincera consigo mesma e concluiu que sua vida não estava passando no teste de custo-benefício no que tange à felicidade. Havia bons momentos, mas eles eram sufocados pelo estresse. E ela se sentia muito sozinha.

Até mesmo o legado que Stephanie acreditava estar construindo era uma ilusão. Ela foi até a empresa fazer uma visita alguns meses depois de pedir demissão, adentrando na opulenta sede erguida durante sua gestão, e foi como se sua história ali tivesse sido apagada. Não havia ressentimento entre ela e a empresa, os negócios apenas... seguiram adiante. A nova CEO estava fazendo as mesmas viagens que ela, reunindo-se com os mesmos clientes, fazendo as mesmas transações. Seus antigos colegas eram cordiais e amigáveis, mas quase ninguém estava muito interessado no que ela estava fazendo naquele momento. "Por que estariam?", perguntou, de forma retórica. Hoje, aos cinquenta e nove anos, ela está aposentada do mundo executivo, é parabenizada por todos por seu "sucesso", mas ainda está em busca de algo que a ajude a se sentir plenamente viva.

Agora vamos pensar em Alex. Seus sonhos eram mais modestos que os de Stephanie. Ele foi criado em uma família de classe média com expectativas de classe média: tirar boas notas, ir para uma universidade e iniciar uma carreira que lhe oferecesse segurança — uma fórmula plausível e racional para se levar uma boa vida. Por algum motivo, ela nunca funcionou para Alex. Era um bom aluno durante o ensino médio, mas nunca se sentiu estimulado por nenhuma disciplina. Foi direto para a faculdade, onde estudou contabilidade, mas para ele aquilo tudo era um suplício.

Depois de concluir a graduação, Alex conseguiu um emprego no escritório de contabilidade de uma fábrica em sua cidade natal. Passou um ano lá e depois mudou para outro emprego que pagava um pouco mais. Repetiu esse processo periodicamente ao longo das duas décadas seguintes e, aos quarenta e poucos anos, conseguia bancar uma vida decente (mas não espetacular). O ponto alto de sua existência eram a família e os amigos. Ele era casado e feliz, tinha três filhos e amigos próximos da época do ensino médio que via na maioria dos fins de semana. Também adorava carros e gostava de mantê-los em perfeitas condições.

Alex conta que, durante esse período, acreditava que ninguém gostava de trabalhar e o fazia apenas por pura necessidade. Para ele, cada dia no escritório era uma maratona cansativa. A papelada o entediava e ele não suportava olhar pela janela de sua sala e ver o estacionamento. Era grato por ter um emprego estável que lhe permitia sustentar a família, mas passava todos os dias observando o relógio avançar em câmera lenta até as cinco da tarde, quando poderia ir para casa.

Um dia, após o jantar, Alex, que na época tinha quarenta e cinco anos, reclamava do emprego pela milionésima vez com a esposa. Enquanto escutava, ela perguntou: "Existe alguma coisa que você faz todos os dias de que de fato gosta?" Ele refletiu a respeito e só conseguiu pensar em duas atividades completamente mundanas: "Gosto de dirigir para o trabalho e gosto de conversar com as pessoas nos meus intervalos".

"Então por que você não pede demissão e vira motorista da Uber?", brincou ela. Bum! O que era para ser uma piada acabou sendo um momento de iluminação para Alex. Foi isso o que ele fez e, durante os últimos cinco anos, vem ganhando a vida como motorista.

"No fundo, trabalho mais horas e ganho um pouco menos do que antes", disse ele. "Mas fico animado para começar a trabalhar. Conheço pessoas novas e interessantes e dirijo o dia todo." Ele disse que chega em casa de bom humor e nunca se preocupa com problemas de trabalho. Tudo isso o tornou um marido e um pai melhores. "Estou duas vezes mais feliz do que antes", relatou.

Ambas as histórias são verdadeiras, não exemplos inventados. Apenas os nomes e alguns detalhes foram alterados para manter o anonimato dos dois.

Não entenda mal: não há nada nessas duas histórias que sugira que Stephanie ou Alex tenham feito um mau negócio em sua vida ou escolhas irracionais. Tampouco é verdade que ser CEO de uma empresa ou motorista da Uber sejam atividades que inerentemente gerem mais felicidade ou infelicidade quando comparadas uma à outra. Talvez administrar uma empresa seja incrível para você, e dirigir para outras pessoas seja terrível — ou vice-versa. O emprego mais sofisticado do mundo pode ser uma decepção ou um triunfo, e uma ocupação "comum" com uma remuneração moderada pode ser agradável ou terrível. A decisão de ficar em casa para criar seus filhos, se você puder se dar a esse luxo, pode ser maravilhosa — ou não. A aposentadoria pode aumentar ou diminuir seu nível de felicidade.

Construir uma carreira que o torne mais feliz significa compreender a si mesmo. Significa ser o chefe de sua própria vida, mesmo que você não seja tecnicamente o chefe no trabalho. Fazer isso significa lidar com quatro grandes desafios — que Alex superou, levando-o a um estado de felicidade muito maior, mas Stephanie, não.

Desafio 1

OBJETIVOS PROFISSIONAIS

Talvez você seja uma pessoa que ama a fundo o trabalho, mantém um equilíbrio completamente saudável entre vida pessoal e profissional e não consegue pensar em nada que possa melhorar essa área da sua vida. Espere aí... não é esse o caso?

Na verdade, a maioria das pessoas está razoavelmente satisfeita com seus empregos, mas não o vê como uma enorme fonte de satisfação. Entretanto, não sabem como melhorar as coisas e, assim, deixam que esta área da vida seja apenas "boa o suficiente". Em 2022, por exemplo, apenas 16% dos funcionários estavam "muito satisfeitos" com o trabalho.[4] Ademais, 37% estavam "um pouco satisfeitos". Todos os outros disseram que estavam "um pouco insatisfeitos" ou "muito insatisfeitos", ou afirmaram "estou muito feliz por ter um emprego". Como você responderia?

Para melhorar isso, como Alex fez, você deve começar traçando seus objetivos. Se a sua resposta à pergunta anterior foi "estou muito feliz por ter um emprego", talvez se sinta motivado por tentar evitar o desemprego, cuja ameaça é uma das maiores fontes de infelicidade que as pessoas podem enfrentar. Adultos norte-americanos que relataram que tinham uma probabilidade "grande" ou "razoável" de perder o emprego em 2018 tinham três vezes mais probabilidade de dizer que "não estavam muito felizes" com a vida do que as pessoas que achavam que "não era provável" que fossem demitidas.[5] Em 2014, os economistas descobriram que um aumento de um ponto percentual no desemprego reduz o bem-estar nacional em mais de cinco vezes, comparado a um aumento de um ponto na taxa de inflação.[6]

Se você não está em perigo real de desemprego, pode mirar mais alto. Como apontariam os cientistas sociais, embora os salários e os benefícios sejam *necessários*, eles não são *suficientes*. Salários e benefícios são o equivalente a comer e dormir quando se trata da sua saúde. Você precisa integralmente deles e, se bagunçá-los demais, coisas ruins acontecerão, mas se você fizer dessas coisas seu único foco, acabará doente e infeliz.

Salário e benefícios são chamados de recompensas extrínsecas. Eles vêm de fora. Se você é alguém que tem um cargo de alto poder e prestígio, isso também se enquadra nesta categoria. Por outro lado, seu ofício também traz recompensas intrínsecas, que vêm de dentro de você: a satisfação e o prazer inerentes que sente quando exerce sua ocupação. Você precisa de recompensas extrínsecas para sobreviver, mas precisa de recompensas intrínsecas para ser mais feliz.

Em um estudo clássico do ano de 1973 sobre recompensas extrínsecas e intrínsecas, pesquisadores de Stanford e da Universidade de Michigan permitiram que um grupo de crianças escolhesse as atividades lúdicas que preferissem realizar — por exemplo, desenhar com canetinhas —, o que elas fizeram com a maior alegria com o intuito de se divertirem (recompensas intrínsecas).[7] Em um segundo momento, as crianças foram recompensadas por essa atividade com um certificado dotado de um selo dourado e uma fita (recompensas extrínsecas). Os pesquisadores descobriram que, depois de receberem o certificado, a probabilidade de as crianças quererem desenhar de novo caía pela metade quando comparada à de quando isso não acontecia. Nas décadas seguintes, muitos estudos mostraram o mesmo padrão para uma ampla variedade de atividades, em inúmeros grupos demográficos.[8]

Nós, humanos, temos a curiosa tendência de valorizar o que fazemos com base no que as pessoas nos oferecem em troca. Se alguém nos paga para fazer algo, deve ser oneroso — caso contrário fariam elas mesmas e o pagamento não seria necessário. É por isso que nesses experimentos a satisfação cai quando os cientistas introduzem compensações. É óbvio que isto não quer dizer que todos devamos trabalhar de graça; pelo contrário, trata-se apenas de salientar que, no que se refere à felicidade, nossos objetivos não devem ser apenas maximizar recompensas extrínsecas. Devemos também manter, de forma consciente, os objetivos intrínsecos em destaque.

Como, então, estabelecemos objetivos com o intuito de alcançar recompensas intrínsecas no trabalho enquanto ao mesmo tempo ganhamos dinheiro para nos sustentar? Uma resposta pode ser tentar encontrar um emprego que siga os conselhos dos representantes de turma durante a formatura, que parecem sempre dizer "encontre um emprego que você ame e nunca trabalhará um dia em sua vida". Pelo visto, a recompensa intrínseca correta é ter um trabalho que seja incrível todos os dias.

Na vida real, nunca nos deparamos com uma posição assim. Além disso, pode ser que você desconfie um pouco desse conselho, uma vez que ele sempre parece vir de pessoas incrivelmente bem-sucedidas, mas que, diante de um olhar mais atento, se mataram de trabalhar no início das carreiras, muitas vezes pagando um preço muito alto em seus relacionamentos a fim de chegarem ao topo. Elas, certamente, não seguiram os próprios conselhos.

É lógico que você não deve fazer algo que odeia, mas a recompensa intrínseca certa não é "divertir-se adoidado todos os dias". Correr atrás disso o colocará de novo diante de uma busca por algo que não existe e o levará à frustração. Em vez de buscar de maneira incansável uma carreira "perfeita", o melhor a fazer é se manter flexível em seu trabalho, enquanto busca duas coisas importantes.

A primeira é o *sucesso conquistado*. Podemos pensar nisso como o oposto do desamparo aprendido, um termo cunhado pelo psicólogo Martin Seligman para denotar a resignação que as pessoas experienciam quando enfrentam repetidas situações desagradáveis fora de seu controle.[9] Em vez disso, o sucesso conquistado lhe dá uma sensação de realização e eficácia profissional (a noção de que você é eficaz no seu trabalho, o que aumenta o comprometimento com sua ocupação, uma outra boa medida de satisfação profissional).[10]

A melhor forma de desfrutar do sucesso conquistado é encontrar maneiras de melhorar seu desempenho, quer isso leve a promoções e salários mais altos ou não. É evidente que ter um trabalho em que haja recompensas extrínsecas é ótimo. O melhor tipo de empregador é o que fornece orientação e feedback distintos, recompensa e incentiva os funcionários a desenvolver novas competências. Mesmo que você não esteja exercendo um ofício em que haja esse tipo de recompensa extrínseca, estabeleça metas de excelência para si mesmo, como: "Farei com que cada um dos meus clientes se sinta especial hoje."

E isto leva ao segundo objetivo intrínseco relacionado, que é *servir os outros:* a sensação de que seu trabalho está tornando o mundo um lugar melhor. Isso não significa que é preciso atuar como um voluntário nem trabalhar para uma instituição de caridade para ser feliz (pesquisas mostram que o trabalho sem fins lucrativos não é inerentemente mais satisfatório do que se dedicar a uma organização com fins lucrativos ou ao governo).[11] Pelo contrário, é possível encontrar uma forma de servir em quase qualquer trabalho.

Um jovem expôs este ponto perfeitamente em um artigo de opinião que escreveu para explicar por que, apesar de ter concluído um MBA, tinha escolhido se tornar garçom em um restaurante em Barcelona.[12] Segundo ele, seus clientes "são todos importantes e iguais. São idênticos à mesa e devem ser idênticos aos olhos do garçom. [...] É ótimo poder servir um político que está na primeira página de um jornal tão bem quanto o garoto que folheia as notícias enquanto espera pela namorada." Este jovem precisava de recompensas extrínsecas para ganhar a vida, mas não optou por maximizá-las abrindo mão de suas recompensas intrínsecas.

É mais fácil obter o sucesso conquistado e servir as pessoas em alguns cargos do que em outros. Se, por exemplo, você exerce uma profissão que acha que está prejudicando outras pessoas, será difícil servir. Por isso, uma boa regra a seguir é buscar um empregador que tenha os mesmos valores que você. Quando as pessoas acreditam na missão de quem os contrata, sentem muita motivação intrínseca para desempenhar suas funções.[13] Isto é ainda mais verdadeiro quando os valores têm um significado moral, filosófico ou espiritual especial, e mantém-se mesmo quando as tarefas são exaustivas e difíceis. Por exemplo, um estudo de 2012 envolvendo enfermeiros descobriu que os profissionais mais felizes acreditavam que seu trabalho era "uma profissão divina e uma ferramenta por meio da qual podiam obter prazer e satisfação espiritual".[14]

Sabemos muito bem que esses objetivos nem sempre são fáceis e que, mesmo nos melhores casos, podem ser muito vagos em determinados momentos. Mesmo que você encontre um empregador no qual acredita, que recompensa seus esforços e que lhe oferece uma oportunidade de servir as pessoas o dia inteiro, alguns dias você voltará para casa insatisfeito e frustrado. Pense nisso como estar em um veleiro. Você sabe que o vento vai desviá-lo do curso com bastante frequência, mas, se tiver as coordenadas corretas, sempre será capaz de se reorientar.

Desafio 2

PLANO DE CARREIRA

Depender de recompensas extrínsecas diminui a satisfação, podendo até mesmo manter um indivíduo preso à profissão errada por décadas, ao fazê-lo seguir um plano de carreira que é errado para ele.

Quer você ganhe muito ou pouco dinheiro, o mundo lhe diz que existe apenas uma forma de ter um plano de carreira responsável: você escolhe uma profissão, arruma um emprego e muda de posição apenas quando surge algo melhor em sua área. Digamos que você tenha terminado o ensino médio e conseguido um emprego como recepcionista em um escritório de advocacia. Não vai embora quando fica chato ou estressante; você continua lá até que alguém o contrate para um emprego melhor. O sistema é o mesmo, quer estejamos falando de um professor universitário ou de um apresentador de *talk show*. Você fica em um emprego até que apareça algo mais sofisticado e que pague melhor. Isso é o que os psicólogos chamam de modelo de carreira "linear".[15]

Faz muito sentido para algumas pessoas, mas é um enorme problema para outras. Talvez você tenha muitos interesses diferentes que gostaria de seguir e acredita que voltar a estudar para mudar de carreira seria algo interessante e divertido. Ou então você valoriza muito um estilo de vida no qual é importante ser bom no que faz, mas sem trabalhar muitas horas, ainda que isso signifique não avançar profissionalmente. Um caminho linear não permite essas preferências. Talvez você seja uma mulher com um alto grau de educação, um ótimo emprego, mas queira ficar em casa quando seus filhos nascerem. A carreira linear diz: "Desculpe, você não pode fazer isso."

Felizmente, existem três outros modelos de carreira. Carreiras "estáveis" são aquelas associadas a um mesmo emprego ao longo de décadas, no qual não se avança muito, mas se ganha experiência. Isso é comum para pessoas que valorizam muito a segurança profissional, mas não querem se esforçar todos os dias para progredir. Isso era muito mais comum no passado do que é hoje. No entanto, pode lhe parecer certo se você de fato ama a estabilidade e deseja um emprego que, embora não o torne rico, ofereça estabilidade financeira e lhe permita gastar seu tempo em coisas que lhe interessam fora do trabalho.

Um segundo modelo é o de carreira "transitória", que está em constante transformação. Visto de fora, parece caótico: alguém trabalhava como garçom em Denver e agora está em uma empresa de mudanças em Tucson. Em alguns anos, talvez essa mesma pessoa esteja dirigindo um caminhão de longas distâncias saindo de Seattle. Mas isso não é necessariamente caos, apenas o perfil de alguém que adora experimentar coisas novas e que se movimenta com base em critérios não relacionados à carreira, como estilo de vida, localização ou vida social.

Carreiras "em espiral" são a última categoria. São como uma série de carreiras menores. As pessoas inseridas nesse modelo podem fazer uma mudança drástica de carreira mais ou menos a cada década, mas existe um método em toda essa loucura. Elas usam suas habilidades e conhecimentos em um campo e os aplicam em outro, enquanto obtêm uma variedade de experiências para a própria realização pessoal. Então, por exemplo, você pode passar os dez anos seguintes à sua formatura da faculdade trabalhando em algo relacionado ao que estudou. Depois, talvez você ganhe menos usando suas habilidades em outra área. Ou comece seu próprio negócio. Ou talvez você fique dez anos fora do mercado de trabalho para criar seus filhos e volte para algo completamente diferente.

Você, então, deve estar se perguntando: qual é o caminho certo para a sua jornada? No seu coração, é provável que já saiba. Um dos modelos que acabamos de descrever deixou você animado e talvez um pouco assustado. Outro sugou suas energias. E, em geral, esta é a forma de saber como seguir com seu plano de carreira. Sempre siga os sinais que você mesmo está produzindo internamente — o que pode ser desconfortável. Quando estiver pensando em uma oportunidade profissional, reserve um tempo de silêncio durante alguns dias ou semanas para imaginar o tal emprego ou a tal carreira com grandes detalhes. Depois, perceba como isso faz você se sentir. Essa oportunidade o *entusiasma*, o *assusta* ou *suga suas energias*?

Digamos, por exemplo, que você receba uma oferta de uma vaga na gestão da empresa em que está trabalhando. Você gosta da sua posição atual e dos colegas, e teme que uma grande promoção vá fazer com que goste menos de seu trabalho e prejudique o equilíbrio entre a sua vida pessoal e a profissional. Mas é uma excelente oportunidade e envolve muito mais dinheiro. Quase todo mundo o está encorajando a aceitá-la. Se isso o entusiasma muito e o assusta um pouco, é um sinal para seguir em frente. Se isso apenas o assusta, você precisa de muito mais informações. Se imaginar a nova função lhe suga as energias, a resposta é evidente: recuse a proposta.

Desafio 3

VÍCIO

Se você definiu os objetivos certos e encontrou seu caminho profissional, parabéns — mas as coisas ainda não estão concluídas na construção dessa parte da sua vida. Na verdade, há uma série de riscos dos quais você precisa estar ciente e que afetam em específico pessoas de grande ambição e que trabalham duro. A primeira é a tendência de se tornarem *workaholics*, propensão essa que costuma emergir como distração do sofrimento em suas vidas. Isso deixa a raiz dos problemas sem solução, e até mesmo os agrava ao minar as relações familiares.

Vejamos o caso de Winston Churchill, estadista, militar e escritor. Ele foi um dos primeiros líderes mundiais a fazer soar o alarme sobre a ameaça nazista na década de 1930, e depois conquistou os olhos do mundo como liderança no enfrentamento às potências do Eixo na Segunda Guerra Mundial. Enquanto primeiro-ministro do Reino Unido durante a guerra, ele manteve uma agenda lotada, muitas vezes trabalhando dezoito horas por dia. Além disso, escreveu um livro atrás do outro enquanto estava no cargo. No fim da vida, ele havia terminado quarenta e três obras, distribuídas em setenta e dois volumes.[16]

É provável que você admire Churchill, e por boas razões, mas não deveria invejá-lo. Ele sofria de uma depressão paralisante, que chamava de "cachorro preto" e que o visitava repetidas vezes. Em certa ocasião, ele disse ao médico: "Não gosto de ficar ao lado de um navio e olhar para a água. Bastaria um segundo para eu dar fim a tudo."[17]

Parece quase inacreditável que Churchill pudesse ser tão produtivo, ainda que estivesse em um estado tão sombrio. Algumas pessoas dizem que sua depressão era bipolar, e que as janelas de mania lhe permitiram trabalhar tanto. Alguns de seus biógrafos explicam isso de forma diferente: o vício de Churchill em trabalho não ocorreu apesar do sofrimento, mas em parte *por causa* dele.[18] Ele se distraía dos problemas por meio de seu cargo. Para que você não pense que isso é absurdo, pesquisadores descobriram recentemente que o comportamento *workaholic* é um vício comum em resposta ao sofrimento emocional. E, assim como muitos vícios, ele agrava a situação que deveria abrandar.

Em 2018, pesquisadores analisaram dados coletados durante uma década e descobriram que 24% das pessoas com transtorno de ansiedade e quase 22% das pessoas com algum tipo de transtorno do humor (como depressão grave ou transtorno bipolar) se automedicam usando álcool ou drogas.[19] Os que se automedicavam eram muito mais propensos a desenvolver dependência de substâncias. Por exemplo, dados epidemiológicos revelaram que as pessoas que se automedicavam para a ansiedade usando álcool tinham seis vezes mais probabilidade de desenvolver dependência persistente do álcool do que aquelas que não se automedicavam.[20]

Há evidências consistentes de que alguns indivíduos também tratam seus problemas emocionais com o trabalho. Isso pode provocar um tipo particular de vício. Inúmeros estudos demonstraram uma forte correlação entre comportamento *workaholic* e sintomas de transtornos psiquiátricos, como ansiedade e depressão, e tem sido comum presumir que o trabalho compulsivo provoca estas mazelas.[21] Alguns psicólogos, entretanto, argumentaram recentemente que a relação de causa e efeito pode ser o inverso: que as pessoas podem tratar sua depressão e ansiedade com o vício em trabalho.[22] Como escreveram os autores de um estudo muito divulgado de 2016: "O comportamento *workaholic* (em alguns casos) se desenvolve como uma tentativa de reduzir sentimentos desconfortáveis de ansiedade e depressão."[23]

Isso pode explicar por que tantas pessoas aumentaram as horas de trabalho durante a pandemia de covid.[24] Por muitos meses, durante os primeiros *lockdowns*, as pessoas se viram diante de tédio, solidão e ansiedade; no final de maio de 2020, os dados dos Centros de Controle e Prevenção de Doenças dos Estados Unidos mostraram que quase um quarto dos adultos norte-americanos relataram sintomas de depressão.[25] (Em 2019, esse número era de 6,5%.) Talvez uma parcela tenha se "automedicado" duplicando a dedicação ao trabalho para se sentir ocupada e produtiva.

Pessoas que adotam um comportamento *workaholic* podem ignorar com facilidade que isso seja um problema, e, assim, perder de vista as questões por trás dos problemas que estão tratando por conta própria. Como é que trabalhar pode ser negativo? Como disse a psiquiatra de Stanford, Anna Lembke, autora de *Nação dopamina: Por que o excesso de prazer está nos deixando infelizes e o que podemos fazer para mudar*: "Mesmo comportamentos outrora saudáveis e adaptativos — aqueles que acredito que nós, em termos gerais, enquanto cultura, veríamos como saudáveis e vantajosos — se tornaram agora tão aditivos que passaram a ser mais potentes, mais acessíveis, mais modernos, mais onipresentes."[26] Se você se esconde no banheiro de casa para conferir o e-mail do trabalho no seu iPhone, é de você que ela está falando.

Além do mais, quando se trata de trabalho, as pessoas são recompensadas pelo vício. Ninguém diz: "Uau, uma garrafa inteira de gim em uma noite? Você é um excelente bebedor." Mas trabalhe dezesseis horas por dia e é provável que seja promovido.

Apesar de o trabalho excessivo ser exaltado como uma virtude, é quase certo que os custos superarão os benefícios, como costuma acontecer nos vícios relacionados à automedicação. O *burnout*, a depressão, o estresse no trabalho e o conflito entre vida pessoal e profissional vão piorar, não melhorar.[27] E, como Lembke também observou, o comportamento *workaholic* pode provocar vícios secundários, como em drogas, álcool ou pornografia, que as pessoas usam para tentar contornar os problemas causados pela dependência primária, muitas vezes com consequências pessoais catastróficas.

Existem soluções para o vício em trabalho, de acordo com Ashley Whillans, professora de Harvard.[28] Ela recomenda três práticas, começando com uma "auditoria de tempo". Por alguns dias, mantenha um registro detalhado de suas principais atividades — trabalho, lazer, tarefas gerais —, bem como do tempo que dedicou a cada uma delas e de como se sentiu. Observe quais lhe proporcionam bom humor e maior propósito. Isso vai lhe oferecer dois tipos de informação: o quanto você está trabalhando (de modo que seja impossível permanecer em negação) e o que você gosta de fazer quando não está trabalhando (de modo a tornar a recuperação mais atraente).

A seguir, a professora Whillans recomenda agendar os momentos de inatividade. Os *workaholics* tendem a deixar de lado as atividades não relacionadas à área profissional, adotando uma postura do tipo "seria tão bom se...", e, a partir daí, soterrá-las em trabalho. É assim que a décima quarta hora do seu turno, que raramente é produtiva, substitui uma hora que você poderia ter passado com seus filhos. Reserve um tempo do dia para coisas não relacionadas ao trabalho, assim como faz com as reuniões.

Por fim, agende seu lazer. Não deixe que os períodos de inatividade sejam imprecisos. O tempo não estruturado é um convite para se voltar ao trabalho ou a atividades passivas que não são positivas para o bem-estar, como ficar preso nas redes sociais ou vendo televisão. É provável que você tenha uma lista de afazeres organizada em ordem de prioridade. Faça o mesmo com o lazer, planejando seus passatempos favoritos que envolvam participação ativa. Se lhe faz bem ligar para um amigo, não deixe para quando sobrar tempo — agende e aja de acordo. Trate suas caminhadas, seus momentos de oração e suas idas à academia como se fossem reuniões com o presidente.

Encarar o vício no trabalho pode fazer uma diferença real em nossas vidas. Garante tempo para a família e os amigos. Nos permite fazer coisa não relacionadas à vida profissional que não são úteis, apenas divertidas. Nos permite cuidar melhor de nós mesmos, por exemplo, ao praticarmos exercícios. Já foi demonstrado que todas essas coisas aumentam a felicidade ou reduzem a infelicidade.

Olhar para o comportamento *workaholic* ainda deixa em aberto a questão por trás do problema que o trabalho em excesso buscava solucionar. Talvez você também receba a visita do cachorro preto de Churchill. Ou, quem sabe, seu cachorro tenha uma cor diferente: um casamento conturbado, um sentimento crônico de inadequação, talvez até TDAH ou transtorno obsessivo-compulsivo, que têm sido associados ao excesso de trabalho.[29] Deixar de usar sua vida profissional para se distrair disso é uma oportunidade de enfrentar seus problemas, talvez com ajuda, e, assim, solucionar a questão que o conduziu ao comportamento *workaholic*.

Encarar esse cachorro pode até parecer mais assustador do que apenas recorrer aos velhos truques: seu chefe, seus colegas, sua carreira. Ao contrário de Churchill, talvez você encontre uma forma de se livrar desse vira-lata para sempre.

Desafio 4

IDENTIDADE

Se você tem em uma carreira linear, estável, transitória ou em espiral, é provável que se preocupe muito com seu trabalho. Quando as pessoas perguntam o que você faz, talvez fale com entusiasmo sobre sua profissão. De muitas maneiras, seu trabalho é uma grande parte da sua identidade. Isso tende a ser verdadeiro para pessoas que têm interesse no autoaperfeiçoamento em especial.

Não há nada de errado em se identificar muito com sua profissão e ter orgulho de seu desempenho. A excelência profissional é uma grande virtude, e procuramos ser excelentes naquilo que é nosso ganha-pão. Mas há um perigo à espreita aqui. É muito fácil perder o seu verdadeiro eu para uma representação de si mesmo que corresponde ao seu cargo ou aos seus deveres. Você não é Mary, mãe de três filhos, ou John, marido dedicado; em primeiro lugar, você é Mary, gerente regional, ou John, professor titular. Isso é o que chamamos de *auto-objetificação*.

É óbvio que a objetificação realizada por outras pessoas é problemática. As pesquisas mostram que quando os indivíduos são reduzidos por outros a atributos físicos, por exemplo, por meio de olhares objetificadores ou de assédio, isso pode diminuir a autoconfiança e a capacidade de desempenhar tarefas.[30] O filósofo Immanuel Kant descreve esse processo como se tornar "um objeto do apetite alheio", momento em que "todos os motivos do relacionamento moral param de funcionar".[31]

A objetificação física é apenas uma delas. A objetificação no trabalho é outra, e é particularmente perigosa. Em 2021, os pesquisadores mediram a objetificação do ambiente de trabalho. Descobriram que ela levava ao esgotamento, à infelicidade e à depressão.[32] Isso pode acontecer quando um patrão trata seus empregados como nada além de mão de obra descartável, ou mesmo quando os empregados consideram seu patrão nada além de um fornecedor de dinheiro.

Desse modo, é muito fácil ver por que não deveríamos objetificar os outros. Algo um pouco menos evidente, mas tão prejudicial quanto, é quando o objetificador e aquele que está sendo objetificado são a mesma pessoa, ou seja, quando você se objetifica. Os seres humanos são capazes de se objetificarem de muitas maneiras — medindo seu valor próprio em termos da aparência física, posição econômica ou opiniões políticas, por exemplo —, mas todas se resumem a um comportamento central nocivo: reduzir sua própria humanidade a uma única característica, incentivando, assim, outros a fazerem o mesmo. No caso do trabalho, isso pode significar definir seu próprio valor com base em seu salário ou prestígio.

Assim como as redes sociais nos incentivam a nos auto--objetificarmos por atributos físicos, nossa cultura de trabalho nos incentiva a nos auto-objetificarmos diante de aspectos profissionais. Os norte-americanos tendem a admirar pessoas ocupadas e ambiciosas, sendo fácil, portanto, permitir que o trabalho tome conta de quase todos os momentos de sua vida. Conhecemos muita gente que fala a maior parte do tempo sobre seu trabalho, que diz, em essência: "Eu sou o meu trabalho." Isso pode parecer mais humanizador e fortalecedor do que dizer "eu sou uma ferramenta do meu chefe", mas este último raciocínio tem uma falha letal: em teoria, você pode abandonar seu chefe e arranjar um novo emprego. Você não pode se *auto*abandonar. Lembre-se: *você é seu próprio CEO*.

A auto-objetificação no trabalho é uma tirania. Tornamo-nos um péssimo chefe para nós mesmos, demonstrando pouca compaixão ou amor. Os dias de folga nos provocam culpa e uma sensação de preguiça, que é uma forma de nos condenarmos e nos menosprezarmos. Diante da pergunta "sou bem-sucedido o suficiente?", a resposta é sempre "não, trabalhe mais!". E então, quando o fim inevitavelmente chega, quando o declínio profissional se instala ou sofremos algum revés em nossas carreiras, ficamos desolados e desanimados.

Você é um auto-objetificador em seu trabalho ou carreira? Se respondeu sim, reconheça que nunca ficará satisfeito enquanto se objetificar. Sua carreira ou trabalho deve ser uma extensão de você, e não o contrário. Duas práticas podem ajudá-lo a reavaliar suas prioridades.

Primeiro, crie algum espaço entre seu trabalho e sua vida. Talvez você tenha tido um ou dois relacionamentos tóxicos em sua vida, mas só reconheceu isso ao passar por um rompimento, seja voluntário ou não. Na verdade, é provável que essa tendência humana contribua para o fato de a maioria das separações levarem ao divórcio, em especial quando duram mais de um ano.[33] O espaço traz perspectiva.

Use esse princípio em sua vida profissional. Para começar, o principal objetivo de suas férias deve ser tirar uma folga do trabalho e passar um tempo com as pessoas que ama. Por mais óbvio que possa parecer, isso significa *tirar férias* e não trabalhar nesse intervalo. Seu empregador deveria lhe agradecer por fazer isso, porque as pessoas têm um desempenho melhor quando se sentem renovadas.

Relacionada a isso está a antiga ideia de respeitar o dia de descanso e adoração, ou toda semana tirar um tempo para se afastar das atividades cotidianas. Nas tradições religiosas, descansar não é apenas agradável; é fundamental para compreender a Deus e a nós mesmos. "Porque em seis dias fez o Senhor os céus e a terra, o mar e tudo que neles há, e ao sétimo dia descansou", instrui o livro do Êxodo. "Portanto abençoou o Senhor o dia do sábado, e o santificou." Se Deus descansa do trabalho, talvez você também devesse seguir o exemplo Dele.

Tal prática não precisa ser religiosa e pode ser feita de várias maneiras, para além de somente evitar qualquer tipo de trabalho aos sábados ou domingos.[34] Por exemplo, você pode respeitar um pequeno intervalo de descanso todas as noites, evitando trabalhar e dedicando todo o seu tempo a seus relacionamentos e ao lazer. (Isso significa não verificar seu e-mail de trabalho.)

Faça alguns amigos que não o vejam como um objeto profissional. Muitos auto-objetificadores profissionais buscam outras pessoas que os admirem apenas por suas realizações nessa área. Isto é bastante natural, mas pode com facilidade se tornar uma barreira à formação de amizades verdadeiras, das quais todos necessitamos. Ao se auto-objetificar em suas amizades, você pode contribuir para que seja mais fácil que seus amigos o objetifiquem.

É por isso que ter amigos fora do círculo profissional é tão importante. Fazer amizades com pessoas que não têm nenhum vínculo com essa parte da sua vida o incentiva a desenvolver interesses e virtudes não profissionais e, assim, ser uma pessoa mais plena. A maneira de fazer isso anda de mãos dadas com a recomendação número um: não adianta apenas ficar um tempo longe do trabalho, é importante passá-lo com pessoas que não têm ligação com o trabalho. (Se, no seu caso, trata-se de cuidar da sua família, este princípio se aplica mesmo assim. Você precisa se relacionar com pessoas que o vejam como mais do que alguém responsável por oferecer coisas básicas e cuidados.)

Talvez desafiar sua auto-objetificação faça com que se sinta desconfortável. O motivo é simples: todos queremos nos destacar de alguma maneira, e trabalhar mais do que os outros e ser melhor no nosso desempenho parece uma forma descomplicada de chegar lá. Este é um impulso humano natural, mas, mesmo assim, pode levar a fins destrutivos.[35] Muitas pessoas bem-sucedidas confessam que preferem ser especiais a felizes.[36]

A grande ironia é que, ao tentarmos ser especiais, acabamos nos reduzindo a uma única qualidade e nos transformando em engrenagens de uma máquina que nós mesmos fabricamos. No famoso mito grego, Narciso não se apaixonou por si mesmo, mas pela imagem de si. E é isso o que acontece quando nos auto-objetificamos no âmbito profissional: aprendemos a amar a imagem de nosso eu bem-sucedido, e não a nós mesmos como de fato somos na vida.

Não cometa esse erro. Você não é o seu trabalho e nós não somos o nosso. Tire os olhos desse reflexo distorcido e tenha a coragem de vivenciar sua vida de maneira plena e seu verdadeiro eu.

O AMOR TORNADO VISÍVEL

Quando se trata de construir a vida que deseja, é preciso ajustar a área profissional. Pense no seguinte: é provável que *um terço da sua vida* será gasto trabalhando — seja em um emprego formal, cuidando da família ou de algum outro jeito.

Ao analisar sua vocação e contemplar mudanças, tenha em mente os quatro desafios deste capítulo e as lições que ajudam você a transformá-los em grandes oportunidades para crescer no quesito felicidade.

1. Busque recompensas intrínsecas ao trabalho. Os objetivos certos para obter o maior grau de satisfação nessa área não são dinheiro e poder, mas sim sucesso conquistado e a possibilidade de servir aos outros. Corra atrás dessas duas metas e vai construir uma vida profissional que sempre trará alegria para você e para os demais.
2. Não existe apenas um caminho para o sucesso e a felicidade em sua carreira. Descubra se ela é linear, estável, transitória ou em espiral. Em seguida, siga esse caminho prestando atenção nos seus sinais internos.

3. O vício no trabalho não é brincadeira para muitos milhões de norte-americanos e outras pessoas no mundo inteiro. Observe honestamente seus próprios padrões e avalie a saúde de seus hábitos.
4. Você não é o seu trabalho. A auto-objetificação o levará à infelicidade. Certifique-se de se afastar do trabalho e de ter pessoas em sua vida que o vejam como uma pessoa, não apenas como um profissional.

Mais uma vez, não podemos só dizer a alguém qual trabalho específico lhe trará maior felicidade. Depende de você. O que todos os empregos felizes têm em comum é o fato de, para eles, o trabalho ser algo além de apenas um meio para um fim concreto. É por isso que intitulamos este capítulo "Trabalho que é amor tornado visível".

Pode ser uma tarefa difícil. Há dias em que seu trabalho não parece um amor tornado visível, invisível nem qualquer outra coisa. O truque não é tentar atingir um estado de perfeição distante, mas sim trabalhar em prol de uma melhoria. Com o intuito de ser mais feliz, você se esforça para tornar sua ocupação significativa.

Para pessoas com alguma inclinação espiritual ou religiosa, o truque pode ser unir o trabalho físico ao metafísico. Esta foi a filosofia fundamental do santo católico espanhol Josemaría Escrivá. Segundo ele, por meio do nosso trabalho amamos apaixonadamente o mundo:

[Deus] espera por nós todos os dias, no laboratório, no centro cirúrgico, no quartel do Exército, na universidade, na fábrica, na oficina, no campo, em casa e em todo o imenso universo do trabalho. Entendam bem o seguinte: há algo sagrado, algo divino escondido nas situações mais comuns, e cabe a cada um de vocês descobri-lo.[37]

Talvez você leia estas palavras e se maravilhe com o fato de alguém ser capaz de encontrar algo sagrado no que há de mundano em um trabalho como o seu — ou em qualquer parte da vida cotidiana. Isso pode ser feito, e você pode fazê-lo, quer seja tradicionalmente religioso ou não. Mas tal passo requer a compreensão do próximo pilar necessário para construir a vida que deseja: *encontrar o seu caminho rumo ao transcendente*.

Oito
Encontre sua "Amazing Grace"

"Amazing Grace" é o hino cristão mais popular de todos os tempos, e foi gravado mais de sete mil vezes.[1] Você deve conhecer a melodia e, talvez, até mesmo a primeira estrofe.

> *Amazing grace, how sweet the sound*
> *That saved a wretch like me*
> *I once was lost, but now I'm found*
> *Was blind but now I see.**

O que você talvez não saiba é a história por trás deste famoso hino, composto por volta de 1772 por um britânico chamado John Newton. Ele tinha quarenta e sete anos quando o escreveu, depois de ter levado uma vida — como mais tarde ele mesmo retratou — de indulgência e pecado, desprovida de convicção religiosa e princípios morais.[2] Ele ganhava a vida transportando pessoas que foram escravizadas, depois de ter fugido do alistamento obrigatório na Marinha Real Britânica.

Uma noite, quando Newton estava a bordo de um navio que voltava para Londres, teve início uma tempestade que lançou muitos de seus companheiros ao mar e quase fez o mesmo com ele. Mais tarde, analisando a razão de sua sobrevivência, concluiu

---

* *Sublime graça, como é doce o som/ Que salvou um mal-aventurado como eu/ Estive perdido, mas fui encontrado/ Estive cego, mas hoje enxergo.*

que tinha sido a mão de Deus, que havia uma missão para sua vida, e que sua tarefa era descobri-la. Seus hábitos e crenças mudaram quando ele voltou a atenção para o amor divino. Ele se casou e depois se tornou pastor da Igreja Anglicana e um fervoroso abolicionista. Hoje é considerado um dos maiores responsáveis pelo fim da escravidão no Reino Unido.

A fé de Newton, acreditava ele, foi o que o tornou verdadeiramente livre pela primeira vez na vida. Ele, sem dúvida, não é a primeira pessoa a dizer isso. Contudo, seu famoso hino faz duas afirmações surpreendentes. Primeiro, ele não encontrou a fé; ele foi *encontrado*. E sua felicidade não veio de fechar os olhos para a realidade da vida. Pelo contrário, ela só veio quando ele enfim conseguiu *enxergar* a verdade.

É esta a afirmação mais poderosa feita em seu famoso hino: a busca pela verdade transcendental — no caso de Newton, dentro da religião cristã; de modo mais abrangente, em algo além do aqui e agora — traz luz à vida. Permite que nós de fato *enxerguemos a realidade*. E isso proporciona um novo tipo de alegria que não se pode obter por meio de nenhuma outra fonte.

Que absurdo, podem retrucar alguns. Para enxergar a realidade, devemos nos concentrar no que não é visível nem comprovado? A razão exige fé? É como dizer que o fogo precisa de água; ou a luz, de escuridão.

Na verdade, a explicação é evidente. Crenças e experiências transcendentais contribuem de maneira profunda com nossos esforços para sermos mais felizes. Por quê? Pois sem ter a quem recorrer, nos concentramos sempre nos detalhes das nossas próprias vidas. Isso é normal. Nossa atenção está voltada para nosso trabalho, nossa casa, nosso dinheiro, nossas contas nas redes sociais, nosso almoço e assim por diante. A maior parte dessas coisas é relevante, mas, se nos concentrarmos apenas em nós mesmos e em nossos limitados interesses, tudo se torna, digamos, *chato*. Perdemos a perspectiva da vida.

Trilhar um caminho metafísico nos permite obter uma perspectiva mais precisa da vida, sem olhar apenas para nossas preocupações e tarefas cotidianas. Somos mais felizes ao tirar o foco de nós mesmos e colocá-lo nas maravilhas do universo. Também nos tornamos mais gentis e generosos com os outros — menos obcecados em conseguir e manter coisas para nós mesmos, e mais sintonizados com as necessidades de um mundo do qual somos apenas uma parte. Mais importante ainda, o caminho da transcendência é uma aventura, uma jornada espiritual que pode acrescentar à nossa vida um tipo de euforia que supera qualquer outra experiência coisa que já tenhamos tido.

Mas o mundo e as nossas emoções nos refreiam. As pessoas ficam constrangidas com a afirmação de que a vida interior não é científica, de que a ausência de provas sobre as coisas invisíveis é uma confirmação de que as crenças transcendentais nada mais são do que uma forma de superstição. Elas desanimam diante de uma cultura que desabona a fé e a espiritualidade a todo momento. E começam a achar que suas próprias dúvidas são insuperáveis — apenas não *sentem* as coisas com frequência suficiente, e chegam à conclusão de que é tudo uma bobagem.

Na verdade, como você vai ver nesse capítulo, as experiências espirituais têm uma base científica profunda, e as transcendentais nos dão pistas importantes sobre a vida que não podemos encontrar de outra forma. Viver essas experiências, no entanto, exige esforço e compromisso. Os desafios que todos nós enfrentamos nesse caminho — e as soluções para eles — são o que compõem este capítulo.

Escrever sobre fé é complicado

Para nós dois, espiritualidade e fé são aspectos fundamentais em nossa vida. Não temos intenção, neste capítulo, de tentar convertê-lo a quaisquer crenças específicas, tampouco às nossas, mas devemos começar por expor aquilo em que acreditamos, de modo que você possa ler este capítulo ciente dessa informação.

Arthur: Minha fé é a parte mais importante da minha vida. Fui criado como protestante, mas me converti ao catolicismo ainda na adolescência, após uma experiência mística no Santuário de Nossa Senhora de Guadalupe, na Cidade do México. (Meus pais não ficaram muito contentes, mas perceberam que, no que tangia à rebeldia adolescente, aquilo devia ser melhor do que as drogas.) Minha prática se intensificou de forma constante ao longo da vida adulta, principalmente porque me especializei no estudo da felicidade. Hoje, vou à missa todos os dias e rezo o Rosário (uma antiga oração católica meditativa) todas as noites com a minha esposa, Ester.

Apesar das minhas profundas crenças e práticas cristãs, estudo a sério outras tradições, tanto do Ocidente como do Oriente, e sou amigo de líderes de muitas religiões. Trabalhei com estudiosos hindus, budistas, muçulmanos e judeus que me aproximaram de Deus, me ensinaram muitas verdades, melhoraram minhas práticas de fé e enriqueceram minha alma. Também aprendi muito sobre minhas crenças graças a filosofias seculares, como o estoicismo.

Oprah: Fui guiada por uma mão divina durante toda a vida. Eu a chamo de Deus. Pratico e honro a fé cristã, mas estou sempre aberta ao mistério de todas as conexões, à unidade que todos nós compartilhamos, vinda da fonte de toda a existência. Nas palavras do teólogo e filósofo Pierre Teilhard de Chardin, acredito que somos seres espirituais tendo esta experiência humana, e que estamos todos de alguma forma ligados uns aos outros na natureza, no que chamo de Vida.

No meu programa de televisão *Super Soul* e em meus podcasts, entrevistei centenas de mestres espirituais e líderes de pensamento de todas as religiões e de religião alguma, e todos eles enfatizam que o caminho espiritual é a jornada suprema. O que observei ao longo de milhares de conversas é que a Vida está sempre falando conosco, tentando nos guiar rumo à melhor versão de nós mesmos. Para mim, ter uma prática espiritual proporcionou uma via de alta velocidade para construir a vida que eu quero.

Nós dois temos enorme amor e apreço pelas pessoas de todas as religiões — e pelas que não têm religião — que tentam, com sinceridade, valorizar os outros e tornar o mundo melhor para todas as pessoas. Repetindo, nosso objetivo neste capítulo *não* é convencê-lo da validade das nossas crenças e práticas específicas. Em vez disso, é mostrar como a busca por compreensões sobre os aspectos transcendentes e metafísicos da sua vida pode enriquecer muitíssimo a sua existência e ajudar outras pessoas também.

SEU CÉREBRO ESPIRITUAL

Por que as pessoas são religiosas e espiritualizadas? Pergunte e elas raramente vão responder: "Para que eu possa ser mais feliz." Em vez disso, é provável que digam, como John Newton, que isso lhes permite dar sentido à vida em um mundo confuso. Elas descobriram que não é possível obter certas compreensões a partir de suas rotinas normais, tampouco por meio de distrações mundanas, como o entretenimento e o consumo. Muitas procuram uma fonte de experiências "maiores" do que aquelas que a vida cotidiana é capaz de proporcionar, tais como um sentimento de fascinação, um sentimento de unidade com os outros ou com o divino e uma perda dos limites do espaço e do tempo.

Mas nem tudo nessa história é agradável. As pessoas relatam sentir um desconforto intenso ao adotar uma prática transcendental, uma vez que elas mesmas são colocadas sob os holofotes. Muitos dos que estão começando na meditação jamais ficaram sozinhos com os próprios pensamentos. Os convertidos a muitas religiões precisam confrontar seus pecados. Estudar os filósofos e aplicar os conhecimentos deles à vida envolve medo e sacrifício. Adotar quase qualquer caminho espiritual é dizer: "Vou admitir que não sei tudo e fazer essa coisa difícil que o mundo diz que é esquisita e inútil."

O resultado costuma mudar vidas, começando pela nossa fisiologia. A psicóloga Lisa Miller, autora do livro *The Awakened Brain* [O cérebro desperto], realizou um extenso trabalho com seus colegas sobre os mecanismos neurológicos das experiências transcendentes. Ela descobriu, por exemplo, que, em comparação com a lembrança de uma experiência estressante, a lembrança de uma experiência espiritual reduz a atividade no tálamo medial e no núcleo caudado (as áreas do cérebro associadas ao processamento sensorial e emocional), ajudando assim, talvez, as pessoas a escaparem da prisão virtual do pensamento excessivo e da ruminação.[3] Ao estudar o comportamento de pacientes com lesões cerebrais, outros pesquisadores associaram a espiritualidade autorreferida à atividade na substância cinzenta periaquedutal, a região do tronco encefálico associada, entre outras coisas, à moderação do medo e da dor e aos sentimentos de amor.[4]

Memórias de encontros espirituais particularmente fortes — por exemplo, a união com Deus — foram observadas usando a tecnologia do eletroencefalograma. Numa experiência com freiras católicas carmelitas em 2008, neurocientistas compararam a atividade cerebral das freiras quando orientadas a recordar a experiência mais mística das suas vidas com os resultados de quando lhes foi pedido que se lembrassem de seu estado mais intenso de união com outra pessoa.[5] A condição mística (em comparação com a condição de controle) provocou um aumento significativo nas ondas theta no cérebro, um padrão também associado aos sonhos.[6] Em entrevistas posteriores, as freiras falaram sobre como sentiram a presença de Deus durante as experiências originais, assim como o amor incondicional e infinito.

A crença religiosa está fortemente correlacionada com a busca — e a descoberta — de um propósito na vida. Em uma publicação de 2017, psicólogos escreveram que mediram o nível autodeclarado de compromisso religioso de 442 pessoas e descobriram que ele está muito correlacionado com a sensação de propósito delas.[7] Talvez não seja nenhuma surpresa, dada a forte associação entre senso de propósito e felicidade, que a religião e a espiritualidade demonstraram proteger contra a recorrência da depressão e contra reações de ansiedade diante de erros cometidos.[8]

Os pesquisadores encontraram o mesmo padrão diante de doenças físicas. Pacientes em tratamento de doenças graves relataram melhor qualidade de vida caso profissionais de cuidados espirituais (como capelães) estivessem envolvidos em seus cuidados junto a médicos e enfermeiros, em comparação com aqueles cujas necessidades espirituais eram deixadas de fora dos tratamentos.[9]

A religião e a espiritualidade praticadas em comunidade também podem diminuir a sensação de isolamento. Isto pode soar óbvio, visto que as pessoas tendem a praticar suas religiões em comunidades e que há muitas evidências de que isso fortalece os laços sociais.[10] Mas a própria espiritualidade também parece ter o potencial de reduzir a solidão. Em 2019, estudiosos pediram a 319 pessoas que avaliassem afirmações como "tenho um relacionamento pessoalmente significativo com Deus". Eles encontraram uma forte correlação negativa entre afirmações espirituais e solidão, levando a níveis mais elevados de saúde mental.[11]

Moral da história: experiências espirituais, religiosas e metafísicas, de modo geral, não são um fenômeno imaginário. Elas afetam seu cérebro e lhe dão acesso a compreensões e conhecimentos com os quais você não teria contato de outras formas.

Mas tudo isso é repleto de desafios. Os três mais comuns são a nossa dificuldade em nos concentrar, em encontrar o nosso caminho e manter a motivação certa. São esses os desafios que vamos abordar neste capítulo.

Desafio 1

SUA CABEÇA DE VENTO

Um dos maiores problemas da vida é que, bem, deixamos passar boa parte dela. Não de forma literal, é lógico, mas pense bem: durante quanto tempo da sua vida você de fato se sente presente? Na maior parte do nosso dia a dia, não estamos inteiramente conscientes do momento presente. Muita da nossa atenção está voltada para o passado e o futuro — em detrimento de estarmos mergulhados no aqui e agora. Se você duvida, basta reparar em seus pensamentos a qualquer momento, pulando de galho em galho como um macaco. Uma hora, você está ruminando sobre o que alguém lhe contou na semana passada; no minuto seguinte, está pensando nos planos para o fim de semana. E, enquanto isso, você deixa passar o presente.

Agora mesmo, feche os olhos, em meditação ou oração. Você se torna verdadeiramente presente neste momento da sua vida — sua atenção é plena. Em outras palavras, o transcendental lhe permite maior contato com as experiências da sua vida.

No entanto, não fazemos isso com muita frequência. Os humanos têm uma capacidade notável de resistirem a viver no momento presente. Inclusive, a quintessência da mente humana é a capacidade de repetir eventos passados e imaginar cenários futuros. Isso é uma grande bênção, lógico, pois nos permite aprender ao máximo com nossas experiências e praticar de modo eficaz para o futuro. Mas também é uma maldição. O monge budista vietnamita Thích Nhất Hạnh explicou isso em seu livro *O milagre da atenção plena*: "Ao lavar a louça, deve-se apenas lavar a louça, o que significa que, ao lavar a louça, devemos estar completamente conscientes do fato de que estamos lavando a louça."[12] Se estivermos pensando no passado ou no futuro, "não estaremos vivos enquanto lavamos a louça".

Não é preciso ser budista para saber que a atenção plena (ou *mindfulness*, em inglês) está na moda. Em dezenas de aplicativos e sites, é possível aprender as técnicas mais recentes. Além de colocar o indivíduo no aqui e agora, pesquisas constataram que ela pode ser uma solução para muitos problemas pessoais. Foi demonstrado que ela diminui a depressão, reduz a ansiedade, melhora a memória e alivia a dor nas costas.[13] Pode até melhorar notas de estudantes em provas.[14]

Se a atenção plena é tão boa, por que então não a praticamos todos os dias? Por que ainda perdemos tanto tempo romantizando ou lamentando o passado e ansiando pelo futuro? A resposta é que a atenção plena não é natural e, na verdade, é bastante difícil. Muitos psicólogos acreditam que, enquanto espécie, os humanos não evoluíram para aproveitar o aqui e agora. Em vez disso, fomos programados para pensar no passado e, sobretudo, no futuro, para avaliar novos cenários e testar novas ideias. O psicólogo Martin Seligman chega até mesmo a chamar nossa espécie de *Homo prospectus*, no sentido de que nosso estado natural é "habitando" o futuro.[15]

Evitar a atenção plena também pode ser uma forma eficaz de se distrair da dor. Pesquisadores demonstraram que a mente das pessoas tem uma probabilidade significativamente maior de divagar quando essas estão com um humor negativo do que quando estão com um positivo.[16] Algumas fontes de infelicidade que levam à distração e à divagação mental são o medo, a ansiedade, o neuroticismo e, óbvio, o tédio.[17] Ter uma autoimagem negativa — sentir vergonha de si mesmo, por exemplo — também pode levar à distração do aqui e agora. Acadêmicos demonstraram que pessoas que sentiam muita vergonha tendiam a divagar consideravelmente mais do que aquelas que não sentiam.[18]

Se você tem dificuldade com a atenção plena, a culpa pode ser de um desses dois problemas: você não sabe como se sentir à vontade com a sua mente, ou sabe e chegou à conclusão de que estar nela não é divertido. Se o que está impedindo você é o primeiro, então, por favor, mergulhe na extensa e crescente tecnologia e literatura sobre atenção plena. Você pode tentar a meditação formal ou somente prestar mais atenção ao que está ao seu redor.

Se seu problema for o segundo, você precisa encarar a fonte do medo e do desconforto. Fugir de si mesmo não vai funcionar a longo prazo; pelo contrário, muitas pesquisas mostram que divagar para evitar emoções piora as coisas, em vez de melhorá-las.[19] Você pode optar por enfrentar a fonte da sua infelicidade aqui e agora, com assistência profissional, da mesma forma que pode procurar ajuda de um conselheiro sobre um problema conjugal. Contudo, até o simples fato de admitir suas emoções desconfortáveis — medo, vergonha, culpa, tristeza ou raiva — pode ser o início da solução, conforme o encoraja a enfrentar sua resistência em experimentar esses sentimentos. Pode ser menos desagradável do que você pensa.

Observe que atenção plena não é o mesmo que olhar para o próprio umbigo. Estar aqui e agora não significa ficar obcecado consigo mesmo e com seus problemas e desconsiderar os dos outros. Pesquisadores demonstraram que a preocupação excessiva consigo mesmo pode aumentar a atitude defensiva e a negatividade.[20] A atenção plena deve, em vez disso, atuar no sentido de proporcionar uma percepção de si mesmo enquanto parte de um mundo mais amplo, e de uma observação das próprias emoções sem julgamento. Conforme se dedica a se concentrar no presente, lembre-se de duas coisas: você é apenas um entre oito bilhões de seres humanos; e a variação das suas emoções é uma parte normal de estar vivo. As ferramentas de metacognição debatidas anteriormente neste livro devem ser de grande ajuda enquanto você se empenha para se tornar mais consciente.

Ainda haverá momentos em que vai estar distraído — afinal, você é humano. E, às vezes, pode até querer fazer isso de propósito. Por exemplo, você pode optar por ler uma revista enquanto espera no dentista, para evitar pensar no tratamento de canal que está por vir. O segredo, aqui, é que você está fazendo uma escolha ocasional, o que significa que está, de fato, administrando suas emoções, em vez de deixar que elas o controlem. Nesse caso, a distração é uma ferramenta do seu arsenal emocional que deve ser usada com moderação — mas a atenção plena deve ser sempre o padrão.

Desafio 2

DAR O PRIMEIRO PASSO

A parte mais importante para dar início (ou turbinar) uma jornada transcendental é, bem, *começar*. As pessoas passam a vida inteira *desejando* ter fé, mas não fazem o que é preciso. A iluminação não surge por si só, como uma mudança no tempo. Ela requer muita atenção. E, assim como qualquer outra coisa — entrar para uma faculdade, ficar em melhor forma física —, o mais difícil é começar, algo que é uma escolha.

Eis algumas ideias para lhe ajudar.

Primeiro, não complique as coisas. Bons instrutores especializados em clientes que não praticam exercícios há muitos anos (ou que talvez jamais tenham praticado) nunca começam com uma bateria complicada de testes e um protocolo detalhado de exercícios. Nas primeiras semanas, o cliente é estimulado a fazer algo fácil e ativo durante uma hora por dia. Em geral, trata-se de uma caminhada. (Falaremos mais sobre isso daqui a pouco.) Da mesma forma, quando as pessoas perguntam sobre como dar início a uma jornada espiritual, a melhor resposta não é começar com um retiro silencioso de trinta dias no Himalaia, sentado em posição de lótus — o equivalente a tentar levantar o próprio peso na primeira visita à academia. Pelo contrário, é algo fácil e simples — como ir a um culto religioso e se sentar lá no fundo, observando sem julgamento nem expectativas.

Segundo, leia mais. Uma prática transcendental requer aprendizado. Comece a ler todas as literaturas sapienciais, incluindo a da sua própria tradição, se você tiver uma. No espírito semelhante ao do nosso conselho anterior, não comece pelos textos mais densos. Em vez de tentar ler os discursos do Buda no original em páli ou a *Suma Teológica* de São Tomás de Aquino, experimente um título mais popular sobre o budismo ou o cristianismo da biblioteca da sua cidade ou da livraria.[21]

Terceiro, relaxe. Você está comprometido em administrar sua própria vida. Está disposto a se empenhar para ser mais feliz, o que é ótimo. Mas isso pode ter um preço. Para sermos mais específicos, você pode querer controlar as coisas. A necessidade de controlar tudo pode ser um entrave na sua jornada espiritual, o que muitas vezes exige uma atitude intuitiva — permitir-se, de uma forma infantil, ter experiências que você não entende, em vez de soterrá-las com fatos e conhecimento. É irônico mencionar isso num livro sobre a ciência da felicidade, lógico. Mas pesquisadores demonstraram que as pessoas que têm um estilo de raciocínio mais intuitivo — que respondem a perguntas com base no *feeling* — relataram ter crenças religiosas mais fortes do que aquelas que eram mais analíticas.[22] Essa descoberta se deu independentemente de diferenças de formação, renda, espectro político e inteligência. Em outras palavras, não desconsidere uma coisa só porque não consegue explicá-la.

Talvez você tenha chegado até aqui e esteja levantando as mãos, dizendo: "Não entendi. Eu só não sou uma pessoa espiritualizada." Ok, tudo bem. Então, faça apenas uma coisa: saia para caminhar e entre em contato com o mundo lá fora. Esta é uma das formas mais comprovadas pelo tempo de termos uma experiência transcendental.

Infelizmente, isso é cada vez mais raro. Afinal, o percentual de norte-americanos que trabalham ao ar livre caiu de 90%, no início do século XIX, para menos de 20%, no final do século XX.[23] O mesmo padrão ocorre na nossa busca por lazer: os norte-americanos deram um bilhão de passeios a menos na natureza em 2018 em comparação com 2008.[24] Agora, 85% dos adultos dizem que passaram mais tempo ao ar livre na infância do que as crianças de hoje.[25] A tendência de afastamento da natureza ao longo dos últimos séculos, e nas últimas décadas em especial, tem uma explicação fácil. Para começar, a população mundial se urbanizou, por isso a natureza está menos acessível. De acordo com os dados do censo dos Estados Unidos, 6,1% da população do país residiam em áreas urbanas em 1800; em 2000, eram 79%.[26] Em segundo lugar, não importa onde estejamos vivendo, a tecnologia está roubando nossa atenção. Um estudo de 2017 observou que o tempo de tela vem aumentando rapidamente em todas as faixas etárias — o dos adultos era, em média, 10 horas e 39 minutos por dia em 2016 —, enquanto caçar, pescar, acampar e brincar ao ar livre têm diminuído de modo substancial entre as crianças.[27]

Talvez você seja um urbanoide que trabalha em um escritório, preso aos dispositivos tecnológicos dia e noite — e, para além de andar da sua casa até o carro ou o trem, talvez não passe muito tempo na natureza há meses ou mesmo anos. Se for esse o caso, talvez você esteja sofrendo de algum mal-estar perceptível, como estresse, ansiedade ou até depressão. Em um estudo de 2015, pesquisadores pediram a pessoas para fazer uma caminhada de cinquenta minutos na natureza ou em um ambiente urbano.[28] O grupo da natureza apresentou menor ansiedade, melhor humor e melhor memória de trabalho. Seus participantes estavam também muito menos propensos a concordar com afirmações como: "Muitas vezes penso demais em episódios da minha vida com os quais não deveria mais me preocupar."

O foco no metafísico deixa o indivíduo muito menos preocupado com as opiniões alheias. Não é surpresa alguma que a exposição à natureza tenha o mesmo efeito. Em 2008, pesquisadores descobriram que pessoas que caminharam pela cidade por quinze minutos tinham 39% mais chances de concordar com a afirmação "nesse momento, estou preocupado com a minha aparência" do que as que passaram o mesmo tempo andando na natureza.[29]

Se você ainda precisa de mais provas, talvez algumas palavras do escritor norte-americano Henry David Thoreau (que acreditava no poder transcendental da natureza) ajudem. "Eu estava caminhando pelo campo, junto à nascente de um pequeno riacho, quando o sol finalmente, pouco antes de se pôr, depois de um dia frio e cinzento, alcançou um faixa clara no horizonte", escreveu em 1862.[30] Nessa experiência banal, ele encontrou o sublime, como se estivesse caminhando rumo à Terra Santa — "até que um dia o sol brilhará com mais intensidade do que nunca, quem sabe brilhará em nossas mentes e corações e iluminará todas as nossas vidas com uma aurora tão potente, tão quente, serena e dourada como às margens de um rio no outono".

Thoreau acreditava que a natureza tem poderes além da nossa compreensão — que o contato com a terra nos transforma. A ciência moderna diz que é provável que ele tivesse razão.[31] Pesquisadores descobriram que a exposição à luz natural (mas não à artificial) sincroniza nosso ritmo circadiano interno com o nascer e o pôr do sol.[32] (Deixe de lado seus dispositivos tecnológicos e até mesmo as luzes artificiais por alguns dias, e dormir naturalmente pode ser mais fácil do que nunca.) Da mesma forma, alguns pequenos experimentos descobriram que, quando as pessoas estão em contato físico com a terra de maneiras tão simples quanto andar descalças ao ar livre — o chamado "aterramento" do corpo humano —, sua percepção da própria saúde e humor podem melhorar. Se quiser se sentir melhor, tire os sapatos e passe o dia ao ar livre; isso pode ajudar.[33]

A lição aqui é esta: existem inúmeras formas de dar início a uma jornada transcendental. Não precisa ser complicada nem esotérica; na verdade, deveria começar de maneira modesta e simples. Reze um pouco, leia um pouco, relaxe, dê uma volta pela natureza sem o celular. O importante é começar.

Desafio 3

O FOCO CERTO

O maior erro que as pessoas cometem quando buscam um caminho espiritual é persegui-lo para fins pessoais. Os capítulos anteriores sobre família e amizade sinalizaram um paradoxo: tendemos a receber mais amor quando o damos livremente. Fé e espiritualidade apresentam um paradoxo semelhante. Ou seja, você obtém o benefício pessoal majoritariamente quando esse benefício *não* é o objetivo.

Um monge budista tibetano defendeu certa vez este argumento quando repreendeu com certa gentileza muitos norte-americanos praticantes do budismo.[34] "Muitos budistas norte-americanos usam a prática para aliviar os problemas pessoais", disse ele. "Eles não entendem que o verdadeiro objetivo é buscar a verdade e aliviar o sofrimento dos outros." Para ser mais específico, no budismo, o objetivo do praticante é ser um *bodhisattva* — alcançar uma natureza de Buda e, assim, romper o ciclo interminável de sofrimento no nascimento e na morte, mas optar por não sair desse ciclo, de modo que a permanência nele ajude outros a alcançarem uma maior iluminação também.

Os zen-budistas japoneses ensinam sua fé usando *koans*, questões sobre as quais meditar. Uma das mais famosas é: "Qual é o som de uma única mão batendo palmas?" Parece uma pergunta sem sentido, até você perceber a resposta: "Uma ilusão." Uma mão em movimento de palmas pode fazer você imaginar um som de palmas, mas não emite um som real até que uma segunda mão seja adicionada. Isso ilustra a ideia budista de vazio — que cada um de nós está vazio de significado até estarmos em comunhão com os outros. Para desfrutar do amor, o sujeito deve amar os outros e ser amado por eles. É por isso que um *bodhisattva* medita — não para aliviar o próprio estresse e ansiedade, mas para se concentrar no estresse e na ansiedade dos outros.

Esta é a verdade mística por trás de quase todas as crenças e tradições. Sirva aos princípios do divino, busque a verdade suprema e, assim, colabore para fazer os outros mais felizes, não a si mesmo. Só *então* você terá mais sucesso em sua própria busca.

Este paradoxo é resumido por C. S. Lewis em seu famoso livro *Cristianismo puro e simples*, na sua descrição de um homem chamado Dick que deseja ser feliz e bom. "Enquanto Dick não se voltar para Deus, ele vai achar que sua gentileza lhe pertence, e, enquanto achar isso, ela jamais pertencerá a ele. Somente quando Dick perceber que sua gentileza não é sua, mas uma dádiva de Deus, e quando ele a devolve a Deus, é que então ela começa a ser realmente sua. Por enquanto, Dick está começando a participar de sua própria criação. As únicas coisas que podemos guardar são aquelas que damos gratuitamente a Deus. O que tentamos guardar para nós mesmos é justamente o que vamos perder sem dúvida."[35]

Se você trilhar o caminho transcendental, se tornará mais feliz, mas somente se ficar mais feliz não for seu objetivo. Sua meta deve ser buscar a verdade e o bem dos outros.

O CAMINHO A SER TRILHADO

Não podemos dizer qual deve ser o seu caminho transcendental, mas podemos dizer que você vai construir uma vida melhor se trilhar um. A ciência mostra de forma evidente que as experiências metafísicas não são superstições fúteis e, em vez disso, proporcionam um benefício para a felicidade que não pode ser obtido em outro lugar. Encontrar e seguir seu caminho apresenta desafios, é óbvio, e apresentamos três dos maiores. Assimile as lições a seguir usando suas habilidades de gerenciamento e você vai obter os maiores ganhos possíveis.

1. A vida espiritual pode ser difícil porque vai contra os estímulos que nos rodeiam e que interrompem constantemente a nossa atenção. Devemos nos empenhar para estarmos presentes e atentos, e podemos melhorar nisso.
2. É um equívoco ficar esperando e torcendo para que uma prática espiritual nos encontre; é provável que isso não aconteça. Precisamos nos dedicar a construir uma prática espiritual, assim como qualquer outra coisa de valor. O passo mais importante é o primeiro.
3. O foco de uma fé ou prática espiritual não deve ser majoritariamente pessoal. O benefício para nós mesmos é imenso, mas o motivo deve ser a busca pela verdade e o amor aos outros.

Ao contrário das lições dos capítulos anteriores, essas são mais difíceis de se colocar em prática de forma imediata, com resultados imediatos. Por isso, vamos acrescentar uma quarta lição, para introduzir as três primeiras nos próximos meses e anos de sua vida: dedique um determinado intervalo de tempo todos os dias à sua vida espiritual ou filosófica. Por exemplo, comece sua manhã com apenas quinze minutos dedicando-se à literatura sapiencial e se concentrando em contemplação ou oração. Se a sua casa é agitada demais para isso, encontre essa pausa durante a hora do almoço ou à noite. No início, quinze minutos vão parecer muito, mas, com o tempo, fica mais fácil, e, se você insistir, vai querer mais. O segredo para o sucesso no começo, porém, é a consistência. Apenas quinze minutos, todos os dias.

Isso nos leva ao final da segunda fase do plano para construir a vida desejada. Preste atenção e administre o que importa — os quatro pilares fundamentais da família, da amizade, do trabalho e da fé — ao encarar os maiores desafios para cada um.

Nestes oito capítulos, abordamos uma enorme quantidade de conhecimento, abrangendo literalmente milhares de estudos científicos. Sem dúvida, muitas das lições e conceitos o surpreenderam. Muitos outros você conhecia, só precisava de um lembrete. No entanto, é provável que todos tenham feito sentido para você. De modo geral, as lições sobre felicidade devem sempre passar no "Teste da Vovó" (se, diante delas, a sua avó comentasse "isso é uma bobagem", então você deveria ficar *bastante* desconfiado).

O desafio agora é lembrar-se das lições. Para a maioria das pessoas, as complicações da vida facilitam o esquecimento de novas ideias e o retorno aos velhos padrões. Por esse motivo, este livro termina com uma maneira verdadeiramente infalível de consolidar os princípios para construir sua vida e ser mais feliz: torne-se o professor.

Uma nota da Oprah

Desde pequena, adoro aprender. Também adoro compartilhar o que aprendi. Inclusive, enquanto estou escrevendo isso, tenho a sensação de que o aprendizado nunca está de fato completo *até* ser compartilhado.

Para mim, *The Oprah Winfrey Show* sempre foi, no fundo, uma sala de aula. Eu tinha curiosidade sobre muitas coisas, desde as complexidades do sistema digestivo até o sentido da vida. Havia tanta coisa que eu queria saber, tantas perguntas a serem feitas e respondidas — e achei que outras pessoas também eram curiosas e questionadoras, então convidei algumas delas para irem lá e serem nossas professoras. Óbvio que muita gente da plateia também tinha sabedoria para compartilhar. Tantas pessoas foram ao programa e compartilharam tantas coisas…

A alegria de compartilhar o conhecimento também explica por que criei um clube do livro. Os romances e memórias que são mais importantes para mim são aqueles que abrem meus olhos para verdades mais profundas e novas experiências, ou que se concentram em ideias significativas — e não é da minha natureza monopolizar essas verdades, experiências e ideias! Mesmo quando ainda estou no meio de um livro de que estou gostando, me imagino conversando sobre ele com outras pessoas, e isso só aumenta o meu prazer.

A verdade é que sempre senti um chamado para ser professora, e digo isso sem arrogância alguma. Na minha opinião, um professor não é aquele que sabe tudo; é apenas aquele que compartilha o que aprendeu.

Dei aulas e workshops na minha escola para meninas na África do Sul, mas o meu papel principal é o de mentora. (Bem, mentora e aluna. Eu poderia escrever um livro sobre as duras lições que aprendi ao longo do processo de construção de uma escola. Sem falar nas lições que as próprias meninas me ensinam continuamente. O grande número delas — somando centenas até hoje — reforça a lição de apego desapegado que já mencionei antes. É apenas impossível investir em objetivos específicos para tantas meninas, cada uma com sua própria bagagem, suas próprias habilidades, seus próprios sonhos e desejos. Meu trabalho é abrir a porta; só elas podem decidir o que farão depois de atravessá-la.)

Quando estou orientando as "minhas meninas", gosto de enfatizar que o sucesso na vida não é tanto ter as respostas certas, mas sim fazer boas perguntas: O que significa viver bem — para mim, nunca é seguindo o modelo de outra pessoa —, e como faço isso? Pelo que vale mesmo a pena lutar? O que posso oferecer, e como posso servir? Quais lições posso tirar das minhas experiências, em especial das mais difíceis? Como faço para aproveitar melhor meu tempo limitado neste planeta?

Não é coincidência que essas sejam as mesmas questões que Arthur Brooks explorou neste livro. Elas tocam o cerne do que significa ser mais feliz. Elas admitem que isso é um processo ativo, uma questão não de ser, mas de vir a ser. E enfatizam a parte mais importante do processo: a capacidade de cada um de agir. Elas defendem que a pessoa que controla a sua felicidade — e a possibilidade de você ser *ainda mais* feliz — é, e sempre será, você.

Eu me vejo em grande parte deste livro. E desconfio que você também tenha se visto. Não apenas a pessoa que você foi, mas a pessoa verdadeiramente mais feliz que pode ser. À medida que sigo os princípios que Arthur apresenta, *eu* vou me tornando mais feliz. De verdade, estou me divertindo — uma palavra que antes não existia no meu vocabulário, porque estava focada demais no trabalho. Hoje, viajo, me aventuro, digo sim a novas experiências — porque quero, não porque me sinto obrigada. E já constatei muitas vezes que a felicidade se multiplica quando a compartilhamos. Espero que este livro permita que você comece a compartilhá-la também.

Quando aprender, ensine. Quando receber, dê.
– Maya Angelou

Conclusão
Agora, seja você o professor

Você pegou este livro para construir uma vida mais feliz e leu muitas ideias sobre como fazer isso. Para colocá-las em prática, é preciso se lembrar delas. Eis como fazer isso: ensine o que aprendeu a um ornitorrinco de plástico.

Certo, é provável que você precise de alguma explicação quanto a isso. Existe uma técnica de aprendizagem chamada de "técnica do ornitorrinco de plástico", na qual as pessoas são orientadas a explicar algo que aprenderam a um objeto inanimado qualquer, como... um ornitorrinco de plástico. Também pode ser um pato de borracha ou uma bola de boliche — não é isso o que importa. O que as informações obtidas a partir do emprego dessa técnica demonstram é que, se você conseguir explicar algo de forma coerente, vai absorver a informação e se lembrar dela. O motivo é bem simples, e você já o conhece. Precisamos ser *metacognitivos* com as informações — usar o córtex pré-frontal — para poder entendê-las e usá-las. E a melhor forma de fazer isso é explicando-as com nitidez.

Ainda melhor do que um ornitorrinco de plástico, porém, é uma pessoa de verdade, e muitas pesquisas têm comprovado que ensinar um assunto é o modo mais confiável de aprendê-lo a fundo. Isso foi demonstrado pela primeira vez pelo famoso professor de idiomas Jean-Pol Martin, que era bem-sucedido ao ensinar línguas estrangeiras por meio de um método no qual seus alunos instruíam uns aos outros.[1] Pesquisas posteriores ilustraram esse conceito em experimentos nos quais um grupo de alunos estudava sozinho as matérias, enquanto um segundo grupo as explicava a outros alunos.[2] (Os dois tiveram a mesma quantidade de tempo.) O segundo grupo (o dos alunos-professores) entendeu e memorizou as matérias melhor que o primeiro.

Ensinar aos outros como ser mais feliz é mais do que apenas consolidar as ideias em sua cabeça. Com a felicidade em declínio em quase todos os cantos, e nos Estados Unidos em especial, nosso mundo precisa de defensores e guerreiros para ajudar os milhões que sofrem sem alívio. Muitos ainda acreditam que não há esperança enquanto houver dor nas suas vidas. Descubra pessoas que fazem parte da sua vida que estejam nessa situação. Seja a esperança delas.

Agora, talvez você esteja pensando: "Como posso ajudar alguém a construir a própria vida quando a minha ainda tem tanto a melhorar?" Esse é *justamente* o momento e o motivo para você ser o professor mais eficaz. Os melhores professores de felicidade são aqueles que tiveram que se empenhar para adquirir o conhecimento que estão oferecendo, não os sortudos que acordam todos os dias de bom humor. Esses poucos sortudos são como os influenciadores de estilo de vida fitness no Instagram que têm uma vantagem genética, comem o que querem e não fazem ideia dos desafios que o resto de nós precisa encarar.

Não esconda suas próprias batalhas. Use-as para ajudar os outros a entender que não estão sozinhos e que é possível ser mais feliz. Sua dor lhe dá credibilidade, e o seu progresso lhe transforma em uma inspiração. Compartilhar com outras pessoas aumenta esse progresso, criando uma situação em que todos saem ganhando.

MAIS VELHO, MAIS SÁBIO, MAIS FELIZ

Ensinar a felicidade também é a melhor estratégia para se tornar mais feliz com o passar do tempo. Uma das maiores fontes de sofrimento para muitas pessoas na meia-idade é a percepção de que, embora tenham muitos anos de vida pela frente, estão de alguma forma vendo um declínio de suas habilidades. Isto é verdadeiro em especial para pessoas que investiram muito em suas competências.

Se você tem a sensação de que não é mais tão perspicaz quanto antigamente ou que está um pouco esgotado na meia-idade ou além, isso é normal. Pesquisadores observaram há muito tempo que muitas competências — a capacidade de análise e inovação, por exemplo — tendem a aumentar com enorme velocidade muito cedo na vida, e depois diminuem durante os trinta e quarenta anos. Esse fenômeno é chamado de inteligência fluida. É isso que o torna bom naquilo que faz quando é jovem adulto, e dá mesmo para perceber quando o declínio chega, o que, em geral, ocorre mais cedo do que esperávamos.[3]

Existe outro tipo de inteligência que chega mais tarde, chamada de inteligência cristalizada, que é uma habilidade cada vez maior para combinar ideias complexas, compreender o que elas significam, identificar padrões e ensinar outras pessoas. Ela aumenta durante a meia-idade e pode permanecer alta até a velhice. Se você tem mais de cinquenta anos e percebe que é melhor em enxergar padrões e explicar conceitos aos outros do que era antes, é porque sua inteligência cristalizada está mais alta.

Pesquisas sobre a inteligência fluida e a inteligência cristalizada sugerem que as pessoas devem desempenhar diferentes papéis ao longo da vida os quais complementem cada tipo de inteligência — mas sempre tendendo a ensinar e orientar os outros à medida que os anos passarem, porque essa é a sua força natural que está se exacerbando. Talvez seja uma mudança de emprego ou carreira, ou uma ênfase diferente na sua profissão. A forma como normalmente vemos isto acontecer com pessoas que se afastam do mercado de trabalho para criar os filhos é que, quando o ninho fica vazio, elas voltam ao batente exercendo um tipo de função diferente daquela que exerciam antes do hiato.

A propósito, esse conselho não vale apenas para a área profissional. Na vida, somos mais competentes e mais felizes quando confiamos mais na nossa sabedoria à medida que envelhecemos. Uma das razões pelas quais as pessoas gostam tanto de ser avós — além do fato de que você pode mimar as crianças o dia todo e depois elas vão para a casa delas! — é porque isso depende de inteligência cristalizada. Os avós confiam na experiência e sabedoria próprias e tendem a não surtar com pequenas coisas, o que torna tudo mais fácil e divertido.

O que nos leva de volta a ensinar para sermos mais felizes. Ao passo que você envelhece, tornar-se um professor de felicidade vai parecer cada vez mais natural. E, conforme os anos passam, mais essas informações se tornarão verdadeiramente suas. Outros vão recorrer a você para aprender.

O ELEMENTO MAIS IMPORTANTE DE TODOS

Ao ler este livro, você deve ter notado um tema recorrente: toda prática que o ajuda a construir a vida que você deseja se baseia em uma coisa:

Amor.

Embarcar em um projeto para ser mais feliz e se empenhar para administrar suas emoções é dizer que você se ama o suficiente para fazer esse investimento. Todos os pilares da felicidade também têm a ver com o amor: amor pela sua família, amor pelos seus amigos, amor tornado visível ao dar o seu melhor no trabalho, e amor pelo divino por meio de sua jornada transcendental. Tornar-se professor daquilo que você aprendeu é um ato de amor abundante para com todas as pessoas em sua vida.

Assim como a felicidade, o amor não é um sentimento. Como disse Martin Luther King Jr. em 1957: "O amor não é apenas uma coisa sentimental da que falamos. Não é só algo emocional.

Amor é ser benevolente, com criatividade e compreensão, com todo mundo."[4] O amor é um compromisso, um ato de vontade e disciplina. O amor, assim como ser mais feliz, é algo que melhora com a prática. Que fica mais automático com a repetição. Que se torna um hábito com o tempo. E, quando isso acontece, todo o resto parece se encaixar.

Comece todos os dias dizendo: "Não sei o que este dia vai trazer, mas vou amar os outros e me permitir ser amado." Sempre que você estiver se perguntando o que fazer em uma determinada situação (seja ela grande, do tipo decidir se aceita ou não um novo emprego, ou pequena, como dar passagem a alguém no trânsito), pergunte-se: "Qual é a coisa mais amorosa que pode ser feita agora?" Armado com o conhecimento adquirido neste livro, você não vai errar nunca.

É lógico que você não é feito de pedra, e, mesmo que se comprometa com o autogerenciamento emocional e com a construção da família, das amizades, do trabalho e da fé, mesmo assim haverá dias em que o amor vai parecer algo distante. Você vai responder mal a alguém; vai acabar sendo dominado por seus sentimentos; vai levantar as mãos para o alto, em frustração. Isso é natural. O segredo para o progresso não é a perfeição, é começar de novo, e de novo, e de novo. Cada dia é um novo dia, e mais uma oportunidade de pegar o martelo e voltar ao trabalho. Basta lembrar que a vida que você deseja se baseia no amor e começar de novo.

Nós dois estamos fazendo o mesmo com nossa própria vida. Fazemos parte do mesmo projeto: sermos mais felizes construindo nossa vida sobre uma base de amor. Este é o princípio que nos uniu nesta parceria e para escrever este livro.

Então, lembre-se: estamos caminhando ao seu lado, desejando o melhor em sua jornada. E pedimos a você que faça o mesmo por nós. Fortalecendo uns aos outros, podemos nos ajudar a construir a vida que desejamos. E, juntos, talvez possamos até mesmo ajudar a construir o mundo que queremos.

Para obter mais informações sobre

como construir a vida que você deseja e

ensinar outras pessoas a fazerem

o mesmo, visite o site em inglês

www.arthurbrooks.com/build

Agradecimentos

Adoramos trabalhar juntos neste livro. No entanto, não nos escondemos na casa da Oprah e produzimos o manuscrito sozinhos. Muitas pessoas o tornaram possível com suas ideias, trabalho árduo e apoio.

Somos gratos à nossa equipe de pesquisa composta por Rena Rudavsky, Reece Brown e Bryce Fuemmeler, que correram atrás de milhares de referências e checaram fato atrás de fato. Ao professor Joshua Greene, de Harvard, que revisou as informações sobre neurociência neste livro e nos deu feedbacks que melhoraram o manuscrito. Oprah agradece também a Deborah Way por ajudá-la a encontrar as palavras e a linguagem certas para falar de felicidade. Enquanto isso, Tara Montgomery, Candice Gayl e Bob Greene nos ofereceram críticas construtivas e mantiveram o livro no caminho certo em meio a um cronograma caótico. Nicole Nichols, Chelsea Hettrick e Nicole Marostica cuidaram da comunicação, garantindo que o mundo ficasse sabendo do projeto. E nada teria acontecido se não fosse o apoio de muitos colegas da Harpo e da ACB Ideas, em especial Rachel Ayerst Manfredi, Molly Glaeser, Olivia Ladner, Joanna Moss, Samantha Ray e Mary Riner.

Por seu incentivo e sua orientação, somos gratos a Bria Sandford, nossa editora na Portfolio; Anthony Mattero, agente literário do Arthur na Creative Artists Agency; e nossos representantes legais, Marc Chamlin e Ken Weinrib.

Arthur agradece à liderança e aos colegas da Harvard Kennedy School e da Harvard Business School por criarem um lar acadêmico criativo e solidário no qual este trabalho pôde florescer. Os alunos do MBA em suas aulas de Liderança e Felicidade na HBS e os participantes e apoiadores do Laboratório de Liderança e Felicidade da HKS são um lembrete inspirador de que a felicidade é algo que podemos melhorar e compartilhar. Arthur também está em dívida com o *The Atlantic*, local em que muitas das ideias e algumas das passagens deste livro apareceram originalmente, na sua coluna semanal, "How to Build a Life". Agradecimentos especiais a Jeff Goldberg, Rachel Gutman-Wei, Julie Beck e Ena Alvarado-Esteller, que toda semana possibilitam a publicação da coluna. A pesquisa de Arthur recebeu a ajuda generosa de Dan D'Aniello, Ravenel Curry, Tully Friedman, Cindy e Chris Galvin e Eric Schmidt.

Como deixamos evidente neste livro, a felicidade se constrói em casa, nos laços com os quais contamos nos momentos bons e nos ruins. Não estaríamos em condições de aconselhar ninguém sobre como ser mais feliz se não fosse pelo amor e apoio das nossas famílias. Para Arthur, isso começa com Ester Munt-Brooks, sua esposa e guru espiritual; e com Joaquim, Carlos, Marina, Jessica e Caitlin Brooks. Para Oprah, obrigada a todos os meus Queridos, vocês sabem quem são, que me fazem mais feliz a cada dia.

Notas

Introdução: O segredo de Albina

Nas histórias reais apresentadas na introdução, nomes fictícios foram usados e alguns detalhes alterados, de modo a preservar a privacidade das pessoas citadas, exceto quando indicado o contrário.

1. Michael Davern, Rene Bautista, Jeremy Freese, Stephen L. Morgan e Tom W. Smith, General Social Surveys, intervalo 1972–2021, NORC, Universidade de Chicago, gssdataexplorer.norc.org.
2. Renee D. Goodwin, Lisa C. Dierker, Melody Wu, Sandro Galea, Christina W. Hoven e Andrea H. Weinberger, "Trends in US Depression Prevalence from 2015 to 2020: The Widening Treatment Gap", *American Journal of Preventive Medicine* 63, n. 5 (2022): 726–33.
3. Davern *et al.*, General Social Surveys, intervalo 1972–2021.
4. *Global Happiness Study: What Makes People Happy around the World*, Ipsos Global Advisor, ago. 2019.

Capítulo Um: A felicidade não é o objetivo e a infelicidade não é o inimigo

Esse capítulo adapta ideias e cita trechos dos seguintes ensaios:
Arthur C. Brooks, "Sit with Negative Emotions, Don't Push Them Away", How to Build a Life, *The Atlantic*, 18 jun. 2020; Arthur C. Brooks, "Measuring Your Happiness Can Help Improve It", How to Build a Life, *The Atlantic*, 3 dez. 2020; Arthur C. Brooks, "There Are Two Kinds of Happy People", How to Build a Life, *The Atlantic*, 28 jan. 2021; Arthur C. Brooks, "Different Cultures Define Happiness Differently", How to Build a Life, *The Atlantic*, 15 jul. 2021; Arthur C. Brooks, "The Meaning of Life Is Surprisingly Simple", How to Build a Life, *The Atlantic*, 21 out. 2021; Arthur C. Brooks, "The Problem

with 'No Regrets'", How to Build a Life, *The Atlantic*, 3 fev. 2022; Arthur C. Brooks, "How to Want Less", How to Build a Life, *The Atlantic*, 8 fev. 2022; Arthur C. Brooks, "Choose Enjoyment over Pleasure", How to Build a Life, *The Atlantic*, 24 mar. 2022; Arthur C. Brooks, "What the Second-Happiest People Get Right", How to Build a Life, *The Atlantic*, 31 mar. 2022; Arthur C. Brooks, "How to Stop Freaking Out", How to Build a Life, *The Atlantic*, 28 abr. 2022; Arthur C. Brooks, "A Happiness Columnist's Three Biggest Happiness Rules", How to Build a Life, *The Atlantic*, 21 jul. 2022; Arthur C. Brooks, "America Is Pursuing Happiness in All the Wrong Places", *The Atlantic*, 16 nov. 2022.

1. Jeffrey Zaslow, "A Beloved Professor Delivers the Lecture of a Lifetime", *Wall Street Journal*, 20 set. 2007.
2. Saint Augustine, *The City of God*, livro XI, org. e trad. Marcus Dods (Edimburgo: T. & T. Clark, 1871), cap. 26, publicação on-line do Project Gutenberg.
3. E. E. Hewitt, "Sunshine in the Soul", Hymnary.org.
4. Yukiko Uchida e Yuji Ogihara, "Personal or Interpersonal Construal of Happiness: A Cultural Psychological Perspective", *International Journal of Wellbeing* 2, n. 4 (2012): 354–369.
5. Shigehiro Oishi, Jesse Graham, Selin Kesebir e Iolanda Costa Galinha, "Concepts of Happiness across Time and Cultures", *Personality and Social Psychology Bulletin* 39, n. 5 (2013): 559–77.
6. Dictionary.com, verbete "happiness". Disponível em: www.dictionary.com/browse/happiness.
7. Anna J. Clark, *Divine Qualities: Cult and Community in Republican Rome* (Oxford: Oxford University Press, 2007).
8. Anna Altman, "The Year of Hygge, the Danish Obsession with Getting Cozy", *New Yorker*, 18 dez. 2016.
9. Philip Brickman e Donald T. Campbell, "Hedonic Relativism and Planning the Good Society", em *Adaptation Level Theory*, org. M. H. Appley (Nova York: Academic Press, 1971): 287–301.
10. Viktor E. Frankl, *Man's Search for Meaning* (Boston: Beacon Press, 1946), xvii.
11. Catherine J. Norris, Jackie Gollan, Gary G. Berntson e John T. Cacioppo, "The Current Status of Research on the Structure of Evaluative Space", *Biological Psychology* 84, n. 3 (2010): 422–36.
12. Jordi Quoidbach, June Gruber, Moïra Mikolajczak, Alexsandr Kogan, Ilios Kotsou e Michael I. Norton, "Emodiversity and the

Emotional Ecosystem", *Journal of Experimental Psychology: General* 143, n. 6 (2014): 2057-66.
13. Richard J. Davidson, Alexander J. Shackman e Jeffrey S. Maxwell, "Asymmetries in Face and Brain Related to Emotion", *Trends in Cognitive Sciences* 8, n. 9 (2004): 389-91.
14. Debra Trampe, Jordi Quoidbach e Maxime Taquet, "Emotions in Everyday Life", *PLoS One* 10, n. 12 (2015): e0145450.
15. Daniel Kahneman, Alan B. Krueger, David A. Schkade, Norbert Schwarz e Arthur A. Stone, "A Survey Method for Characterizing Daily Life Experience: The Day Reconstruction Method", *Science* 306, n. 5702 (2004): 1776-80.
16. David Watson, Lee Anna Clark e Auke Tellegen, "Development and Validation of Brief Measures of Positive and Negative Affect: The PANAS Scales", *Journal of Personality and Social Psychology* 54, n. 6 (1988): 1063-70. Os leitores podem fazer esse teste em: www.authentichappiness.sas.upenn.edu/testcenter (em inglês).
17. As médias foram retiradas da pesquisa original de Watson, Clark e Tellegen (1988).
18. Kristen A. Lindquist, Ajay B. Satpute, Tor D. Wager, Jochen Weber e Lisa Feldman Barrett, "The Brain Basis of Positive and Negative Affect: Evidence from a Meta-analysis of the Human Neuroimaging Literature", *Cerebral Cortex* 26, n. 5 (2016): 1910-22.
19. Paul Rozin e Edward B. Royzman, "Negativity Bias, Negativity Dominance, and Contagion", *Personality and Social Psychology Review* 5, n. 4 (2001): 296-320.
20. Emmy Gut, "Productive and Unproductive Depression: Interference in the Adaptive Function of the Basic Depressed Response", *British Journal of Psychotherapy* 2, n. 2 (1985): 95-113.
21. Neal J. Roese, Kai Epstude, Florian Fessel, Mike Morrison, Rachel Smallman, Amy Summerville, Adam D. Galinsky e Suzanne Segerstrom, "Repetitive Regret, Depression, and Anxiety: Findings from a Nationally Representative Survey", *Journal of Social and Clinical Psychology* 28, n. 6 (2009): 671-88.
22. Melanie Greenberg, "The Psychology of Regret: Should We Really Aim to Live Our Lives with No Regrets?" *Psychology Today*, 16 maio 2012.
23. Daniel H. Pink, *The Power of Regret: How Looking Backward Moves Us Forward* (Nova York: Penguin, 2022). A citação foi enviada pelo autor por e-mail.

24. John Keats, *The Letters of John Keats to His Family and Friends*, org. Sidney Colvin (Londres: Macmillan and Co., 1925), publicação on-line do Project Gutenberg.
25. Karol Jan Borowiecki, "How Are You, My Dearest Mozart? Well-being and Creativity of Three Famous Composers Based on Their Letters", *Review of Economics and Statistics* 99, n. 4 (2017): 591–605.
26. Paul W. Andrews e J. Anderson Thomson Jr., "The Bright Side of Being Blue: Depression as an Adaptation for Analyzing Complex Problems", *Psychological Review* 116, n. 3 (2009): 620–54.
27. Shigehiro Oishi, Ed Diener e Richard E. Lucas, "The Optimum Level of Well-being: Can People Be Too Happy?" in *The Science of WellBeing: The Collected Works of Ed Diener*, org. Ed Diener (Heidelberg, Londres e Nova York: Springer Dordrecht, 2009): 175–200.
28. June Gruber, Iris B. Mauss e Maya Tamir, "A Dark Side of Happiness? How, When, and Why Happiness Is Not Always Good", *Perspectives on Psychological Science* 6, n. 3 (2011): 222–33.

Capítulo Dois: O poder da metacognição

Esse capítulo adapta ideias e cita trechos dos seguintes ensaios:
Arthur C. Brooks, "When You Can't Change the World, Change Your Feelings", How to Build a Life, *The Atlantic*, 2 dez. 2021; Arthur C. Brooks, "How to Stop Freaking Out", How to Build a Life, *The Atlantic*, 28 abr. 2022; Arthur C. Brooks, "How to Make the Baggage of Your Past Easier to Carry", How to Build a Life, *The Atlantic*, 16 jun. 2022.

1. "Viktor Emil Frankl", Viktor Frankl Institut. Disponível em: www.viktorfrankl.org/biography.html.
2. Antonio Semerari, Antonino Carcione, Giancarlo Dimaggio, Maurizio Falcone, Giuseppe Nicolò, Michele Procacci e Giorgio Alleva, "How to Evaluate Metacognitive Functioning in Psychotherapy? The Metacognition Assessment Scale and Its Applications", *Clinical Psychology & Psychotherapy* 10, n. 4 (2003): 238–61.
3. Paul D. MacLean, T. J. Boag e D. Campbell, *A Triune Concept of the Brain and Behaviour: Hincks Memorial Lectures* (Toronto: University of Toronto Press, 1973).
4. Patrick R. Steffen, Dawson Hedges e Rebekka Matheson, "The Brain Is Adaptive Not Triune: How the Brain Responds to Threat, Challenge, and Change", *Frontiers in Psychiatry* 13 (2022).

5. Trevor Huff, Navid Mahabadi e Prasanna Tadi, "Neuroanatomy, Visual Cortex", StatPearls (2022).
6. Joseph LeDoux e Nathaniel D. Daw, "Surviving Threats: Neural Circuit and Computational Implications of a New Taxonomy of Defensive Behaviour", *Nature Reviews Neuroscience* 19, n. 5 (2018): 269-82; "Understanding the Stress Response", Harvard Health Publishing, 6 de julho de 2020; Sean M. Smith e Wylie W. Vale, "The Role of the Hypothalamic-Pituitary-Adrenal Axis in Neuroendocrine Responses to Stress", *Dialogues in Clinical Neuroscience* 8, n. 4 (2006): 383-95.
7. LeDoux e Daw, "Surviving Threats".
8. Carroll E. Izard, "Emotion Theory and Research: Highlights, Unanswered Questions, and Emerging Issues", *Annual Review of Psychology* 60 (2009): 1-25.
9. APA Dictionary of Psychology, verbete "joy", American Psychological Association, acesso em: 2 dez. 2022. Disponível em: www.dictionary.apa.org/joy.
10. "From Thomas Jefferson to Thomas Jefferson Smith, 21 February 1825", Founders Online.
11. Jeffrey M. Osgood e Mark Muraven, "Does Counting to Ten Increase or Decrease Aggression? The Role of State Self-Control (EgoDepletion) and Consequences", *Journal of Applied Social Psychology* 46, n. 2 (2016): 105-13.
12. Boethius, *The Consolation of Philosophy*, trad. H. R. James (Londres: Elliot Stock, 1897), publicação on-line do Project Gutenberg.
13. Amy Loughman, "Ancient Stress Response vs Modern Life", Mind Body Microbiome, 9 jan. 2020.
14. Jeremy Sutton, "Maladaptive Coping: 15 Examples & How to Break the Cycle", PositivePsychology.com, 28 out. 2020.
15. Philip Phillips, "Boethius", Oxford Bibliographies, última alteração em 30 mar. 2017.
16. Boécio, *A consolação da filosofia*.
17. Ralph Waldo Emerson, "Self-Reliance", em *Essays: First Series* (Boston: J. Munroe and Company, 1841).
18. Daniel L. Schacter, Donna Rose Addis e Randy L. Buckner, "Remembering the Past to Imagine the Future: The Prospective Brain", *Nature Reviews Neuroscience* 8, n. 9 (2007): 657-61.
19. Marcus Raichle, "The Brain's Default Mode Network", *Annual Review of Neuroscience* 38 (2015): 433-47.
20. Ulric Neisser e Nicole Harsch, "Phantom Flashbulbs: False Recollections of Hearing the News about Challenger", em *Affect and*

Accuracy in Recall: Studies of "Flashbulb" Memories, org. E. Winograd e U. Neisser (Cambridge: Cambridge University Press, 1992).
21. Melissa Fay Greene, "You Won't Remember the Pandemic the Way You Think You Will", *The Atlantic*, maio 2021; Alisha C. Holland e Elizabeth A. Kensinger, "Emotion and Autobiographical Memory", *Physics of Life Reviews* 7, n. 1 (2010): 88–131.
22. Linda J. Levine e David A. Pizarro, "Emotion and Memory Research: A Grumpy Overview", *Social Cognition* 22, n. 5 (2004): 530–54.
23. "Maha-satipatthana Sutta: The Great Frames of Reference", trad. Thanissaro Bhikkhu, Access to Insight, 2000.
24. James W. Pennebaker, *Opening Up: The Healing Power of Expressing Emotions* (Nova York: Guilford Press, 2012).
25. Dorit Alt e Nirit Raichel, "Reflective Journaling and Metacognitive Awareness: Insights from a Longitudinal Study in Higher Education", *Reflective Practice* 21, n. 2 (2020): 145–58.
26. Seth J. Gillihan, Jennifer Kessler e Martha J. Farah, "Memories Affect Mood: Evidence from Covert Experimental Assignment to Positive, Neutral, and Negative Memory Recall", *Acta Psychologica* 125, n. 2 (2007): 144–54.
27. Nic M. Westrate e Judith Glück, "Hard-Earned Wisdom: Exploratory Processing of Difficult Life Experience Is Positively Associated with Wisdom", *Developmental Psychology* 53, n. 4 (2017): 800–14.

Capítulo Três: Escolha uma emoção melhor

Esse capítulo adapta ideias e cita trechos dos seguintes ensaios:
Arthur C. Brooks, "Don't Wish for Happiness. Work for It", How to Build a Life, *The Atlantic*, 22 abr. 2021; Arthur C. Brooks, "The Link between Happiness and a Sense of Humor", How to Build a Life, *The Atlantic*, 12 ago. 2021; Arthur C. Brooks, "The Difference between Hope and Optimism", How to Build a Life, *The Atlantic*, 23 set. 2021; Arthur C. Brooks, "How to Be Thankful When You Don't Feel Thankful", How to Build a Life, *The Atlantic*, 24 nov. 2021; Arthur C. Brooks, "How to Stop Dating People Who Are Wrong for You", How to Build a Life, *The Atlantic*, 23 jun. 2022.

1. Diane C. Mitchell, Carol A. Knight, Jon Hockenberry, Robyn Teplansky e Terryl J. Hartman, "Beverage Caffeine Intakes in the US", *Food and Chemical Toxicology* 63 (2014): 136–42.

2. Brian Fiani, Lawrence Zhu, Brian L. Musch, Sean Briceno, Ross Andel, Nasreen Sadeq e Ali Z. Ansari, "The Neurophysiology of Caffeine as a Central Nervous System Stimulant and the Resultant Effects on Cognitive Function", *Cureus* 13, n. 5 (2021): e15032; Thomas V. Dunwiddie e Susan A. Masino, "The Role and Regulation of Adenosine in the Central Nervous System", *Annual Review of Neuroscience* 24, n. 1 (2001): 31–55; Leeana Aarthi Bagwath Persad, "Energy Drinks and the Neurophysiological Impact of Caffeine", *Frontiers in Neuroscience* 5 (2011): 116.
3. Paul Rozin e Edward B. Royzman, "Negativity Bias, Negativity Dominance, and Contagion", *Personality and Social Psychology Review* 5, n. 4 (2001): 296–320.
4. Charlotte vanOyen Witvliet, Fallon J. Richie, Lindsey M. Root Luna e Daryl R. Van Tongeren, "Gratitude Predicts Hope and Happiness: A Two-Study Assessment of Traits and States", *Journal of Positive Psychology* 14, n. 3 (2019): 271–82.
5. Glenn R. Fox, Jonas Kaplan, Hanna Damasio e Antonio Damasio, "Neural Correlates of Gratitude", *Frontiers in Psychology* 6 (2015): 1491; Kent C. Berridge e Morten L. Kringelbach, "Pleasure Systems in the Brain", *Neuron* 86, n. 3 (2015): 646–64.
6. Jane Taylor Wilson, "Brightening the Mind: The Impact of Practicing Gratitude on Focus and Resilience in Learning", *Journal of the Scholarship of Teaching and Learning* 16, n. 4 (2016): 1–13; Nathaniel M. Lambert e Frank D. Fincham, "Expressing Gratitude to a Partner Leads to More Relationship Maintenance Behavior", *Emotion* 11, n. 1 (2011): 52–60; Sara B. Algoe, Barbara L. Fredrickson e Shelly L. Gable, "The Social Functions of the Emotion of Gratitude Via Expression", *Emotion* 13, n. 4 (2013): 605–9; Maggie Stoeckel, Carol Weissbrod e Anthony Ahrens, "The Adolescent Response to Parental Illness: The Influence of Dispositional Gratitude", *Journal of Child and Family Studies* 24, n. 5 (2014): 1501–9.
7. Anna L. Boggiss, Nathan S. Consedine, Jennifer M. Brenton-Peters, Paul L. Hofman e Anna S. Serlachius, "A Systematic Review of Gratitude Interventions: Effects on Physical Health and Health Behaviors", *Journal of Psychosomatic Research* 135 (2020): 110165; Megan M. Fritz, Christina N. Armenta, Lisa C. Walsh e Sonja Lyubomirsky, "Gratitude Facilitates Healthy Eating Behavior in Adolescents and Young Adults", *Journal of Experimental Social Psychology* 81 (2019): 4–14.

8. M. Tullius Cicero, *The Orations of Marcus Tullius Cicero*, trad. C. D. Yonge (Londres: George Bell & Sons, 1891).
9. David DeSteno, Monica Y. Bartlett, Jolie Baumann, Lisa A. Williams e Leah Dickens, "Gratitude as Moral Sentiment: Emotion-Guided Cooperation in Economic Exchange", *Emotion* 10, n. 2 (2010): 289–93; David DeSteno, Ye Li, Leah Dickens e Jennifer S. Lerner, "Gratitude: A Tool for Reducing Economic Impatience", *Psychological Science* 25, n. 6 (2014): 1262–7; Jo-Ann Tsang, Thomas P. Carpenter, James A. Roberts, Michael B. Frisch e Robert D. Carlisle, "Why Are Materialists Less Happy? The Role of Gratitude and Need Satisfaction in the Relationship between Materialism and Life Satisfaction", *Personality and Individual Differences* 64 (2014): 62–6.
10. Nathaniel M. Lambert, Frank D. Fincham e Tyler F. Stillman, "Gratitude and Depressive Symptoms: The Role of Positive Reframing and Positive Emotion", *Cognition & Emotion* 26, n. 4 (2012): 615–33.
11. Kristin Layous e Sonja Lyubomirsky, "Benefits, Mechanisms, and New Directions for Teaching Gratitude to Children", *School Psychology Review* 43, n. 2 (2014): 153–9.
12. Nathaniel M. Lambert, Frank D. Fincham, Scott R. Braithwaite, Steven M. Graham e Steven R. H. Beach, "Can Prayer Increase Gratitude?" *Psychology of Religion and Spirituality* 1, n. 3 (2009): 139–49.
13. Araceli Frias, Philip C. Watkins, Amy C. Webber e Jeffrey J. Froh, "Death and Gratitude: Death Reflection Enhances Gratitude", *Journal of Positive Psychology* 6, n. 2 (2011): 154–62.
14. Ru H. Dai, Hsueh-Chih Chen, Yu C. Chan, Ching-Lin Wu, Ping Li, Shu L. Cho e Jon-Fan Hu, "To Resolve or Not to Resolve, That Is the Question: The Dual-Path Model of Incongruity Resolution and Absurd Verbal Humor by fMRI", *Frontiers in Psychology* 8 (2017): 498; Takeshi Satow, Keiko Usui, Masao Matsuhashi, J. Yamamoto, Tahamina Begum, Hiroshi Shibasaki, A. Ikeda, N. Mikuni, S. Miyamoto e Naoya Hashimoto, "Mirth and Laughter Arising from Human Temporal Cortex", *Journal of Neurology, Neurosurgery & Psychiatry* 74, n. 7 (2003): 1004–5.
15. E. B. White e Katherine S. White, org., *A Subtreasury of American Humor* (Nova York: Coward-McCann, 1941).
16. Mimi M. Y. Tse, Anna P. K. Lo, Tracy L. Y. Cheng, Eva K. K. Chan, Annie H. Y. Chan e Helena S. W. Chung, "Humor Therapy: Relieving Chronic Pain and Enhancing Happiness for Older Adults", *Journal of Aging Research* 2010 (2010): 343574.

17. Kim R. Edwards e Rod A. Martin, "Humor Creation Ability and Mental Health: Are Funny People More Psychologically Healthy?" *Europe's Journal of Psychology* 6, n. 3 (2010): 196-212.
18. Victoria Ando, Gordon Claridge e Ken Clark, "Psychotic Traits in Comedians", *British Journal of Psychiatry* 204, n. 5 (2014): 341-5.
19. Giovanni Boccaccio, *The Decameron of Giovanni Boccaccio*, trad. John Payne (Nova York: Walter J. Black), publicação on-line do Project Gutenberg.
20. John Morreall, "Religious Faith, Militarism, and Humorlessness", *Europe's Journal of Psychology* 1, n. 3 (2005).
21. Ori Amir e Irving Biederman, "The Neural Correlates of Humor Creativity", *Frontiers in Human Neuroscience* 10 (2016): 597; Alan Feingold e Ronald Mazzella, "Psychometric Intelligence and Verbal Humor Ability", *Personality and Individual Differences* 12, n. 5 (1991): 427-35.
22. Edwards e Martin, "Humor Creation Ability".
23. David Hecht, "The Neural Basis of Optimism and Pessimism", *Experimental Neurobiology* 22, n. 3 (2013): 173-99.
24. Pesquisadores constataram que o otimismo pode distorcer ainda mais a realidade. Hecht, "Neural Basis of Optimism and Pessimism".
25. Jim Collins, *Good to Great: Why Some Companies Make the Leap... and Others Don't* (Nova York: HarperBusiness, 2001), 85.
26. Fred B. Bryant e Jamie A. Cvengros, "Distinguishing Hope and Optimism: Two Sides of a Coin, or Two Separate Coins?" *Journal of Social and Clinical Psychology* 23, n. 2 (2004): 273-302.
27. Anthony Scioli, Christine M. Chamberlin, Cindi M. Samor, Anne B. Lapointe, Tamara L. Campbell, Alex R. Macleod e Jennifer McLenon, "A Prospective Study of Hope, Optimism, and Health", *Psychological Reports* 81, n. 3 (1997): 723-33.
28. Rebecca J. Reichard, James B. Avey, Shane Lopez e Maren Dollwet, "Having the Will and Finding the Way: A Review and Metaanalysis of Hope at Work", *Journal of Positive Psychology* 8, n. 4 (2013): 292-304.
29. Liz Day, Katie Hanson, John Maltby, Carmel Proctor e Alex Wood, "Hope Uniquely Predicts Objective Academic Achievement above Intelligence, Personality, and Previous Academic Achievement", *Journal of Research in Personality* 44, n. 4 (2010): 550-3.
30. Stephen L. Stern, Rahul Dhanda e Helen P. Hazuda, "Hopelessness Predicts Mortality in Older Mexican and European Americans", *Psychosomatic Medicine* 63, n. 3 (2001): 344-51.

31. Miriam A. Mosing, Brendan P. Zietsch, Sri N. Shekar, Margaret J. Wright e Nicholas G. Martin, "Genetic and Environmental Influences on Optimism and Its Relationship to Mental and Self-Rated Health: A Study of Aging Twins", *Behavior Genetics* 39, n. 6 (2009): 597–604.
32. Dictionary.com, verbete "empath". Disponível em: www.dictionary.com/browse/empath.
33. Psychiatric Medical Care Communications Team, "The Difference between Empathy and Sympathy", Psychiatric Medical Care.
34. Dana Brown, "The New Science of Empathy and Empaths (drjudithorloff.com)", *PACEsConnection* (blog), 4 jan. 2018; Ryszard Praszkier, "Empathy, Mirror Neurons and SYNC", *Mind & Society* 15, n. 1 (2016): 1–25.
35. Camille Fauchon, I. Faillenot, A. M. Perrin, C. Borg, Vincent Pichot, Florian Chouchou, Luis Garcia-Larrea e Roland Peyron, "Does an Observer's Empathy Influence My Pain? Effect of Perceived Empathetic or Unempathetic Support on a Pain Test", *European Journal of Neuroscience* 46, n. 10 (2017): 2629–37.
36. Frans Derksen, Tim C. Olde Hartman, Annelies van Dijk, Annette Plouvier, Jozien Bensing e Antoine Lagro-Janssen, "Consequences of the Presence and Absence of Empathy during Consultations in Primary Care: A Focus Group Study with Patients", *Patient Education and Counseling* 100, n. 5 (2017): 987–93.
37. Olga M. Klimecki, Susanne Leiberg, Matthieu Ricard e Tania Singer, "Differential Pattern of Functional Brain Plasticity after Compassion and Empathy Training", *Social Cognitive and Affective Neuroscience* 9, n. 6 (2014): 873–9.
38. Paul Bloom, *Against Empathy: The Case for Rational Compassion* (Nova York: Random House, 2017), 2.
39. Clara Strauss, Billie Lever Taylor, Jenny Gu, Willem Kuyken, Ruth Baer, Fergal Jones e Kate Cavanagh, "What Is Compassion and How Can We Measure It? A Review of Definitions and Measures", *Clinical Psychology Review* 47 (2016): 15–27.
40. Klimecki *et al.*, "Differential Pattern".
41. Yawei Cheng, Ching-Po Lin, Ho-Ling Liu, Yuan-Yu Hsu, Kun-Eng Lim, Daisy Hung e Jean Decety, "Expertise Modulates the Perception of Pain in Others", *Current Biology* 17, n. 19 (2007): 1708–13.
42. Varun Warrier, Roberto Toro, Bhismadev Chakrabarti, Anders D. Børglum, Jakob Grove, David A. Hinds, Thomas Bourgeron e Simon Baron-Cohen, "Genome-Wide Analyses of Self-Reported

Empathy: Correlations with Autism, Schizophrenia, and Anorexia Nervosa", *Translational Psychiatry* 8, n. 1 (2018): 1–10; Aleksandr Kogan, Laura R. Saslow, Emily A. Impett e Sarina Rodrigues Saturn, "Thin-Slicing Study of the Oxytocin Receptor (OXTR) Gene and the Evaluation and Expression of the Prosocial Disposition", *Proceedings of the National Academy of Sciences* 108, n. 48 (2011): 19189–92.

43. Hooria Jazaieri, Geshe Thupten Jinpa, Kelly McGonigal, Erika L. Rosenberg, Joel Finkelstein, Emiliana Simon-Thomas, Margaret Cullen, James R. Doty, James J. Gross e Philippe R. Goldin, "Enhancing Compassion: A Randomized Controlled Trial of a Compassion Cultivation Training Program", *Journal of Happiness Studies* 14, n. 4 (2012): 1113–26.
44. Carrie Mok, Nirmal B. Shah, Stephen F. Goldberg, Amir C. Dayan e Jaime L. Baratta, "Patient Perceptions and Expectations about Postoperative Analgesia" (palestra, Thomas Jefferson University Hospital, Filadélfia, 2018).

Capítulo Quatro: Concentre-se menos em você mesmo

Esse capítulo adapta ideias e cita trechos dos seguintes ensaios:

Arthur C. Brooks, "No One Cares", How to Build a Life, *The Atlantic*, 11 nov. 2021; Arthur C. Brooks, "Quit Lying to Yourself", How to Build a Life, *The Atlantic*, 18 nov. 2021; Arthur C. Brooks, "How to Stop Freaking Out", How to Build a Life, *The Atlantic*, 28 abr. 2022; Arthur C. Brooks, "Don't Surround Yourself with Admirers", How to Build a Life, *The Atlantic*, 30 jun. 2022; Arthur C. Brooks, "Honesty Is Love", How to Build a Life, *The Atlantic*, 18 ago. 2022; Arthur C. Brooks, "A Shortcut for Feeling Just a Little Happier", How to Build a Life, *The Atlantic*, 25 ago. 2022; Arthur C. Brooks, "Envy, the Happiness Killer", How to Build a Life, *The Atlantic*, 20 out. 2022.

1. Adam Waytz e Wilhelm Hofmann, "Nudging the Better Angels of Our Nature: A Field Experiment on Morality and Well-being", *Emotion* 20, n. 5 (2020): 904–9.
2. William James, *The Principles of Psychology* (Nova York: H. Holt and Company, 1890).
3. Michael Dambrun, "Self-Centeredness and Selflessness: Happiness Correlates and Mediating Psychological Processes", *PeerJ* 5 (2017): e3306.

4. Olga Khazan, "The Self-Confidence Tipping Point", *The Atlantic*, 11 de outubro de 2019; Leon F. Seltzer, "Self-Absorption: The Root of All (Psychological) Evil?" *Psychology Today*, 24 ago. 2016.
5. Marius Golubickis e C. Neil Macrae, "Sticky Me: Self-Relevance Slows Reinforcement Learning", *Cognition* 227 (2022): 105207.
6. Daisetz Teitaro Suzuki, *An Introduction to Zen Buddhism* (Nova York: Grove Press, 1991), 64.
7. Esta citação é de uma troca de e-mails com um dos autores.
8. David Veale e Susan Riley, "Mirror, Mirror on the Wall, Who Is the Ugliest of Them All? The Psychopathology of Mirror Gazing in Body Dysmorphic Disorder", *Behaviour Research and Therapy* 39, n. 12 (2001): 1381–93.
9. O homem contou essa história ao Arthur.
10. Dacher Keltner, "Why Do We Feel Awe?" *Greater Good Magazine*, 10 maio 2016.
11. Michelle N. Shiota, Dacher Keltner e Amanda Mossman, "The Nature of Awe: Elicitors, Appraisals, and Effects on Self-Concept", *Cognition and Emotion* 21, n. 5 (2007): 944–63.
12. Wanshi Shôgaku, *Shôyôroku (Book of Equanimity): Introductions, Cases, Verses Selection of 100 Cases with Verses*, trad. Sanbô Kyôdan Society (2014).
13. Mateus 7:1.
14. Marcus Aurelius, *Meditations: A New Translation* (Londres: Random House UK, 2002), 162.
15. Richard Foley, *Intellectual Trust in Oneself and Others* (Cambridge: Cambridge University Press, 2001).
16. Matthew D. Lieberman e Naomi I. Eisenberger, "The Dorsal Anterior Cingulate Cortex Is Selective for Pain: Results from Large-Scale Reverse Inference", *Proceedings of the National Academy of Sciences* 112, n. 49 (2015): 15250–5; Ruohe Zhao, Hang Zhou, Lianyan Huang, Zhongcong Xie, Jing Wang, Wen-Biao Gan e Guang Yang, "Neuropathic Pain Causes Pyramidal Neuronal Hyperactivity in the Anterior Cingulate Cortex", *Frontiers in Cellular Neuroscience* 12 (2018): 107.
17. C. Nathan DeWall, Geoff MacDonald, Gregory D. Webster, Carrie L. Masten, Roy F. Baumeister, Caitlin Powell, David Combs, David R. Schurtz, Tyler F. Stillman, Dianne M. Tice e Naomi I. Eisenberger, "Acetaminophen Reduces Social Pain: Behavioral and Neural Evidence", *Psychological Science* 21, n. 7 (2010): 931–7.

18. "Allodoxaphobia (a Complete Guide)", OptimistMinds, última alteração em 3 fev. 2023.
19. APA Dictionary of Psychology, verbete "behavioral inhibition system", American Psychological Association. Disponível em: www.dictionary.apa.org/behavioral-inhibition-system; Marion R. M. Scholten *et al.*, "Behavioral Inhibition System (BIS), Behavioral Activation System (BAS) and Schizophrenia: Relationship with Psychopathology and Physiology", *Journal of Psychiatric Research* 40, n. 7 (2006): 638-45.
20. Kees van den Bos, "Meaning Making Following Activation of the Behavioral Inhibition System: How Caring Less about What Others Think May Help Us to Make Sense of What Is Going On", in *The Psychology of Meaning*, org. K. D. Markman, T. Proulx e M. J. Lindberg (Washington, D.C.: American Psychological Association, 2013), 359-80.
21. Annette Kämmerer, "The Scientific Underpinnings and Impacts of Shame", *Scientific American*, 9 ago. 2019; Jay Boll, "Shame: The Other Emotion in Depression & Anxiety", Hope to Cope, 8 mar. 2021.
22. Lao Tzu, *Tao Te Ching: A New English Version*, trad. Stephen Mitchell (Nova York: Harper Perennial, 1992), poema 9.
23. Sem dúvida, adoraríamos parar de nos importar com o que os outros pensam; isso nos causa dor. Mas eis a questão: seria ruim apagar essa dor por completo, assim como seria com a dor normal, física ou emocional. Isso seria anormal e perigoso; esse desejo pode levar ao que os psicólogos chamam de síndrome de húbris ou, até mesmo, ser evidência de transtorno de personalidade antissocial. Ver David Owen e Jonathan Davidson, "Hubris Syndrome: An Acquired Personality Disorder? A Study of US Presidents and UK Prime Ministers over the Last 100 Years", *Brain* 132, n. 5 (2009): 1396-406; Robert J. Blair, "The Amygdala and Ventromedial Prefrontal Cortex in Morality and Psychopathy", *Trends in Cognitive Sciences* 11, n. 9 (2007): 387-92.
24. Kenneth Savitsky, Nicholas Epley e Thomas Gilovich, "Do Others Judge Us as Harshly as We Think? Overestimating the Impact of Our Failures, Shortcomings, and Mishaps", *Journal of Personality and Social Psychology* 81, n. 1 (2001): 44-56.
25. Dante Alighieri, *The Divine Comedy*, trad. Henry Wadsworth Longfellow (Boston: 1867), publicação on-line do Project Gutenberg.
26. Joseph Epstein, *Envy: The Seven Deadly Sins*, vol. 1 (Oxford: Oxford University Press, 2003), 1.

27. Jan Crusius, Manuel F. Gonzalez, Jens Lange e Yochi Cohen-Charash, "Envy: An Adversarial Review and Comparison of Two Competing Views", *Emotion Review* 12, n. 1 (2020): 3–21.
28. Henrietta Bolló, Dzsenifer Roxána Háger, Manuel Galvan e Gábor Orosz, "The Role of Subjective and Objective Social Status in the Generation of Envy", *Frontiers in Psychology* 11 (2020): 513495.
29. Hidehiko Takahashi, Motoichiro Kato, Masato Matsuura, Dean Mobbs, Tetsuya Suhara e Yoshiro Okubo, "When Your Gain Is My Pain and Your Pain Is My Gain: Neural Correlates of Envy and Schadenfreude", *Science* 323, n. 5916 (2009): 937–9.
30. Redzo Mujcic e Andrew J. Oswald, "Is Envy Harmful to a Society's Psychological Health and Wellbeing? A Longitudinal Study of 18,000 Adults", *Social Science & Medicine* 198 (2018): 103–11.
31. Nicole E. Henniger e Christine R. Harris, "Envy across Adulthood: The What and the Who", *Basic and Applied Social Psychology* 37, n. 6 (2015): 303–18.
32. Edson C. Tandoc Jr., Patrick Ferrucci e Margaret Duffy, "Facebook Use, Envy, and Depression among College Students: Is Facebooking Depressing?" *Computers in Human Behavior* 43 (2015): 139–46.
33. Philippe Verduyn, David Seungjae Lee, Jiyoung Park, Holly Shablack, Ariana Orvell, Joseph Bayer, Oscar Ybarra, John Jonides e Ethan Kross, "Passive Facebook Usage Undermines Affective Well-being: Experimental and Longitudinal Evidence", *Journal of Experimental Psychology: General* 144, n. 2 (2015): 480–8.
34. Cosimo de' Medici, Piero de' Medici e Lorenzo de' Medici, *Lives of the Early Medici: As Told in Their Correspondence* (Boston: R. G. Badger, 1911).
35. Ed O'Brien, Alexander C. Kristal, Phoebe C. Ellsworth e Norbert Schwarz, "(Mis)imagining the Good Life and the Bad Life: Envy and Pity as a Function of the Focusing Illusion", *Journal of Experimental Social Psychology* 75 (2018): 41–53.
36. Alexandra Samuel, "What to Do When Social Media Inspires Envy", *JSTOR Daily*, 6 fev. 2018.
37. Alison Wood Brooks, Karen Huang, Nicole Abi-Esber, Ryan W. Buell, Laura Huang e Brian Hall, "Mitigating Malicious Envy: Why Successful Individuals Should Reveal Their Failures", *Journal of Experimental Psychology: General* 148, n. 4 (2019): 667–87.
38. Ovul Sezer, Francesca Gino e Michael I. Norton, "Humblebragging: A Distinct—and Ineffective—Self-Presentation Strategy", *Journal of Personality and Social Psychology* 114, n. 1 (2018): 52–74.

NOTAS

Capítulo Cinco: Construa sua Família Imperfeita

Esse capítulo adapta ideias e cita trechos dos seguintes ensaios:
Arthur C. Brooks, "Love Is Medicine for Fear", How to Build a Life, *The Atlantic*, 16 jul. 2020; Arthur C. Brooks, "There Are Two Kinds of Happy People", How to Build a Life, *The Atlantic*, 28 jan. 2021; Arthur C. Brooks, "Don't Wish for Happiness. Work for It", How to Build a Life, *The Atlantic*, 22 abr. 2021; Arthur C. Brooks, "How Adult Children Affect Their Mother's Happiness", How to Build a Life, *The Atlantic*, 6 maio 2021; Arthur C. Brooks, "Dads Just Want to Help", How to Build a Life, *The Atlantic*, 17 jun. 2021; Arthur C. Brooks, "Those Who Share a Roof Share Emotions", How to Build a Life, *The Atlantic*, 22 jul. 2021; Arthur C. Brooks, "Fake Forgiveness Is Toxic for Relationships", How to Build a Life, *The Atlantic*, 19 ago. 2021; Arthur C. Brooks, "Quit Lying to Yourself", How to Build a Life, *The Atlantic*, 18 nov. 2021; Arthur C. Brooks, "The Common Dating Strategy That's Totally Wrong", How to Build a Life, *The Atlantic*, 10 fev. 2022; Arthur C. Brooks, "The Key to a Good Parent-Child Relationship? Low Expectations", How to Build a Life, *The Atlantic*, 12 maio 2022; Arthur C. Brooks, "Honesty Is Love", How to Build a Life, *The Atlantic*, 18 ago. 2022.

1. Laura Silver, Patrick van Kessel, Christine Huang, Laura Clancy e Sneha Gubbala, "What Makes Life Meaningful? Views from 17 Advanced Economies", Pew Research Center, 18 nov. 2021.
2. Christian Grevin, "The Chapman University Survey of American Fears, Wave 9" (Orange, Califórnia: Earl Babbie Research Center, Chapman University, 2022).
3. Merril Silverstein e Roseann Giarrusso, "Aging and Family Life: A Decade Review", *Journal of Marriage and Family* 72, n. 5 (2010): 1039–58.
4. Leo Tolstoy, *Anna Karenina*, trad. Constance Garnett (1901), publicação on-line do Project Gutenberg.
5. Adam Shapiro, "Revisiting the Generation Gap: Exploring the Relationships of Parent/Adult-Child Dyads", *International Journal of Aging and Human Development* 58, n. 2 (2004): 127–46.
6. Shapiro, "Revisiting the Generation Gap".
7. Joshua Coleman, "A Shift in American Family Values Is Fueling Estrangement", *The Atlantic*, 10 jan. 2021; Megan Gilligan, J. Jill Suitor e Karl Pillemer, "Estrangement between Mothers and Adult

Children: The Role of Norms and Values", *Journal of Marriage and Family* 77, n. 4 (2015): 908-20.
8. Kira S. Birditt, Laura M. Miller, Karen L. Fingerman e Eva S. Lefkowitz, "Tensions in the Parent and Adult Child Relationship: Links to Solidarity and Ambivalence", *Psychology and Aging* 24, n. 2 (2009): 287-95.
9. Chris Segrin, Alesia Woszidlo, Michelle Givertz, Amy Bauer e Melissa Taylor Murphy, "The Association between Overparenting, Parent-Child Communication, and Entitlement and Adaptive Traits in Adult Children", *Family Relations* 61, n. 2 (2012): 237-52.
10. Rhaina Cohen, "The Secret to a Fight-Free Relationship", *The Atlantic*, 13 set. 2021.
11. Shapiro, "Revisiting the Generation Gap".
12. Kira S. Birditt, Karen L. Fingerman, Eva S. Lefkowitz e Claire M. Kamp Dush, "Parents Perceived as Peers: Filial Maturity in Adulthood", *Journal of Adult Development* 15, n. 1 (2008): 1-12.
13. Ashley Fetters e Kaitlyn Tiffany, "The 'Dating Market' Is Getting Worse", *The Atlantic*, 25 fev. 2020.
14. Anna Brown, "Nearly Half of U.S. Adults Say Dating Has Gotten Harder for Most People in the Last 10 Years", Pew Research Center, 20 ago. 2020.
15. Michael Davern, Rene Bautista, Jeremy Freese, Stephen L. Morgan e Tom W. Smith, General Social Surveys, intervalo 1972-2021, NORC, Universidade de Chicago, gssdataexplorer.norc.org.
16. Christopher Ingraham, "The Share of Americans Not Having Sex Has Reached a Record High", *Washington Post*, 29 mar. 2019; Kate Julian, "Why Are Young People Having So Little Sex?" *The Atlantic*, 15 dez. 2018.
17. Gregory A. Huber e Neil Malhotra, "Political Homophily in Social Relationships: Evidence from Online Dating Behavior", *Journal of Politics* 79, n. 1 (2017): 269-83.
18. Cat Hofacker, "OkCupid: Millennials Say Personal Politics Can Make or Break a Relationship", *USA Today*, 16 out. 2018.
19. Neal Rothschild, "Young Dems More Likely to Despise the Other Party", *Axios*, 7 dez. 2021.
20. "Is Education Doing Favors for Your Dating Life?" *GCU Experience* (blog), Grand Canyon University, 22 jun. 2021.
21. Robert F. Winch, "The Theory of Complementary Needs in Mate-Selection: A Test of One Kind of Complementariness", *American Sociological Review* 20, n. 1 (1955): 52-6.

22. Pamela Sadler e Erik Woody, "Is Who You Are Who You're Talking To? Interpersonal Style and Complementarity in Mixed-Sex Interactions", *Journal of Personality and Social Psychology* 84, n. 1 (2003): 80–96.
23. Aurelio José Figueredo, Jon Adam Sefcek e Daniel Nelson Jones, "The Ideal Romantic Partner Personality", *Personality and Individual Differences* 41, n. 3 (2006): 431–41.
24. Marc Spehr, Kevin R. Kelliher, Xiao-Hong Li, Thomas Boehm, Trese Leinders-Zufall e Frank Zufall, "Essential Role of the Main Olfactory System in Social Recognition of Major Histocompatibility Complex Peptide Ligands", *Journal of Neuroscience* 26, n. 7 (2006): 1961–70.
25. Claus Wedekind, Thomas Seebeck, Florence Bettens e Alexander J. Paepke, "MHC-Dependent Mate Preferences in Humans", *Proceedings of the Royal Society B: Biological Sciences* 260, n. 1359 (1995): 245–9.
26. Pablo Sandro Carvalho Santos, Juliano Augusto Schinemann, Juarez Gabardo e Maria da Graça Bicalho, "New Evidence That the MHC Influences Odor Perception in Humans: A Study with 58 Southern Brazilian Students", *Hormones and Behavior* 47, n. 4 (2005): 384–8.
27. Michael J. Rosenfeld, Reuben J. Thomas e Sonia Hausen, "Disintermediating Your Friends: How Online Dating in the United States Displaces Other Ways of Meeting", *Proceedings of the National Academy of Sciences* 116, n. 36 (2019): 17753–8.
28. Jon Levy, Devin Markell e Moran Cerf, "Polar Similars: Using Massive Mobile Dating Data to Predict Synchronization and Similarity in Dating Preferences", *Frontiers in Psychology* 10 (2019): 2010.
29. C. Price, "43% of Americans Have Gone on a Blind Date", DatingAdvice.com, 6 ago. 2022.
30. Elaine Hatfield, John T. Cacioppo e Richard L. Rapson, "Emotional Contagion", *Current Directions in Psychological Science* 2, n. 3 (1993): 96–9.
31. James H. Fowler e Nicholas A. Christakis, "Dynamic Spread of Happiness in a Large Social Network: Longitudinal Analysis over 20 Years in the Framingham Heart Study", *BMJ* 337 (2008): a2338.
32. Alison L. Hill, David G. Rand, Martin A. Nowak e Nicholas A. Christakis, "Emotions as Infectious Diseases in a Large Social Network: The SISa Model", *Proceedings of the Royal Society B: Biological Sciences* 277, n. 1701 (2010): 3827–35.

33. Elaine Hatfield, Lisamarie Bensman, Paul D. Thornton e Richard L. Rapson, "New Perspectives on Emotional Contagion: A Review of Classic and Recent Research on Facial Mimicry and Contagion", *Interpersona: An International Journal on Personal Relationships* 8, n. 2 (2014): 159-79.
34. Bruno Wicker, Christian Keysers, Jane Plailly, Jean-Pierre Royet, Vittorio Gallese e Giacomo Rizzolatti, "Both of Us Disgusted in My Insula: The Common Neural Basis of Seeing and Feeling Disgust", *Neuron* 40, n. 3 (2003): 655-64.
35. India Morrison, Donna Lloyd, Giuseppe Di Pellegrino e Neil Roberts, "Vicarious Responses to Pain in Anterior Cingulate Cortex: Is Empathy a Multisensory Issue?" *Cognitive, Affective, & Behavioral Neuroscience* 4, n. 2 (2004): 270-8.
36. Mary J. Howes, Jack E. Hokanson e David A. Loewenstein, "Induction of Depressive Affect after Prolonged Exposure to a Mildly Depressed Individual", *Journal of Personality and Social Psychology* 49, n. 4 (1985): 1110-3.
37. Robert J. Littman e Maxwell L. Littman, "Galen and the Antonine Plague", *American Journal of Philology* 94, n. 3 (1973): 243-55.
38. Cassius Dio, "Book of Roman History", in *Loeb Classical Library* 9, trad. Earnest Cary e Herbert Baldwin Faoster (Cambridge, MA: Harvard University Press, 1925), 100-101.
39. Marcus Aurelius, "Marcus Aurelius", in *Loeb Classical Library* 58, org. e trad. C. R. Haines (Cambridge, MA: Harvard University Press, 1916), 234-35.
40. Courtney Waite Miller e Michael E. Roloff, "When Hurt Continues: Taking Conflict Personally Leads to Rumination, Residual Hurt and Negative Motivations toward Someone Who Hurt Us", *Communication Quarterly* 62, n. 2 (2014): 193-213.
41. Denise C. Marigold, Justin V. Cavallo, John G. Holmes e Joanne V. Wood, "You Can't Always Give What You Want: The Challenge of Providing Social Support to Low Self-Esteem Individuals", *Journal of Personality and Social Psychology* 107, n. 1 (2014): 56-80.
42. Hao Shen, Aparna Labroo e Robert S. Wyer Jr., "So Difficult to Smile: Why Unhappy People Avoid Enjoyable Activities", *Journal of Personality and Social Psychology* 119, n. 1 (2020): 23.
43. Robert M. Pirsig, *Zen and the Art of Motorcycle Maintenance: An Inquiry into Values* (Nova York: Random House, 1999).
44. Pavica Sheldon e Mary Grace Antony, "Forgive and Forget: A Typology of Transgressions and Forgiveness Strategies in Married

and Dating Relationships", *Western Journal of Communication* 83, n. 2 (2019): 232–51.
45. Vincent R. Waldron e Douglas L. Kelley, "Forgiving Communication as a Response to Relational Transgressions", *Journal of Social and Personal Relationships* 22, n. 6 (2005): 723–42.
46. Sheldon e Antony, "Forgive and Forget".
47. Buddhaghosa Himi, *Visuddhimagga: The Path of Purification*, trad. Bhikkhu Ñāṇamoli (Sri Lanka: Buddhist Publication Society, 2010), 297.
48. Everett L. Worthington Jr., Charlotte Van Oyen Witvliet, Pietro Pietrini e Andrea J. Miller, "Forgiveness, Health, and Well-being: A Review of Evidence for Emotional versus Decisional Forgiveness, Dispositional Forgivingness, and Reduced Unforgiveness", *Journal of Behavioral Medicine* 30, n. 4 (2007): 291–302.
49. Brad Blanton, *Radical Honesty* (Nova York: Random House, 1996).
50. Edel Ennis, Aldert Vrij e Claire Chance, "Individual Differences and Lying in Everyday Life", *Journal of Social and Personal Relationships* 25, n. 1 (2008): 105–18.
51. Leon F. Seltzer, "The Narcissist's Dilemma: They Can Dish It Out, but..." *Psychology Today*, 12 de outubro de 2011.

Capítulo Seis: Amizades Profundamente Verdadeiras

Esse capítulo adapta ideias e cita trechos dos seguintes ensaios e podcasts:
Arthur C. Brooks, "Sedentary Pandemic Life Is Bad for Our Happiness", How to Build a Life, *The Atlantic*, 19 nov. 2020; Arthur C. Brooks, "The Type of Love That Makes People Happiest", How to Build a Life, *The Atlantic*, 11 fev. 2021; Arthur C. Brooks, "The Hidden Toll of Remote Work", How to Build a Life, *The Atlantic*, 1º abr. 2021; Arthur C. Brooks, "The Best Friends Can Do Nothing for You", How to Build a Life, *The Atlantic*, 8 abr. 2021; Arthur C. Brooks, "What Introverts and Extroverts Can Learn from Each Other", How to Build a Life, *The Atlantic*, 20 maio 2021; Arthur C. Brooks, "Which Pet Will Make You Happiest?" How to Build a Life, *The Atlantic*, 5 ago. 2021; Arthur C. Brooks, "Stop Waiting for Your Soul Mate", How to Build a Life, *The Atlantic*, 9 set. 2021; Arthur C. Brooks, "Don't Surround Yourself with Admirers", How to Build a Life, *The Atlantic*, 30 jun. 2022; Arthur C. Brooks, "Technology Can Make Your Relationships Shallower", How to Build a Life, *The Atlantic*, 29 set. 2022;

Arthur C. Brooks, "Marriage Is a Team Sport", How to Build a Life, *The Atlantic*, 10 nov. 2022; Arthur C. Brooks, "How We Learned to Be Lonely", How to Build a Life, *The Atlantic*, 5 jan. 2023; Arthur Brooks, "Love in the Time of Corona", *The Art of Happiness with Arthur Brooks*, podcast, 39:24, 13 abr. 2020.

1. Edgar Allan Poe, *The Complete Poetical Works of Edgar Allan Poe Including Essays on Poetry*, org. John Henry Ingram (Nova York: A. L. Burt), publicação on-line do Project Gutenberg.
2. Ludwig, "Death of Edgar A Poe", *Richmond Enquirer*, 16 out. 1849.
3. Edgar Allan Poe e Eugene Lemoine Didier, *Life and Poems* (Nova York: W. J. Widdleton, 1879), 101.
4. Melıkşah Demır, Ayça Özen, Aysun Doğan, Nicholas A. Bilyk e Fanita A. Tyrell, "I Matter to My Friend, Therefore I Am Happy: Friendship, Mattering, and Happiness", *Journal of Happiness Studies* 12, n. 6 (2011): 983–1005.
5. Melıkşah Demır e Lesley A. Weitekamp, "I Am So Happy 'Cause Today I Found My Friend: Friendship and Personality as Predictors of Happiness", *Journal of Happiness Studies* 8, n. 2 (2007): 181–211.
6. Daniel A. Cox, "The State of American Friendship: Change, Challenges, and Loss", Survey Center on American Life, 8 jun. 2021.
7. Cox, "State of American Friendship".
8. John Whitesides, "From Disputes to a Breakup: Wounds Still Raw after U.S. Election", Reuters, 7 fev. 2017.
9. KFF, "As the covid-19 Pandemic Enters the Third Year Most Adults Say They Have Not Fully Returned to Pre-Pandemic 'Normal'", comunicado, 6 abr. 2022.
10. Maddie Sharpe e Alison Spencer, "Many Americans Say They Have Shifted Their Priorities around Health and Social Activities during covid-19", Pew Research Center, 18 ago. 2022.
11. Sarah Davis, "59% of U.S. Adults Find It Harder to Form Relationships since covid-19, Survey Reveals—Here's How That Can Harm Your Health", *Forbes*, 12 jul. 2022.
12. Lewis R. Goldberg, "The Development of Markers for the Big-Five Factor Structure", *Psychological Assessment* 4, n. 1 (1992): 26–42.
13. C. G. Jung, *Psychologische Typen* (Zurich: Rascher & Cie., 1921).
14. Hans Jurgen Eysenck, "Intelligence Assessment: A Theoretical and Experimental Approach", em *The Measurement of Intelligence* (Heidelberg, Londres e Nova York: Springer Dordrecht, 1973), 194–211.

15. Rachel L. C. Mitchell e Veena Kumari, "Hans Eysenck's Interface between the Brain and Personality: Modern Evidence on the Cognitive Neuroscience of Personality", *Personality and Individual Differences* 103 (2016): 74–81.
16. Mats B. Küssner, "Eysenck's Theory of Personality and the Role of Background Music in Cognitive Task Performance: A Mini-Review of Conflicting Findings and a New Perspective", *Frontiers in Psychology* 8 (2017): 1991.
17. Peter Hills e Michael Argyle, "Happiness, Introversion–Extraversion and Happy Introverts", *Personality and Individual Differences* 30, n. 4 (2001): 595–608.
18. Ralph R. Greenson, "On Enthusiasm", *Journal of the American Psychoanalytic Association* 10, n. 1 (1962): 3–21.
19. Barry M. Staw, "The Escalation of Commitment to a Course of Action", *Academy of Management Review* 6, n. 4 (1981): 577–87.
20. Daniel C. Feiler e Adam M. Kleinbaum, "Popularity, Similarity, and the Network Extraversion Bias", *Psychological Science* 26, n. 5 (2015): 593–603.
21. Yehudi A. Cohen, "Patterns of Friendship", em *Social Structure and Personality: A Casebook* (Nova York: Holt, Rinehart and Winston, 1961), 351–86.
22. OnePoll, "Evite: Difficulty Making Friends", 72Point, maio 2019.
23. Yixin Chen e Thomas Hugh Feeley, "Social Support, Social Strain, Loneliness, and Well-being among Older Adults: An Analysis of the Health and Retirement Study", *Journal of Social and Personal Relationships* 31, n. 2 (2014): 141–61.
24. Laura L. Carstensen, Derek M. Isaacowitz e Susan T. Charles, "Taking Time Seriously: A Theory of Socioemotional Selectivity", *American Psychologist* 54, n. 3 (1999): 165–81.
25. Aristotle, *Nicomachean Ethics* VIII (Londres: Kegan Paul, Trench, Trübner, and Company, 1893), 1, 3.
26. Michael E. Porter e Nitin Nohria, "How CEOs Manage Time", *Harvard Business Review*, jul.–ago. 2018.
27. Derek Thompson, "Workism Is Making Americans Miserable", *The Atlantic*, 24 fev. 2019.
28. Gálatas 4:9; Yair Kramer, "Transformational Moments in Group Psychotherapy" (tese de doutorado, Rutgers University Graduate School of Applied and Professional Psychology, 2012).
29. "Magandiya Sutta: To Magandiya", trad. Thanissaro Bhikkhu, Access to Insight, 30 nov. 2013.

30. Thích Nhất Hạnh, *Being Peace* (Berkeley: Parallax Press, 2020), 91.
31. Neal Krause, Kenneth I. Pargament, Peter C. Hill e Gail Ironson, "Humility, Stressful Life Events, and Psychological Well-being: Findings from the Landmark Spirituality and Health Survey", *Journal of Positive Psychology* 11, n. 5 (2016): 499–510.
32. Philip Schaff e Henry Wace, org., *Nicene and Post-Nicene Fathers: Basil: Letters and Select Works*, v. 8 (Peabody: Hendrickson, 1995), 446.
33. Adam K. Fetterman e Kai Sassenberg, "The Reputational Consequences of Failed Replications and Wrongness Admission among Scientists", *PLoS One* 10, n. 12 (2015): e0143723.
34. "Doris Kearns Goodwin on Lincoln and His 'Team of Rivals'", entrevista a Dave Davies, *Fresh Air*, NPR, 8 de novembro de 2005.
35. Brian J. Fogg, *Tiny Habits: The Small Changes That Change Everything* (Boston: Houghton Mifflin Harcourt, 2020).
36. Paul Samuelson e William Nordhaus, *Economics*, 19ª ed. (Nova York: McGraw Hill, 2010), l.
37. Zhiling Zou, Hongwen Song, Yuting Zhang e Xiaochu Zhang, "Romantic Love vs. Drug Addiction May Inspire a New Treatment for Addiction", *Frontiers in Psychology* 7 (2016): 1436.
38. Helen E. Fisher, Arthur Aron e Lucy L. Brown, "Romantic Love: A Mammalian Brain System for Mate Choice", *Philosophical Transactions of the Royal Society B: Biological Sciences* 361, n. 1476 (2006): 2173–86.
39. Antina de Boer, Erin M. van Buel e G. J. Ter Horst, "Love Is More Than Just a Kiss: A Neurobiological Perspective on Love and Affection", *Neuroscience* 201 (2012): 114–24.
40. Katherine Wu, "Love, Actually: The Science behind Lust, Attraction, and Companionship", *Science in the News* (blog), Universidade de Harvard: The Graduate School of Arts and Sciences, 14 fev. 2017.
41. "Harvard Study of Adult Development", Massachusetts General Hospital e Harvard Medical School. Disponível em: www.adultdevelopmentstudy.org.
42. Roberts J. Waldinger e Marc S. Schulz, "What's Love Got to Do with It? Social Functioning, Perceived Health, and Daily Happiness in Married Octogenarians", *Psychology and Aging* 25, n. 2 (2010): 422–31.
43. Jungsik Kim e Elaine Hatfield, "Love Types and Subjective Well-being: A Cross-Cultural Study", *Social Behavior and Personality: An International Journal* 32, n. 2 (2004): 173–82.
44. Kevin A. Johnson, "Unrealistic Portrayals of Sex, Love, and Romance in Popular Wedding Films", in *Critical Thinking about Sex,*

Love, and Romance in the Mass Media, org. Mary-Lou Galician e Debra L. Merskin (Oxford: Routledge, 2007), 306.

45. Litsa Renée Tanner, Shelley A. Haddock, Toni Schindler Zimmerman e Lori K. Lund, "Images of Couples and Families in Disney Feature-Length Animated Films", *American Journal of Family Therapy* 31, n. 5 (2003): 355–73.
46. Chris Segrin e Robin L. Nabi, "Does Television Viewing Cultivate Unrealistic Expectations about Marriage?" *Journal of Communication* 52, n. 2 (2002): 247–63.
47. Karolien Driesmans, Laura Vandenbosch e Steven Eggermont, "True Love Lasts Forever: The Influence of a Popular Teenage Movie on Belgian Girls' Romantic Beliefs", *Journal of Children and Media* 10, n. 3 (2016): 304–20.
48. Florian Zsok, Matthias Haucke, Cornelia Y. De Wit e Dick PH Barelds, "What Kind of Love Is Love at First Sight? An Empirical Investigation", *Personal Relationships* 24, n. 4 (2017): 869–85.
49. Bjarne M. Holmes, "In Search of My 'One and Only': Romance-Oriented Media and Beliefs in Romantic Relationship Destiny", *Electronic Journal of Communication* 17, n. 3 (2007): 1–23.
50. Benjamin H. Seider, Gilad Hirschberger, Kristin L. Nelson e Robert W. Levenson, "We Can Work It Out: Age Differences in Relational Pronouns, Physiology, and Behavior in Marital Conflict", *Psychology and Aging* 24, n. 3 (2009): 604–13.
51. Joe J. Gladstone, Emily N. Garbinsky e Cassie Mogilner, "Pooling Finances and Relationship Satisfaction", *Journal of Personality and Social Psychology* 123, n. 6 (2022): 1293–314; Joe Pinsker, "Should Couples Merge Their Finances?" *The Atlantic*, 20 abr. 2022.
52. Emily N. Garbinsky e Joe J. Gladstone, "The Consumption Consequences of Couples Pooling Finances", *Journal of Consumer Psychology* 29, n. 3 (2019): 353–69.
53. Laura K. Guerrero, "Conflict Style Associations with Cooperativeness, Directness, and Relational Satisfaction: A Case for a Six-Style Typology", *Negotiation and Conflict Management Research* 13, n. 1 (2020): 24–43.
54. Rhaina Cohen, "The Secret to a Fight-Free Relationship", *The Atlantic*, 13 set. 2021.
55. David G. Blanchflower e Andrew J. Oswald, "Money, Sex and Happiness: An Empirical Study", *Scandinavian Journal of Economics* 106, n. 3 (2004): 393–415.

56. Kira S. Birditt e Toni C. Antonucci, "Relationship Quality Profiles and Well-being among Married Adults", *Journal of Family Psychology* 21, n. 4 (2007): 595–604.
57. Banco Mundial, "Internet Users for the United States (ITNETUSERP2USA)", Federal Reserve Bank of St. Louis.
58. Robert Kraut, Michael Patterson, Vicki Lundmark, Sara Kiesler, Tridas Mukophadhyay e William Scherlis, "Internet Paradox: A Social Technology That Reduces Social Involvement and Psychological Well-being?" *American Psychologist* 53, n. 9 (1998): 1017–31.
59. Minh Hao Nguyen, Minh Hao, Jonathan Gruber, Will Marler, Amanda Hunsaker, Jaelle Fuchs e Eszter Hargittai, "Staying Connected While Physically Apart: Digital Communication When Face-to-Face Interactions Are Limited", *New Media & Society* 24, n. 9 (2022): 2046–67.
60. Martha Newson, Yi Zhao, Marwa El Zein, Justin Sulik, Guillaume Dezecache, Ophelia Deroy e Bahar Tunçgenç, "Digital Contact Does Not Promote Wellbeing, but Face-to-Face Contact Does: A Cross-National Survey during the covid-19 Pandemic", *New Media & Society* (2021).
61. Michael Kardas, Amit Kumar e Nicholas Epley, "Overly Shallow? Miscalibrated Expectations Create a Barrier to Deeper Conversation", *Journal of Personality and Social Psychology* 122, n. 3 (2022): 367–98.
62. Sarah M. Coyne, Laura M. Padilla-Walker e Hailey G. Holmgren, "A Six-Year Longitudinal Study of Texting Trajectories during Adolescence", *Child Development* 89, n. 1 (2018): 58–65.
63. Katherine Schaeffer, "Most U.S. Teens Who Use Cellphones Do It to Pass Time, Connect with Others, Learn New Things", Pew Research Center, 23 de agosto de 2019; Bethany L. Blair, Anne C. Fletcher e Erin R. Gaskin, "Cell Phone Decision Making: Adolescents' Perceptions of How and Why They Make the Choice to Text or Call", *Youth & Society* 47, n. 3 (2015): 395–411.
64. César G. Escobar-Viera, César G., Ariel Shensa, Nicholas D. Bowman, Jaime E. Sidani, Jennifer Knight, A. Everette James e Brian A. Primack, "Passive and Active Social Media Use and Depressive Symptoms among United States Adults", *Cyberpsychology, Behavior, and Social Networking* 21, n. 7 (2018): 437–43; Soyeon Kim, Lindsay Favotto, Jillian Halladay, Li Wang, Michael H. Boyle e Katholiki Georgiades, "Differential Associations between Passive and Active Forms of Screen Time and Adolescent Mood and An-

xiety Disorders", *Social Psychiatry and Psychiatric Epidemiology* 55, n. 11 (2020): 1469-78.
65. David Nield, "Try Grayscale Mode to Curb Your Phone Addiction", *Wired*, 1º de dezembro de 2019.
66. Monique M. H. Pollmann, Tyler J. Norman e Erin E. Crockett, "A Daily-Diary Study on the Effects of Face-to-Face Communication, Texting, and Their Interplay on Understanding and Relationship Satisfaction", *Computers in Human Behavior Reports* 3 (2021): 100088.

Capítulo Sete: Trabalho que é Amor Tornado Visível

Esse capítulo adapta ideias e cita trechos dos seguintes ensaios e podcasts:
Arthur C. Brooks, "Your Professional Decline Is Coming (Much) Sooner Than You Think", *The Atlantic*, jul. 2019; Arthur C. Brooks, "4 Rules for Identifying Your Life's Work", How to Build a Life, *The Atlantic*, 21 maio 2020; Arthur C. Brooks, "Stop Keeping Score", How to Build a Life, *The Atlantic*, 21 jan. 2021; Arthur C. Brooks, "Go Ahead and Fail", How to Build a Life, *The Atlantic*, 25 fev. 2021; Arthur C. Brooks, "Here's 10,000 Hours. Don't Spend It All in One Place", How to Build a Life, *The Atlantic*, 18 mar. 2021; Arthur C. Brooks, "Are You Dreaming Too Big?" How to Build a Life, *The Atlantic*, 25 mar. 2021; Arthur C. Brooks, "The Hidden Toll of Remote Work", How to Build a Life, *The Atlantic*, 1º abr. 2021; Arthur C. Brooks, "The Best Friends Can Do Nothing for You", How to Build a Life, *The Atlantic*, 8 abr. 2021; Arthur C. Brooks, "The Link between Self-Reliance and Well-Being", How to Build a Life, *The Atlantic*, 8 jul. 2021; Arthur C. Brooks, "Plan Ahead. Don't Post", How to Build a Life, *The Atlantic*, 24 jun. 2021; Arthur C. Brooks, "The Secret to Happiness at Work", How to Build a Life, *The Atlantic*, 2 set. 2021; Arthur C. Brooks, "A Profession Is Not a Personality", How to Build a Life, *The Atlantic*, 30 set. 2021; Arthur C. Brooks, "The Hidden Link between Workaholism and Mental Health", How to Build a Life, *The Atlantic*, 2 fev. 2023; Rebecca Rashid e Arthur C. Brooks, "When Virtues Become Vices", entrevista com Anna Lembke, *How to Build a Happy Life*, podcast, 32:50, 9 out. 2022; Rebecca Rashid e Arthur C. Brooks, "How to Spend Time on What You Value", entrevista com Ashley Whillans, *How to Build a Happy Life*, podcast, 34:24, 23 out. 2022.

1. Timothy A. Judge e Shinichiro Watanabe, "Another Look at the Job Satisfaction–Life Satisfaction Relationship", *Journal of Applied Psychology* 78, n. 6 (1993): 939–48; Robert W. Rice, Janet P. Near e Raymond G. Hunt, "The Job-Satisfaction/Life-Satisfaction Relationship: A Review of Empirical Research", *Basic and Applied Social Psychology* 1, n. 1 (1980): 37–64; Jeffrey S. Rain, Irving M. Lane e Dirk D. Steiner, "A Current Look at the Job Satisfaction/Life Satisfaction Relationship: Review and Future Considerations", *Human Relations* 44, n. 3 (1991): 287–307.
2. Kahlil Gibran, "On Work", in *The Prophet* (Nova York: Alfred A. Knopf, 1923).
3. CareerBliss Team, "The CareerBliss Happiest 2021", CareerBliss, 6 jan. 2021.
4. Kimberly Black, "Job Satisfaction Survey: What Workers Want in 2022", *Virtual Vocations* (blog), 21 fev. 2022.
5. Michael Davern, Rene Bautista, Jeremy Freese, Stephen L. Morgan e Tom W. Smith, General Social Surveys, intervalo 1972–2021, NORC, Universidade de Chicago, 2018, gssdataexplorer.norc.org.
6. David G. Blanchflower, David N. F. Bell, Alberto Montagnoli e Mirko Moro, "The Happiness Trade-off between Unemployment and Inflation", *Journal of Money, Credit and Banking* 46, n. S2 (2014): 117–41.
7. Mark R. Lepper, David Greene e Richard E. Nisbett, "Undermining Children's Intrinsic Interest with Extrinsic Reward: A Test of the 'Overjustification' Hypothesis", *Journal of Personality and Social Psychology* 28, n. 1 (1973): 129–37.
8. Edward L. Deci, Richard Koestner e Richard M. Ryan, "A Meta-analytic Review of Experiments Examining the Effects of Extrinsic Rewards on Intrinsic Motivation", *Psychological Bulletin* 125, n. 6 (1999): 627–68.
9. Jeannette L. Nolen, "Learned Helplessness", *Britannica*, última alteração em 11 fev. 2023.
10. Melissa Madeson, "Seligman's PERMA+ Model Explained: A Theory of Wellbeing", PositivePsychology.com, 24 fev. 2017; Esther T. Canrinus, Michelle Helms-Lorenz, Douwe Beijaard, Jaap Buitink e Adriaan Hofman, "Self-Efficacy, Job Satisfaction, Motivation and Commitment: Exploring the Relationships between Indicators of Teachers' Professional Identity", *European Journal of Psychology of Education* 27, n. 1 (2012): 115–32.

11. Arthur C. Brooks, *Gross National Happiness: Why Happiness Matters for America—and How We Can Get More of It* (Nova York: Basic Books, 22 abr. 2008).
12. Philip Muller, "Por Qué Me Gusta Ser Camarero Habiendo Estudiado Filosofía", *El Comidista*, 22 out. 2018. O autor foi aluno do Arthur na pós-graduação.
13. Ting Ren, "Value Congruence as a Source of Intrinsic Motivation", *Kyklos* 63, n. 1 (2010): 94–109.
14. Ali Ravari, Shahrzad Bazargan-Hejazi, Abbas Ebadi, Tayebeh Mirzaei e Khodayar Oshvandi, "Work Values and Job Satisfaction: A Qualitative Study of Iranian Nurses", *Nursing Ethics* 20, n. 4 (2013): 448–58.
15. Mary Ann von Glinow, Michael J. Driver, Kenneth Brousseau e J. Bruce Prince, "The Design of a Career Oriented Human Resource System", *Academy of Management Review* 8, n. 1 (1983): 23–32.
16. "The Books of Sir Winston Churchill", International Churchill Society, 17 out. 2008.
17. Charles McMoran Wilson, 1º Barão Moran, *Winston Churchill: The Struggle for Survival, 1940–1965* (Londres: Sphere Books, 1968), 167.
18. Anthony Storr, *Churchill's Black Dog, Kafka's Mice, and Other Phenomena of the Human Mind* (Londres: Fontana, 1990).
19. Sarah Turner, Natalie Mota, James Bolton e Jitender Sareen, "Self-Medication with Alcohol or Drugs for Mood and Anxiety Disorders: A Narrative Review of the Epidemiological Literature", *Depression and Anxiety* 35, n. 9 (2018): 851–60.
20. Rosa M. Crum, Lareina La Flair, Carla L. Storr, Kerry M. Green, Elizabeth A. Stuart, Anika A. H. Alvanzo, Samuel Lazareck, James M. Bolton, Jennifer Robinson, Jitender Sareen e Ramin Mojtabai, "Reports of Drinking to Self-Medicate Anxiety Symptoms: Longitudinal Assessment for Subgroups of Individuals with Alcohol Dependence", *Depression and Anxiety* 30, n. 2 (2013): 174–83.
21. Malissa A. Clark, Jesse S. Michel, Ludmila Zhdanova, Shuang Y. Pui e Boris B. Baltes, "All Work and No Play? A Meta-analytic Examination of the Correlates and Outcomes of Workaholism", *Journal of Management* 42, n. 7 (2016): 1836–73; Satoshi Akutsu, Fumiaki Katsumura e Shohei Yamamoto, "The Antecedents and Consequences of Workaholism: Findings from the Modern Japanese Labor Market", *Frontiers in Psychology* 13 (2022).
22. Lauren Spark, "Helping a Workaholic in Therapy: 18 Symptoms & Interventions", PositivePsychology.com, 1º jul. 2021.

23. Cecilie Schou Andreassen, Mark D. Griffiths, Rajita Sinha, Jørn Hetland e Ståle Pallesen, "The Relationships between Workaholism and Symptoms of Psychiatric Disorders: A Large-Scale Cross-Sectional Study", *PLoS One* 11, n. 5 (2016): e0152978.
24. Longqi Yang, David Holtz, Sonia Jaffe, Siddharth Suri, Shilpi Sinha, Jeffrey Weston, Connor Joyce, "The Effects of Remote Work on Collaboration among Information Workers", *Nature Human Behaviour* 6, n. 1 (2022): 43–54.
25. National Center for Health Statistics, "Anxiety and Depression: Household Pulse Survey", Centers for Disease Control and Prevention. Disponível em: www.cdc.gov/nchs/covid19/pulse/mental-health.htm.
26. Rashid e Brooks, "When Virtues Become Vices".
27. Clark *et al.*, "All Work and No Play?"
28. Rashid e Brooks, "How to Spend Time".
29. Andreassen *et al.*, "Relationships between Workaholism".
30. Carly Schwickert, "The Effects of Objectifying Statements on Women's Self Esteem, Mood, and Body Image" (tese de graduação, Carroll College, 2015).
31. Evangelia (Lina) Papadaki, "Feminist Perspectives on Objectification", Stanford Encyclopedia of Philosophy, 16 dez. 2019.
32. Lola Crone, Lionel Brunel e Laurent Auzoult, "Validation of a Perception of Objectification in the Workplace Short Scale (POWS)", *Frontiers in Psychology* 12 (2021): 651071.
33. Dmitry Tumin, Siqi Han e Zhenchao Qian, "Estimates and Meanings of Marital Separation", *Journal of Marriage and Family* 77, n. 1 (2015): 312–22.
34. Margaret Diddams, Lisa Klein Surdyk e Denise Daniels, "Rediscovering Models of Sabbath Keeping: Implications for Psychological Well-being", *Journal of Psychology and Theology* 32, n. 1 (2004): 3–11.
35. Lauren Grunebaum, "Dreaming of Being Special", *Psychology Today*, 16 maio 2011.
36. Arthur C. Brooks, "'Success Addicts' Choose Being Special over Being Happy", How to Build a Life, *The Atlantic*, 30 jul. 2020.
37. Josemaría Escrivá, *In Love with the Church* (Strongsville, OH: Scepter, 2017), 78.

Capítulo Oito: Encontre sua "Amazing Grace"

Esse capítulo adapta ideias e cita trechos dos seguintes ensaios:

Arthur C. Brooks, "How to Navigate a Midlife Change of Faith", How to Build a Life, *The Atlantic*, 13 ago. 2020; Arthur C. Brooks, "The Subtle Mindset Shift That Could Radically Change the Way You See the World", How to Build a Life, *The Atlantic*, 4 fev. 2021; Arthur C. Brooks, "The Meaning of Life Is Surprisingly Simple", How to Build a Life, *The Atlantic*, 21 out. 2021; Arthur C. Brooks, "Don't Objectify Yourself", How to Build a Life, *The Atlantic*, 22 set. 2022; Arthur C. Brooks, "Mindfulness Hurts. That's Why It Works", How to Build a Life, *The Atlantic*, 19 maio 2022; Arthur C. Brooks, "To Get Out of Your Head, Get Out of Your House", How to Build a Life, *The Atlantic*, 11 ago. 2022; Arthur C. Brooks, "How to Make Life More Transcendent", How to Build a Life, *The Atlantic*, 27 out. 2022; Arthur C. Brooks, "How Thich Nhat Hanh Taught the West about Mindfulness", *Washington Post*, 22 jan. 2022; Rebecca Rashid e Arthur C. Brooks, "How to Be Self-Aware", entrevista com Dan Harris, *How to Build a Happy Life*, podcast, 36:22, 5 out. 2021; Rebecca Rashid e Arthur C. Brooks, entrevista com Ellen Langer, "How to Know That You Know Nothing", *How to Build a Happy Life*, podcast, 37:45, 26 out. 2021.

1. Cary O'Dell, "'Amazing Grace'—Judy Collins (1970)", Biblioteca do Congresso Norte-americano. Disponível em: www.loc.gov/static/programs/national-recording-preservation-board/documents/AmazingGrace.pdf.
2. Steve Turner, *Amazing Grace: The Story of America's Most Beloved Song* (Nova York: HarperCollins, 2009); "The Creation of 'Amazing Grace'", Biblioteca do Congresso Norte-americano. Disponível em: www.loc.gov/item/ihas.200149085.
3. Lisa Miller, Iris M. Balodis, Clayton H. McClintock, Jiansong Xu, Cheryl M. Lacadie, Rajita Sinha e Marc N. Potenza, "Neural Correlates of Personalized Spiritual Experiences", *Cerebral Cortex* 29, n. 6 (2019): 2331–8.
4. Michael A. Ferguson, Frederic L. W. V. J. Schaper, Alexander Cohen, Shan Siddiqi, Sarah M. Merrill, Jared A. Nielsen, Jordan Grafman, Cosimo Urgesi, Franco Fabbro e Michael D. Fox, "A Neural Circuit for Spirituality and Religiosity Derived from Patients with Brain Lesions", *Biological Psychiatry* 91, n. 4 (2022): 380–8.
5. Mario Beauregard e Vincent Paquette, "EEG Activity in Carmelite Nuns during a Mystical Experience", *Neuroscience Letters* 444, n. 1 (2008): 1–4.

6. Masaki Nishida, Nobuhide Hirai, Fumikazu Miwakeichi, Taketoshi Maehara, Kensuke Kawai, Hiroyuki Shimizu e Sunao Uchida, "Theta Oscillation in the Human Anterior Cingulate Cortex during All-Night Sleep: An Electrocorticographic Study", *Neuroscience Research* 50, n. 3 (2004): 331–41.
7. Andrew A. Abeyta e Clay Routledge, "The Need for Meaning and Religiosity: An Individual Differences Approach to Assessing Existential Needs and the Relation with Religious Commitment, Beliefs, and Experiences", *Personality and Individual Differences* 123 (2018): 6–13.
8. Lisa Miller, Priya Wickramaratne, Marc J. Gameroff, Mia Sage, Craig E. Tenke e Myrna M. Weissman, "Religiosity and Major Depression in Adults at High Risk: A Ten-Year Prospective Study", *American Journal of Psychiatry* 169, n. 1 (2012): 89–94; Michael Inzlicht e Alexa M. Tullett, "Reflecting on God: Religious Primes Can Reduce Neurophysiological Response to Errors", *Psychological Science* 21, n. 8 (2010): 1184–90.
9. Tracy A. Balboni, Tyler J. VanderWeele, Stephanie D. Doan-Soares, Katelyn N. G. Long, Betty R. Ferrell, George Fitchett e Harold G. Koenig, "Spirituality in Serious Illness and Health", *JAMA* 328, n. 2 (2022): 184–97.
10. Jesse Graham e Jonathan Haidt, "Beyond Beliefs: Religions Bind Individuals into Moral Communities", *Personality and Social Psychology Review* 14, n. 1 (2010): 140–50.
11. Monica L. Gallegos e Chris Segrin, "Exploring the Mediating Role of Loneliness in the Relationship between Spirituality and Health: Implications for the Latino Health Paradox", *Psychology of Religion and Spirituality* 11, n. 3 (2019): 308–18.
12. Thích Nhất Hạnh, *The Miracle of Mindfulness: An Introduction to the Practice of Meditation* (Boston: Beacon Press, 1996), 6.
13. Kendra Cherry, "Benefits of Mindfulness", VeryWell Mind, 2 set. 2022.
14. Michael D. Mrazek, Michael S. Franklin, Dawa Tarchin Phillips, Benjamin Baird e Jonathan W. Schooler, "Mindfulness Training Improves Working Memory Capacity and GRE Performance While Reducing Mind Wandering", *Psychological Science* 24, n. 5 (2013): 776–81.
15. Martin E. P. Seligman, Peter Railton, Roy F. Baumeister e Chandra Sripada, *Homo Prospectus* (Oxford: Oxford University Press, 2016).

16. Jonathan Smallwood, Annamay Fitzgerald, Lynden K. Miles e Louise H. Phillips, "Shifting Moods, Wandering Minds: Negative Moods Lead the Mind to Wander", *Emotion* 9, n. 2 (2009): 271-6.
17. Kyle Cease, *I Hope I Screw This Up: How Falling in Love with Your Fears Can Change the World* (Nova York: Simon & Schuster, 2017); Tiago Figueiredo, Gabriel Lima, Pilar Erthal, Rafael Martins, Priscila Corção, Marcelo Leonel, Vanessa Ayrão, Dídia Fortes e Paulo Mattos, "Mind-Wandering, Depression, Anxiety and ADHD: Disentangling the Relationship", *Psychiatry Research* 285 (2020): 112798; Miguel Ibaceta e Hector P. Madrid, "Personality and Mind-Wandering Self-Perception: The Role of Meta-Awareness", *Frontiers in Psychology* 12 (2021): 581129; Shane W. Bench e Heather C. Lench, "On the Function of Boredom", *Behavioral Sciences* 3, n. 3 (2013): 459-72.
18. Neda Sedighimornani, "Is Shame Managed through Mind-Wandering?" *Europe's Journal of Psychology* 15, n. 4 (2019): 717-32.
19. Smallwood *et al.*, "Shifting Moods".
20. Heidi A. Wayment, Ann F. Collier, Melissa Birkett, Tinna Traustadóttir e Robert E. Till, "Brief Quiet Ego Contemplation Reduces Oxidative Stress and Mind-Wandering", *Frontiers in Psychology* 6 (2015): 1481.
21. Hạnh, *Miracle of Mindfulness*; camponês russo anônimo do séc. XIX, *The Way of a Pilgrim and The Pilgrim Continues on His Way: Collector's Edition* (Magdalene Press, 2019).
22. Lauren A. Leotti, Sheena S. Iyengar e Kevin N. Ochsner, "Born to Choose: The Origins and Value of the Need for Control", *Trends in Cognitive Sciences* 14, n. 10 (2010): 457-63; Amitai Shenhav, David G. Rand e Joshua D. Greene, "Divine Intuition: Cognitive Style Influences Belief in God", *Journal of Experimental Psychology: General* 141, n. 3 (2012): 423-8.
23. Mary Kekatos, "The Rise of the 'Indoor Generation': A Quarter of Americans Spend Almost All Day Inside, New Figures Reveal", *DailyMail.com*, 15 maio 2018.
24. Outdoor Foundation, *2019 Outdoor Participation Report*, Outdoor Industry Association, 2020.
25. "Global Survey Finds We're Lacking Fresh Air and Natural Light, as We Spend Less Time in Nature", Velux Media Centre, 21 maio 2019.
26. Wendell Cox Consultancy, "US Urban and Rural Population: 1800-2000", Demographia.

27. Howard Frumkin, Gregory N. Bratman, Sara Jo Breslow, Bobby Cochran, Peter H. Kahn Jr., Joshua J. Lawler e Phillip S. Levin, "Nature Contact and Human Health: A Research Agenda", *Environmental Health Perspectives* 125, n. 7 (2017): 075001; Nielsen, *The Nielsen Total Audience Report: Q1 2016* (Nova York: Nielsen Company, 2016).
28. Gregory N. Bratman, Gretchen C. Daily, Benjamin J. Levy e James J. Gross, "The Benefits of Nature Experience: Improved Affect and Cognition", *Landscape and Urban Planning* 138 (2015): 41-50.
29. F. Stephan Mayer, Cynthia McPherson Frantz, Emma Bruehlman-Senecal e Kyffin Dolliver, "Why Is Nature Beneficial? The Role of Connectedness to Nature", *Environment and Behavior* 41, n. 5 (2009): 607-43.
30. Henry David Thoreau, "Walking", *The Atlantic*, jun. 1862.
31. Adam Alter, "How Nature Resets Our Minds and Bodies", *The Atlantic*, 29 mar. 2013.
32. Kenneth P. Wright Jr., Andrew W. McHill, Brian R. Birks, Brandon R. Griffin, Thomas Rusterholz e Evan D. Chinoy, "Entrainment of the Human Circadian Clock to the Natural Light-Dark Cycle", *Current Biology* 23, n. 16 (2013): 1554-8.
33. Wendy Menigoz, Tracy T. Latz, Robin A. Ely, Cimone Kamei, Gregory Melvin e Drew Sinatra, "Integrative and Lifestyle Medicine Strategies Should Include Earthing (Grounding): Review of Research Evidence and Clinical Observations", *Explore* 16, n. 3 (2020): 152-160.
34. Isso é baseado em uma conversa com Arthur.
35. C. S. Lewis, *Mere Christianity* (Londres: Geoffrey Bles, 1952).

Conclusão: Agora, seja você o professor

Esse capítulo adapta ideias e cita trechos do seguinte ensaio:
Arthur C. Brooks, "The Kind of Smarts You Don't Find in Young People", How to Build a Life, *The Atlantic*, 3 mar. 2022.

1. Safiye Temel Aslan, "Is Learning by Teaching Effective in Gaining 21st Century Skills? The Views of Pre-Service Science Teachers", *Educational Sciences: Theory & Practice* 15, n. 6 (2015).
2. John A. Bargh e Yaacov Schul, "On the Cognitive Benefits of Teaching", *Journal of Educational Psychology* 72, n. 5 (1980): 593-604.
3. Richard E. Brown, "Hebb and Cattell: The Genesis of the Theory of Fluid and Crystallized Intelligence", *Frontiers in Human*

Neuroscience 10 (2016): 606; Alan S. Kaufman, Cheryl K. Johnson e Xin Liu, "A CHC Theory-Based Analysis of Age Differences on Cognitive Abilities and Academic Skills at Ages 22 to 90 Years", *Journal of Psychoeducational Assessment* 26, n. 4 (2008): 350–81; Arthur C. Brooks, *From Strength to Strength: Finding Success, Happiness, and Deep Purpose in the Second Half of Life* (Nova York: Portfolio, 2022).

4. Martin Luther King Jr., "Loving Your Enemies" (sermão, Dexter Avenue Baptist Church, Montgomery, Alabama, 17 nov. 1957).

intrinseca.com.br
@intrinseca
editoraintrinseca
@intrinseca
@editoraintrinseca
editoraintrinseca

1ª edição	FEVEREIRO DE 2024
impressão	IMPRENSA DA FÉ
papel de miolo	PÓLEN BOLD 70 G/M²
papel de capa	CARTÃO SUPREMO ALTA ALVURA 250 G/M²
tipografia	ADOBE CASLON PRO